문화의 유통

그 과정과 변이

인문학 공동연구 총서 03

문화의 유통
그 과정과 변이

초판 1쇄 발행 2023년 2월 10일

편자 서울대학교 인문대학
편집책임 박홍식

펴낸곳 서울대학교출판문화원
주소 08826 서울 관악구 관악로 1
도서주문 02-889-4424, 02-880-7995
홈페이지 www.snupress.com
페이스북 @snupress1947
인스타그램 @snupress
이메일 snubook@snu.ac.kr
출판등록 제15-3호

ISBN 978-89-521-3175-1 04000
978-89-521-2945-1 (세트)

문화의 유통

그 과정과 변이

서울대학교 인문대학 편

서울대학교출판문화원

서설

박홍식

K-팝의 아이콘이 된 BTS방탄소년단의 빛나는 성취와 한국 영화 〈기생충〉, 〈브로커〉의 연이은 칸 영화제 수상에 이르기까지 최근 전 세계는 'K-컬처'라고 표현되는 한류 혹은 한국 문화에 큰 관심을 보이고 있을 뿐 아니라, 높은 평가를 내리는 데에도 인색하지 않다. 한류가 촉발되던 1990년대만 해도 상상하기 어려웠던 열광적인 반응이 영화, 음악, 문학, 드라마 등 다양한 대중문화 분야에서 나타나고 있다. 한국의 국력이나 글로벌 지위가 유사 이래 가장 높은 수준으로 도약한 일이나, 유튜브로 대표되는 뉴미디어의 발전 등이 이러한 성과의 배경이 되었겠지만, 이를 감안하더라도 대중문화 영역에서 나타나고 있는 전례 없는 현상은 무척이나 놀랍고 또 반가운 일이다. 세계인과 소통을 늘려 가고 있는 상황을 반영하듯 이제 K-컬처도 한층 진화하여 그 소재나 성격을 한국적인 문화나 전통으로만 제한하기보다는 훨씬 더 다양한 범주로 확장하면서 기존의 지배적인 문화적 요소들과 뒤섞이는 혼종적 속성을 보인다.

근래의 K-컬처 부상에 대해 일부에서는 '문화 강국이라는 신세계'가 멀지 않았다고 희망 섞인 관측을 내놓기도 한다. 그렇지만 동시에 한국 문화의 독자성과 우수성을 지나치게 내세우려는 태도를 경계해야 한다는 목소리도 있다. 탁석산은 우리 고유의 것을 지나치게 강조하는 '국뽕 현상'을 비판하며, 문화의 발전을 위해서는 한류 문화의 수출에 우쭐해 하지 말고 오히려 외부의 문화를 수입하는 데 더욱 적극성을 보여야 한다고 제안한다.[1] 그가 지적하듯 사실 우리가 '한국 문화'라고 생각하는 것은 그 기원을 거슬러 올라가면 한반도 내에서 생활하던 한국인과 그들의 역사적 경험으로부터 유래한 것만도 아니고, 나아가 한국인 모두가 공유했던 것도 아니다. 오히려 한국인이 오랜 기간 다른 문화와 접촉하고 자극을 받으며 교류를 이어 오던 중에 출현한 소산인 경우가 많다. 더군다나 외국인들이 K-컬처에서 원하는 것은 단지 '한국적인 것'만도 아니다. BTS가 전 세계인의 사랑을 받는 것은 한국적인 전통이나 정서를 표현했기 때문이라고 볼 수 없다. 그들의 음악은 초기에 힙합적 요소가 두드러졌고, 세계 무대에 진출하는 과정에서는 팝과 리듬앤블루스 등 다양한 서양 음악의 조류를 수용하여 혼합적 성격을 띠고 있다. 세계인이 그들의 음악에 공감하며 팬덤 현상을 나타내는 것은 기실 한국적 요소 때문만은 아니다. 노랫말은 대부분 한국어지만, 그들의 음악 세계를 '한국 음악'으로 분류하는 것이 적절한지에 대해서 의문마저 든다.[2]

---

1. 탁석산, 『한국적인 것은 없다』(열린책들, 2021), 7-9쪽.
2. 맥락은 다르지만, 이미 여러 해 전부터 BTS를 K-팝과 분리하여 이해하려는 움직임도 진행되고 있다. 김영대, 「하위문화로부터 탈한류 담론의 가능성까지: 케이콘과 방탄소년단을 중심으로」, 한국방송학회 편, 『문화연구의 렌즈로 대중문화를 읽다』(컬처룩, 2018), 175-176쪽 참고.

팬덤fandom이라는 용어가 시사하듯 상업성에 기반한 현재의 대중문화는 팬들의 요구가 대중문화의 생산이나 성격에 결정적인 영향을 미친다. 팬층이 누구인가에 따라 스타가 표출하는 음악, 나아가 구현된 문화가 달라질 수 있는 것이다. 최근 전 세계적으로 선풍적 인기를 끌었던 드라마 〈파친코〉의 공동 총괄 프로듀서를 맡은 이동훈 엔터미디어픽처스 대표는 〈파친코〉가 한국 내부의 시선에서 보면 흔하고 사소한 이야기 같지만, 이민자가 겪는 고난의 역사, 세계인이 공감하는 거대한 서사로 완성되었기 때문에 주목을 받은 것이라는 견해를 밝힌 바 있다.[3] 지금 세계가 K-컬처에 뜨거운 반응을 보이는 이유는 그것이 한국적이라서가 아니라, 보편적인 소재를 결합해 세계인의 공감을 이끌어 낼 수 있도록 자기 이야기로 완성도 높게 담아내고 있기 때문일 것이다. 비판적으로 전망하면, 향후 K-컬처가 얼마나 더 발전하고 오래 지속될는지는 예측할 수 없는 일이 아닌가 싶다.

엄밀한 의미에서 보면, 한 민족이나 국가가 독점적으로 생산하고, 나아가 배타적으로 소유하는 문화란 없다고 봐야 한다. 모든 문화는 누군가로부터 학습되었거나 전달받은 것이다. 즉, 문화는 타자와의 관계를 전제한다. 이때 타자란 과거의 여러 문명일 수도 있고, 정체성이나 경계를 달리하는 이질적인 국가, 종교 혹은 사상일 수도 있다. 한 문화는 다른 문화와 관계를 맺는 과정에서 형성되고 발전했기에, 이런 측면에서 '순수한' 민족문화를 추출해 내기는 어

---

3. 「한국선 흔한 이야기라고? 세계 눈으로 보면 거대한 이야기」, 『조선일보』 2022년 6월 10일 자 A16면에서 재인용.

렵다. 동서고금을 막론하고 문화의 르네상스는 대부분 타 문화에 대해 배타적이지 않고 이질적인 것도 적극적으로 수용해 기존의 문화와 융합시킨 경우에 가능했다. 고도로 발전한 문화일수록 차용과 교환은 활발하게 이루어져 왔다. 언어가 잘 보여 주듯이 문화는 사용되고 교환될 때 그 효용이 최대치로 발생하는 법이다.[4]

2021년 4월 필자는 '제3회 인문대학 심포지엄'의 주제를 기획해 달라는 요청을 받았다. 2019년에 시작된 이 학술 행사는 서울대학교 내의 인문학 연구자들이 중심이 되어 교류하는 장이자 인문학 확산을 위한 마중물로 자리를 잡아 가는 중이다. 마침 K-컬처의 활동상과 도약적인 발전이 세계적으로 주목받고 있었기에, 이번에는 문화에 대해 인문학적 맥락에서 함께 논의하고 토론하는 자리가 마련되면 어떨까 하는 생각에 이르렀다. 그렇지만 문화 전체를 다루는 것은 너무 광범위할 뿐 아니라, 자칫하면 원론적이거나 이론적인 논의 차원에 머무를 우려도 있었다. 그리하여 문화가 왕성하게 확산되고 변화하는 현상에 집중해 살펴보고자 "문화의 유통, 그 과정과 변이"라는 주제를 제안하게 되었다. '이동移動'이라는 용어는 문화가 옮겨 가고 자리를 바꾸는 부분을 강조하는 반면, '유통流通'이라는 용어는 문화가 이동하기까지 여러 단계와 과정에서 교환되고 분배되는 활동을 아우르는 의미가 있기에 후자가 적절해 보였다. 필자가 지니고 있던 구상에 대해 이 기획을 담당하는 기획부

4. 마르크 오제, 「문화의 이동」, 『문화란 무엇인가 1』(강주헌 옮김, 시공사, 2003), 507-525쪽.

학장 김지현 교수, 자문역을 수행하는 신혜경 교수 등과 의견을 나누었는데, 모두가 흥미롭고 시의적절하다는 긍정적 평가를 해 주어서 결국 이 주제로 학술 기획을 추진할 수 있었다. 필자는 문화라는 주제가 문사철文史哲 혹은 인문학의 다양한 영역을 포괄하고 아우를 수 있을 뿐 아니라, 인문학자 누구라도 소외되지 않으리라고 판단했다. 더구나 문화는 인문학에 국한된 주제도 아니기에 차제此際에 이에 관심이 있는 다양한 연구자들이 함께 융합적 논의를 펼칠 계기가 주어질 것도 기대하게 되었다.

문화의 유통과 관련해서는 이동의 원인과 과정, 유통 공간 및 수단, 매개자와 전파자, 문화의 변이와 해석, 관련 작품, 신화 혹은 사건 등 다양한 세부 주제들이 있다. 그렇지만 이 심포지엄은 기획자가 발표자들에게 특정 주제를 의뢰하지 않고, 자발적으로 참여 의사를 밝혔거나 타인의 추천으로 심포지엄에 참여하게 된 열두 명의 학자들에게 전체 주제 내에서 자유롭게 글을 구상해 달라고 요청하는 방식으로 진행되었다. 세부적으로 조율하지 않았지만, 모여진 글들은 전체적으로 다양하고 구색이 잘 갖추어진 흥미로운 내용으로 채워졌다. 2021년 10월 8일 오전과 오후에 걸쳐 비대면 방식으로 진행된 '제3회 인문대학 심포지엄'에서는 "문화의 유통, 그 과정과 변이"라는 주제에 따라 열두 편의 흥미로운 발표가 있었고, 논평자 및 참여자들이 논의를 더욱 풍요롭게 하는 자유로운 질문과 토론을 나누어 주었다.

이 책에 실린 글들은 저자들이 심포지엄에서 발표한 원고를 수정해 발전시킨 것이다. 여러 분야의 연구자들이 상이한 문제의식을 가지고 쓴 글이기에 좀 더 학구적인 성격의 글도 있고, 대중적인 필체로 다듬어진 글도 있다. 책의 내용은 인문대학 심포지엄의 순서와 구분을 그대로 살려 세 부분으로 구성했다.

제1부는 "넘나드는 문물과 문화"라는 제목하에 장신구, 놀이 문화, 의복, 음식 등 가시적인 문화들이 경계를 넘어 광범위하게 유통되었던 사례를 통해 문화 유통의 전개 과정과 구체적인 모습을 살펴본다.

시작하는 글은 한국 고대사 전공자 권오영 교수가 맡았다. 그는 「바다를 통해 이동한 유리구슬」이라는 제목의 글에서 고대 동아시아 세계에 대한 통념을 흔들며 고대에 바다를 통해 문물의 유통이 광범위하게 이루어졌던 실상을 보여 준다. 유리는 고대에 보화로 간주되어 장신구로 인기를 끌었기에 한반도의 무덤에서도 무려 100만 점에 이르는 막대한 양이 출토되고 있다. 그런데 이 유리구슬들은 국내산이 아니라 대부분 인도와 동남아시아의 공방에서 생산된 소다 유리이고, 일부 신라 고분에서는 지중해나 서아시아에서 생산된 것도 출토된다. 저자는 육로를 통해 유입된 일부를 제외하면, 고대에는 대부분 유럽-인도-동남아시아-중국으로 연결되던 바닷길을 통해 이동했다고 설명한다. 한편 백제와 가야는 그저 이 재화의 최종 소비자로 그치지 않고, 이를 다시 일본 열도로 전달하는 과정에서 주도적인 역할을 담당했다.

저자가 이 글에서 주목한 것은 유리구슬이지만, 당시 교역을 통해 이동한 문화는 거기에 국한되지 않았다. 바다거북 등껍질, 호박, 진주, 향신료 등은 물론이고 불교 사상과 의례도 함께 전해졌다. 권오영 교수는 구체적인 유물을 근거로 고대의 해상 실크로드가 지중해에서 아라비아반도와 동남아시아를 거쳐 동아시아 3국으로 이어지는 문명들 사이를 이어 주던 길이었으며, 한반도의 역사를 이와 같은 거시적인 맥락에서 바라보아야 한다는 지론을 펼친다. 바다라는 공간이 폐쇄적인 민족이나 국지적인 권력을 초월할 수 있는 조건을 부여했기에, 고대 세계는 그에 적응하며 다원성과 개방성을 지닌 다문화 세계를 형성해 갔던 것으로 보인다.

이어지는 글 「차투랑가의 유럽화 – 서양 장기의 변천과 재해석」에서는 유럽 중세사 연구자 박흥식 교수가 서양의 대중적인 보드게임 체스가 인도의 전쟁놀이 차투랑가로부터 기원해 페르시아와 이슬람 세계를 거쳐 유럽으로 전파되는 과정을 고찰한다. 차투랑가는 서쪽 경로만 있었던 것은 아니고, 동쪽으로도 이동해 한중일 3국의 장기와 동남아시아, 몽골, 시베리아 등의 민속놀이로 정착했다. 이 확산 과정을 규명할 문헌자료는 빈약하지만, 모든 놀이에서 코끼리를 지칭하는 기물이 발견되고, 차투랑가의 놀이 규칙이 상당 부분 잔존한다는 점이 이를 뒷받침한다. 저자는 차투랑가의 서쪽으로의 확산이 초래한 여러 문화적 함의에 주목하면서 유럽, 페르시아, 이슬람 세계 사이에 전개된 문화 교류의 단면들을 소개한다.

장기 놀이는 유럽에서 지배층인 귀족의 유희로 널리 수용되었으며, 현지화되는 과정에서 크고 작은 변화도 발생했다. 11세기에는 인도와 아랍의 장기에서 대신이 차지했던 자리에 왕비가 등장했고, 백작 혹은 재판관이 유럽에 존재하지 않던 코끼리를 대체했다. 호전적인 성격이 완화되고 위계화된 봉건적 권력 구조가 놀이에 투영되면서 중세 왕국의 축소판으로 변형된 것이다. 저자에 따르면, 귀족들은 이 놀이를 단순한 소일거리로 치부하지 않았고, 지혜와 덕성은 물론 도덕적 교훈까지 제공하는 것으로 인식했다. 당대의 장기 해설서들은 이 놀이에 다양한 신분의 역할 및 실상을 통찰하는 사회적 거울로서의 의미를 부여했는데, 저자는 13세기에 이 놀이가 특히 민중까지 모두 포괄하는 성격으로 변화된 사실에 주목한다. 이 놀이는 전 세계로 이동했는데, 각 문명권이나 국가마다 이로 인해 일어난 변화를 비교해 살펴볼 수 있다면 더욱 흥미로울 듯하다.

동북아역사재단 구도영 연구위원의 글 「명나라의 조선 드레스 열풍 – 한중 교류와 문화적 변용에 대하여」는 15세기 중국에서 유행한 조선 의상 '마미군馬尾裙'에 대한 연구 결과다. 저자는 대만 학자 우런수巫仁恕의 책 『사치의 제국』에서 조선의 치마가 북경에서 크게 유행했다는 서술에 흥미가 생겨 관련 자료와 인물들을 수집해 살펴보았다고 한다. 그런데 확인해 보니 모든 기록이 북경이 아니라, 당시 조선인이 합법적으로 갈 수 없던 강남의 소주 지역에 집중되어 있었다. 조선에서 '종의鬃衣'라 불렀던 말총으로 만든 속치마가 해상 교역을 통해 중국 강남 지역으로 건너가 그곳에서 대대적으로 유행한 것이다. 이로써 해상 교역을 통해 조선 제주 – 중국 강남 지역 간에 문화 교류가 이뤄졌음이 확인된 셈이다.

구도영 연구위원은 중국 강남의 마미군 열풍이 말을 많이 사육하던 제주도의 특별한 환경과, 중국 의상에 비해 우아하고 볼륨감 있던 조선의 치마 패션이 만나 형성된 문화 교류의 산물이라고 평가한다. 마미군은 처음에 중국 기녀와 상인들이 입기 시작했지만, 점차 고위 관료와 부유층의 패션으로 유행했다. 그렇지만 명明 정부에서 이를 사치 풍조로 여기고 강력한 금지 조치를 취하여 이 '한류' 열풍이 사그라들었다. 이 사건은 공교롭게도 21세기 사회주의 국가 중국에서 나타나고 있는 다른 모습들과도 겹쳐진다. 한편 15세기 조선의 마미군은 19세기 구미歐美에서 크게 유행한 크리놀린crinoline과 유사하다는 점에서, 동서양 비교 문화 차원에서도 조명할 수 있을 것으로 보인다.

제1부의 마지막 글은 인류학자 강정원 교수의 음식 상차림 문화에 대한 글이다. 저자는 「음식 민속문화의 전파와 발전 – 밥·국 상차림을 중심으로」라는 글에서 상차림 문화가 국가 혹은 민족마다 상이한 형태로 발전해 온 사실에 착안하여 현대 한국인의 기본 상차림 구성인 밥, 국, 그리고 반찬이라는 체계가 언제 어디에서 유래한 것인지 추적했다. 저자가 다양한 지역에 대해 자료를 수집하고 조사한 바에 따르면, 한국인의 상차림에 밥과 국이라는 기본 구조가 이상적으로 확립된 것은 16세기경이고, 이 상차림이 모든 계층에게까지 일상식으로 확대된 것은 1960년대 이후다.

강정원 교수는 중국 기록에서 확인되는 국과 밥 음식상은 한반도에 불교의 전래와 함께 처음 전해졌다고 본다. 그리고 조선 시대의 유교 음식상은 당시 중국의 실제 음식상이 아닌 고대에 유행한 상상의 음식상이었으며, 이상적인 문화를 실현하려는 노력의 일환이었다. 저자는 중국에서 국이 음식에서 중요성을 상실했기에 송대에 없어진 반면, 한반도에서는 굿상에서 보듯 전통문화에 본래 국이 없었으나, 유교 음식상의 도입으로 인해 상차림의 필수적인 구성 요소로 자리잡게 되었다고 추론한다. 이처럼 음식 문화는 고정된 것이 아니라, 다양한 이유에서 변화해 왔다. 요즘 젊은 세대는 국을 그리 선호하지 않고, 밥도 비교적 적게 소비하며, 모든 요리가 주요리의 성격을 띠는 병립형 음식상을 즐긴다. 근래의 변화가 발전인지 여부는 판단할 수 없으나, 음식 문화에 다양성이 확대되는 것은 긍정적 측면이 많다는 생각이 든다.

제2부에서는 "문화의 수용과 재창조"라는 제목하에 네 편의 글을 모았다. 외래 문화 혹은 특수 계층의 주변 문화가 한 사회에 수용되어 영향을 미치고, 전통문화와 충돌하는 현상은 어디에서나 늘 반복되는 과정이다. 사람들이 필요하여 외래 문화를 들여올 경우 기존의 문화는 순순히 그 자리를 내줄 수 없어 당연히 저항하며 크고 작은 갈등으로 이어진다. 언어, 신화, 철학, 대중음악 등의 영역에서 외부 문화가 어떤 진통을 겪으며 새로운 사회로 진입하고, 또 신구 문화는 어떤 방식으로 절충하는지 살펴보자.

언어학자 이승재 명예교수는 「한자음 성조의 수용과 그 한국화 과정 – 성조에서 악센트로」라는 제목의 글에서 한자음 성조에 대한 본인의 최신 연구 결과를 소개한다. 그는 한자음을 살펴볼 수 있는 15, 16세기 주요 문헌들에서 한자음 수용 과정과 변용 현상을 분석하고, 한어의 사성이 한국어의 악센트로 변용되는 과정에 주목했다. 세종은 『동국정운』(1448)에서 당시 통용되던 한자음이 원음과 다른 부분을 개선하고자 표준음을 정리했다. 그 후 작성된 『월인석보』(1459)에서는 한어 사성 평상거입平上去入의 4분법 체계를 거성과 입성을 동일하게 취급한 3분법으로 변화시켰고, 이어 『남명집』(1482)에서는 평성 이외의 다른 성조를 모두 동일하게 분류하는 2분법 체계로 수용했다. 저자는 『남명집』에서 고유어에 적용된 어말저조화를 확인하고 이 어말저조화가 한자어에도 확대 적용됨으로써 결과적으로 한자어의 마지막 음절 성조가 악센트로 변화했음을 확인한다. 이 성조의 악센트화가 『육조단경』(1496)에서는 무시되고 『월인석보』의 성조 상태로 회귀하지만, 『별행록』(1522)에서는 방점 표기의 문란 현상이 두드러져 한자음 성조가 음운론적 기능을 상실했다.

이처럼 이승재 교수는 집필 시기가 다른 텍스트들에서 한자음 수용의 변화 양상을 규명했다. 정리하면, 『월인석보』에서는 한어 중고음의 성조를 그대로 대입하다시피 했고, 『남명집』에서는 성조를 악센트로 해석하는 변화가 나타나지만, 『육조단경』에서는 어말 저조화를 거부하여 『월인석보』 상태로 회귀했다. 『별행록』에서는 한자음 성조가 음운론적 기능을 상실하는데, 이 단계에 이르기까지 한자음 성조가 점진적으로 고유어의 악센트에 동화되었다. 현대인은 거의 잊고 있었지만, 이 글을 통해 세종 시대 이후 한자음을 어떻게 수용해야 할지 여러 세대에 걸쳐 고심하며 논의를 진행했음을 알 수 있다. 외래어를 어떻게 발음하고 표기해야 할지 혼란을 겪는 것은 근래의 문제만이 아니라는 사실을 새삼 확인하게 된다.

이어서 신화 연구자 조현설 교수는 무속의 뱀신앙을 통해 민중 문화들이 접촉하고 충돌하는 상황 및 과정을 추적해 분석한다. 저자가 「뱀 의례와 한국 신화 네트워크」에서 살펴보는 사례는 제주도 남쪽 표선면 토산리의 토산여드렛당 뱀신의 행적이다. 본래 이 뱀신은 나주 금성산의 당신이었으나 조선 시대에 유교적 세계관이 전면화하면서 서울을 거쳐 제주로 입도해 정착했다. 이 글은 이를 잘 설명해 주는 〈토산여드렛당 본풀이〉를 기반으로 토속적인 뱀신앙이 제주로 이동하여 정착하는 문화 전이 과정을 분석한다. 그에 따르면, 뱀신이 제주도에 들어가는 과정에서 겪는 충돌과 통합은 외부 문화를 수용하여 내부화하는 과정이었고, 그 후 이 신앙은 외부 권력에 대응하는 문화 전략을 전개했다. 뱀신앙은 토산당 아랫당에 좌정한 후에도 논란 속에서 변모를 거듭했다.

조현설 교수는 이 신앙이 어떻게 변모되고 있는지도 추적했다. 현재 현지 주민들은 뱀신앙을 숨기고 부정적으로 대하고 있는데, 저자는 이를 근대적 미신 타파 운동이나 기독교의 영향으로 설명한다. 이러한 태도로 인해 뱀신앙의 확산은 이미 중단되었다. 하지만 저자는 조심스러운 조사를 통해 일부가 뱀신앙을 계승하고 있는 것을 포착했고, 이 신앙이 밀교화, 게토화 단계에 있다고 결론을 내린다. 이 글에서는 나주의 뱀신앙이 서울 금성당에서 지속되고 있는 단서를 통해 신화 네트워크가 여전히 살아서 작동하고 있다는 사실도 제시한다. 뱀신앙의 추적 과정을 통해 이해하기 어려운 영적인 세계가 이동하고 변화하는 양상을 관찰하는 기회를 갖는다.

서양철학이 일본에서 수용되던 과정과 방식에 대해서는 동양철학 연구자 양일모 교수가 탐구했다. 동서 문명이 일본에서 처음 만난 것은 16세기였지만, 서양의 지식이 본격적으로 소개된 것은 그보다 훨씬 늦은 19세기 중반이었다. 저자는 「동서 철학의 만남 – 19세기 말 일본의 서양철학 수용과 이해」라는 글에서 서양철학의 선구자라 할 수 있는 니시 아마네西周를 추적하며 일본에서 초기 서양 지식체계의 수용 과정을 촘촘히 들여다보았다. 니시는 어린 시절 유교를 공부했고, 청년기인 1850년대에 시대적 조류에 적응하려 난학에 관심을 기울이다가 네덜란드에 유학까지 가서 철학을 연구한 지식인이다. 이 글은 이 과도기적 인물이 서양철학을 어떻게 이해하고 평가했는지, 서양 지식의 수용에 성리학적 지식은 어떻게 활용되었는지, 그리고 philosophy의 정의와 번역어 채택에는 어떤 원칙이나 관념이 반영되었는지 등을 흥미롭게 소개한다.

양일모 교수는 '철학'이라는 번역어가 정착한 1880년대 이후 진행된 서양철학의 탐구 과정도 살펴보는데, 철학사와 철학개론을 통한 서양철학에 대한 탐구가 먼저 시작되었고, 그 과정에서 동양철학이 정립된 사실을 규명한다. 일본에서 철학으로 대변되는 서양의 지식체계를 수용하는 과정은 결국 그 영향을 받은 우리의 지적 체계와도 적지 않은 관련이 있기에, 이 글은 한국에서 서양철학이 어떻게 현재의 모습을 지니게 되었는지 이해하는 데에도 많은 시사점을 제공한다.

제2부의 마지막 글은 미국사 연구자 김성엽 교수의 「재즈, 미국 흑인 하위문화의 탈국가적 상상력」이다. 저자는 뉴올리언스에서 미국 흑인들의 하위문화로 출발한 재즈가 활발하게 유통되고 확산·변형되는 과정을 설명하면서 이 음악의 유통 방식 및 그 저변에 있는 대안적 공동체 의식이 재즈의 본질을 규정한다고 평가하고, 이러한 특성이 갖추어지게 된 역사적 배경을 폭넓게 조망한다. 미국 사회에서 억압받았던 흑인들에게 오랜 기간 형성된 삶의 현실과 특성으로 인해 재즈는 원본 음악에 큰 의미를 두기보다는 공연자가 현장에서 시현하는 과정에서 자유롭게 변형시켜 소비하고, 자신들만의 것으로 만들어 향유하는 방식으로 발전했다. 즉 즉흥성, 현장성, 시현적 호소력의 부각으로 모두가 모방과 재창조 과정에 참여하는 독특한 음악이 만들어지게 된 것이다.

김성엽 교수는 미국 현대사의 굴곡 속에서 재즈의 전통이 이중적 정체성을 지니게 된 배경도 소개한다. 20세기 전반까지 재즈의 비밥 스타일에서 뚜렷하게 드러나는 대항적 성격에서 보듯, 재즈는 미국 주류 문화에 편입되지 못하고 그와 구별되는 흑인들의 문화적 산물로 자리잡고 있었다. 그러던 중 20세기 중반 미국의 국가 이미지 개선이라는 정치적 목적에 의해 재즈는 미국의 문화적 정체성의 일부로 포섭되었다. 하지만 저자는 아프리칸 디아스포라의 대안적 세계관과 의식이 이 음악의 뿌리였기에 재즈의 전복적·탈국가적 성격은 이 음악의 고유한 속성으로 남아 있고, 현재도 세계 여러 곳에서 억압받는 집단들이 이 음악을 사랑하는 이유가 되고 있다고 평가한다.

제3부에서는 "종교 문화의 교류와 재해석"이라는 제목으로 종교들이 경계를 넘어 확산되는 과정과 변용 현상을 살펴본다. 다른 문물과 달리 종교 문화의 전파는 오랜 시간이 소요될 뿐 아니라, 수용 과정에서 내용의 변용도 상당했다. 외부인이 이를 전달할 경우에 풍부한 사상을 제한된 언어로 번역해 표현하는 과정을 거쳐야 하고, 종교를 전달받는 문명 체계 내에도 이미 상이한 관념 체계 혹은 사상적 기반이 갖추어져 있어 수용자 입장의 해석이 가미되기 때문이다. 선구적인 종교인들은 이 단계에서 중요한 중계 역할을 수행했는데, 그 영향이 결정적인 경우도 많다. 종교 사상이 타 문명권으로 전파 혹은 번역되어 성공적으로 수용될 경우 해당 문명의 종교에서 기본 토대를 형성한다. 이질적인 언어와 상이한 사상적 맥락을 가진 문화들 간에 종교가 전파되는 과정에서는 일정 정도 변용 현상이 발생하고, 종종 본래의 것과 상당히 다른 새로운 독자

적인 문화가 출현하기도 한다.

첫 번째 글은 인도불교 연구자 안성두 교수의 「중국에서 인도불교의 수용과 변용 – 식과 여래장 개념의 융합을 중심으로」이다. 인도불교는 이질적인 문화를 가진 중국에 오랜 기간에 걸쳐 전파되었으며, 중국인들은 그 사상을 중국의 인식과 문화에 걸맞게 수용하고 변용시켰다. 저자는 중국에 인도불교가 전파되면서 어떤 문화적 변용이 일어났는지, 그 원인은 무엇이었는지 사상적 관점에서 깊이 들여다본다. 남아시아에서는 인도 불경을 그대로 수용한 반면, 중국에서는 불교의 번역 과정이 불가피했다. 하지만 중국인들은 초기에 인도 사상의 난해하고 풍부한 의미를 담은 용어들을 충분히 이해하지 못했다. 대표적인 개념이 의식 내지 지각을 의미하는 불교 용어 '식識, vijñāna'이다. 그들은 윤회를 불교 가르침의 핵심적 요소로 인식하고 있었으나, 찰나적 식의 지속성 문제와 무아설과의 이론적 간극을 해소할 수 없었고, 이에 '신불멸론神不滅論'을 제시하여 윤회 맥락에서 지속하는 식의 존재를 상정했다.

안성두 교수는 인도 유식학파가 잠재적 식의 양태를 나타내기 위해 창안했던 알라야식ālaya-vijñāna 이론이 중국불교에서 청정성과 염오성의 공존을 논리적으로 해명하는 기초를 제공할 수 있었고, 여기에 인도 출신의 역경승 진제眞諦의 사상적 기여가 두드러졌다고 주장한다. 진제는 알라야식의 잠재성을 여래장과 관련시킴으로써 양자를 사상사적으로 통합하고자 했고, 이는 그가 창안한 아말라식amala-vijñāna 개념에 의해 수행되었다는 것이다. 저자는 진제의 해석이 인도불교 사상에서는 방계적 위치에 있었으나, 그가 경전의 한역을 주도하면서 동아시아에서 그의 해석을 매개로 여래장 개념이 중심적 사유로 발전했다고 주장한다. 다시 말해, 진제의 한역에 의해 인도불교 사상 내에서는 주변부적 관심에 머물러 있던 알라야식과 여래장의 통합 가능성이 이론적 차원에서 비로소 가능해졌으며, 이를 통해 이후 중국불교가 새롭게 발전하는 토대를 마련할 수 있었다는 것이다.

16세기에 진행된 그리스도교의 중국 전파도 불교와 유사한 과정을 거쳤다. 역사신학자 서원모 교수는 「명청대 동서 교류–『초성학요』와 「월리역지」를 중심으로」라는 글에서 예수회가 중국을 대상으로 선교하는 과정에서 제작한 동서 교류의 문헌들 가운데 종교와 과학 분야의 대표적인 한역 서학서를 통해 명청대 서학서의 특징을 살펴본다. 예수회 선교사 불리오는 토마스 아퀴나스의 『신학대전』을 한역한 『초성학요』라는 책을 집필했다. 그는 20년 가까이 중국에서 선교사로 활동한 후 포교의 목적하에 번역 작업에 착수했다. 『신학대전』은 본래 3부로 구성되었으나, 불리오는 윤리적 문제를 다루는 2부는 중국 전통 윤리와의 충돌을 우려하여 생략했고, 각 항목의 번역에서도 원문을 직역하기보다는 의역하며 아퀴나스의 논리 전개 방식을 변형시켰다. 역자는 중국 독자를 고려하여 원문 텍스트에 얽매이지 않았고, 중국 내의 호교적 논의와 중국 고전까지 활용하며 해설과 주해를 자유로이 삽입했다. 저자는 이와 같은 현지화 시도가 당대 한역 서학서 전반에서 보이는 특징이라고 설명한다.

서원모 교수는 달 이론을 다룬 과학 문헌 「월리역지」도 살펴본다. 이는 서광계徐光啓 등이 참여한 서양 역법서 『숭정역서』의 일부로서 예수회 선교사 자코모 로羅雅谷가 저술했다. 여기에서는 서양 천문학의 주요 개념은 물론, 코페르니쿠스와 마지니의 모델을 넘어서 튀코 브라헤 모델 등 달 운행에 대한 최신 이론까지 도해를 통해 소개한다. 당시 유럽 서적에서도 찾아보기 어려웠던 달 운행에 대한 모델들의 발전 과정을 중국인들에게 최초로 소개한 셈이다. 로는 중국 천문학과 서양 천문학을 상호 연계시키면서 서양 지식을 중국의 전통 역법 체계에 맞춰 설명했다. 이처럼 서양 선교사들은 당시 문화 유통을 통한 선교에 지극한 관심을 보인 반면, 명청대 중국인들은 동서 교류의 필요성을 그다지 느끼지 않아 대조를 보였다.

예수회 선교사들은 서양 지식이나 문헌만 중국에 소개한 것이 아니라, 중국 문화를 새롭게 통찰하려는 노력도 병행했다. 유교 연구자 이연승 교수는 「프레메어의 '유교' 이해」에서 중국 고전들에서 천주교의 종교적 가르침을 발견할 수 있다고 주장하던 색은주의자 중 한 사람인 조제프 앙리 프레메어가 유교를 어떻게 이해하고 있었는지 살펴본다. 프랑스인 예수회 선교사 프레메어는 『역경』에 대한 해석으로 강희제의 마음을 사로잡았던 부베 등의 영향을 받아 중국 고전 연구에 몰두했고, 결국 유교와 천주교가 본질적으로 다르지 않다고 확신하게 되었다. 그에게 중국 고전 연구는 천주교를 효율적으로 전파하기 위한 수단이었다.

이연승 교수는 프레메어가 그의 대표 저작 『천학총론』, 『경전의론』, 『경전중설』 등 유교 경학서에서 어떤 방식으로 중국 고전을 이해하고 해석했는지 분석한다. 프레메어는 참된 학문인 천학天學이 담긴 중국 경서를 '성경'이라 지칭하면서 공자의 글에 그리스도교적 진리가 담겨 있었으나 후세들이 참뜻을 받지 못했으며, 불법佛法까지 들어오면서 참된 학문이 사라졌다고 보았다. 당대에 그의 저술들이 출판될 수 없어 그 저작들에 대한 충분한 평가가 이루어지지 않았지만, 그의 종교 세계 내에서 18세기 초 서학과 중학, 유교와 천주교는 깊이 있게 만나고 교류하며 통합적으로 해석되고 있었다. 주류 그리스도교의 관점에서 보면, 이와 같은 해석이 터무니없어 보일 수도 있겠으나, 유럽과 중국 사이의 종교 문화를 통합시켜 포교를 용이하게 하려던 색은주의자들의 의도와 심정을 이해할 수는 있을 듯하다.

제3부의 마지막 발표자는 조선 지성사를 연구해 온 고전학자 정민 교수다. 그는 「접촉과 접속 – 서학서 『칠극』과 조선 지식인」에서 에스파냐 출신 예수회 선교사 디에고 데 판토하가 저술한 서학서 『칠극』이 조선 후기 사회에 미친 문화적 영향을 살펴본다. 『칠극』은 인간이 일곱 가지 주요 죄에 맞서 승리하기 위한 처방을 체계적으로 제시한 책인데, 동아시아 3국의 지식인들에게 광범위한 영향을 미쳤다. 고대 동방 수도사들은 죄를 다스리고 수양하는 과정에서 교만, 질투, 탐욕, 분노, 식탐, 음란, 나태 등 일곱 가지 대죄를 정리했으며, 이것이 후에 아퀴나스의 『신학대전』에 명시적으로 언급되면서 체계화되었다. 『칠극』은 인간의 죄악을 극복하기 위한 일종의 수양서였기에 중국의 유교적 지식인들도 크게 거부감을 느끼지 않았다. 판토하는 성경과 다양한 서양의 저술에서 기원한 일화와 잠언을 인용해 일곱 가지 죄악을 치유하는 일곱 가지 덕을 제시했다. 그는 심지어 중국 경전에 있는 예시들도 동원하여 흥미로우며 깨달음을 주는 내용으로 채웠고, 독자들이 이 책을 읽으면서 자연스럽게 천주교 신앙을 접하도록 의도했다.

북경을 찾은 조선의 사절이 서양 신부를 통해 접했을 『칠극』은 이익의 『성호사설』에서 높은 평가를 받은 책으로 비로소 등장한다. 그리고 이익을 매개로 그의 제자 홍유한, 권철신 그리고 사도세자와 윤지충에 이르기까지 이 책은 조선 후기 지식인들이 천주학을 접속하는 유력한 통로가 되었다. 정민 교수는 이 책이 조선 지식인들 사이에 확산된 경로와 당대의 평판을 추적하면서 초기 천주교인들에게 신앙생활과 기본 교리서의 역할을 했다고 평가한다. 이 책은 조선에서 한글로도 번역되어 널리 읽혔다. 저자는 『칠극』이 종교서로 분류되기보다는 유학자들의 수양서나 지혜문학의 일종으로 간주되었기에 폭넓게 독자층을 확보할 수 있었다고 결론을 짓는다.

본서에 실린 열두 편의 글에서 확인할 수 있듯이 인간은 언어, 풍습, 종교, 사상, 예술, 제도 등 방대한 문화적 실체를 다양한 방식으로 교환하고 유통시키며 세상을 발전시켜 왔다. 일상적으로 접하는 놀이와 음악, 커피와 의복 등에 이르기까지 우리 주변에서 만나는 문화의 대부분은 유통 과정을 통해 내용이 더욱 풍성해지면서 지역을 넘어 세계 전역으로 이동해 왔다. 상업적으로 가치가 있는 발견이나 기술은 더 말할 것도 없다. 문화의 유통 및 이동은 인간과 인간을 소통시키고 통합하는 과정이기도 하고, 타 문화 혹은 타 집단에 대해 인식하는 계기를 제공하기도 한다.

흔히 21세기를 '문화의 시대'라고 한다. 인간을 문화적 존재로서 재발견하게 된 배경에는 '돈'에만 매달리다가 삶의 질과 의미를 놓쳐 버린 세태에 대한 반성이 자리 잡고 있다. 그럼에도 불구하고 일부 탐욕스러운 자들은 문화조차 부가가치를 창출하는 '돈벌이'로만 접근하는 태도를 견지한다. 이를 전혀 이해 못할 바는 아니지만, 한국인에게 자부심을 갖게 만드는 K-컬처가 이득만을 앞세운 상업주의의 소산으로 비추어질 경우 지구촌에서 지속적으로 환영받을 수 있을는지 의문이다. 이와 더불어 문화에 대한 강고한 배타주의도 극복해야 할 과제로 남아 있다. 종의 다양성이 생태계의 평형 유지에 필수적이듯 문화의 다양성도 지구촌의 공존과 인류의 문제 해결을 위한 기본 조건이다. 소수자와 약자, 그리고 다문화적인 성격의 문화들도 공생할 수 있도록 세심한 배려가 필요하다. 문화에 대한 확대된 이해와 포용적인 접근 방식이 지구촌의 갈등 해소와 평화 확산에 기여할 수 있기를 희망한다.

글을 마치며 학술대회 진행과 책을 만드는 과정에서 수고한 분들에게도 감사의 마음을 전한다. 물심양면으로 지원을 아끼지 않은 이석재 서울대학교 인문대학 학장, 학술대회 진행 및 조직에서 책의 출판에 이르기까지 세심하게 챙겨 준 김지현 기획부학장, 그리고 다양한 문제에 대해 신속하게 조언해 준 신혜경 교수에게 감사드린다. 이 외에도 도와주신 분들이 많지만, 기획 단계부터 조용히 꼭 필요한 도움을 아끼지 않았던 김정빈 선생과 번거로운 일을 기꺼이 도맡아 처리해 준 김화니 조교에게 특별히 깊은 감사를 표한다. 좋은 글을 주신 열두 분의 저자와 많은 분의 보이지 않는 수고가 협력하여 작지만 의미 있는 결실을 보게 되었다. 다시 한번 모든 분의 노고에 고개 숙여 감사를 드린다.

2022년 3월

차례

넘나드는
문물과 문화

바다를 통해 이동한 유리구슬

차투랑가의 유럽화—서양 장기의 변천과 재해석

명나라의 조선 드레스 열풍—한중 교류와 문화적 변용에 대하여

음식 민속문화의 전파와 발전—밥·국 상차림을 중심으로

바다를 통해 이동한 유리구슬

권오영

장신구로 애용된 유리구슬[1]

『삼국지三國志』「위서魏書 동이전東夷傳 한조韓條」에는 3세기 무렵 한반도 중부와 남부에서 발전하던 삼한 사회의 풍속에 대한 중요한 기사가 남아 있다.

> 영주瓔珠를 재보로 삼아, 옷에 꿰어 장식으로 삼거나 혹은 목에 걸거나 귀에 늘어뜨린다. 금은금수金銀錦繡(금과 은, 비단)는 진귀하게 여기지 않는다.

위의 '영주'는 구슬, 즉 영어의 bead를 의미한다. 우리의 상식과는 달리 금과 은, 비단이 아닌 구슬을 재물과 보화로 여겨, 장신구로 삼았다는 것이다. 같은 책에서 고구려와 부여가 가죽, 금과 은, 비단을 귀하게 여긴다는 기사와 완전히 상반된다.

이러한 기사를 뒷받침하듯 삼한의 무덤에서는 막대한 양의 구슬이 출토되는 경우가 많다. 반면 금과 은, 비단이 부장된 경우는 매우 드물다. 한반도 중부 이남에서 금과 은으로 만든 물품을 무덤의 부장품으로 사용하는 시점은 4세기 이후다. 따라서 『삼국지』「한조」의 기사와 고고학적 발굴 상황이 일치하고 있다.

삼한 무덤에서 출토된 구슬의 재질은 크게 유기질과 무기질 재료로 나눌 수 있다. 유기질 재료는 동물의 뼈나 이빨로 만든 것으로 그 수가 그리 많지 않다. 무기질 재료는 유리와 광물질, 흙으로 빚은 것으로 나눌 수 있다. 광물질 중 가장 많은 것은 홍옥수, 그 다음이 수정이고 흙으로 만든 구슬은 그리 많지 않다. 구슬류가 무덤에서 출토되는 정황은 유해의 머리 부근에서 발견되어 목걸이나 귀걸이로 해석되는 경우, 발목에 건 경우, 옷에 꿴 채로 발견된 경우 등 다양하다. 시신 주변에 뿌린 경우나 토기에 담은 경우도 있다.

지금까지 출토된 구슬의 수효를 정확히 파악하는 것은 불가능하지만, 일본의 사례는 참고가 된다. 삼한 사회와 시간적으로 병행하는 야요이彌生 시대, 그리고 삼국 시대와 대략 병행하는 고훈古墳 시대의 유적에서 출토된 유리구슬을 합하면 60만 점 이상이라고 한다. 그런데 한반도에서 출토되는 구슬의 수는 일본열도에서 나온 출토품을 압도하므로, 그 수는 아무리 적게 잡아도 100만 점 이상이 될 것이다.

한반도에서 이른 시기의 유리제 장신구가 많이 발견되는 지역은 금강과 동진강 유역이다. 기원전 4-3세기 무렵에 해당되는 초기철기 시대 무덤에서 푸른색의 고리 모양과 대롱 모양의 유리구슬이 발견된다. 신비로운 느낌을 주는 푸른색 유리구슬은 점차 한반도 남부로 확산되고 바다를 건너 일본으로 건너가게 된다.

일본에서는 광물질 구슬을 장신구로 사용하는 풍습이 조몬繩文 시대 이후부터 이어졌는데, 야요이 시대 이후에는 한반도에서 넘

그림 1.
요시노가리 유적에서
출토된 유리제 장신구

어간 푸른색 유리구슬을 장신구로 사용하게 된다. 중국과 한반도 문화가 유입되는 창구에 해당되는 규슈 북부 지역에서 이런 현상이 뚜렷하게 나타난다. 대표적인 사례가 규슈의 사가佐賀현 요시노가리吉野ヶ里 무덤에서 출토된 화려한 유리제 장신구다. 야요이 시대에 유리구슬의 출토량이 특히 많은 지역은 나가사키, 사가, 그리고 교토로 모두 1만 점 이상 출토되었다. 나가사키의 출토량이 많은 이유는 쓰시마의 출토량이 많기 때문이고, 교토의 경우는 동해를 가운데 두고 한반도 동남부와 마주한 단고丹後 지역의 출토량이 많기 때문이다. 사가와 쓰시마, 단고 모두 한반도와 일본열도를 연결하는 해로에 접한 지역으로서 한반도의 구슬 애호 풍속이 유입되었음을 알 수 있다.

4세기 이후부터는 일본의 정치·문화 중심지로서 기나이畿內 지역이 대두하는데, 당시만 하더라도 돌로 만든 구슬이 대세였다. 하지만 5세기 이후 한반도에서 많은 사람이 일본열도로 이주하여 정착하면서 일본의 장신구 문화도 완전히 바뀌어 유리제 구슬이 폭증한다. 이른바 '도래인'이라고 불리는 한반도계 이주민이 묻힌 무덤에는 왜인의 무덤보다 훨씬 많은 양의 유리제 구슬이 출토되곤 한다. 삼한과 그 뒤를 이은 백제, 가야의 구슬 애호 풍속이 일본으로까지 확산된 것이다.

유리구슬의 제작 기술과 그 종류[2]

모든 유리는 주된 재료인 주제former, 용융점을 낮추기 위한 융제flux, 그리고 안정제stabilizer와 착색제colorant 등으로 구성된다. 주제는 실리카(산화규소)가 주성분으로서 모든 유리 제품에 공통으로 사용되며, 융제의 차이에 따라 납유리군(산화납 사용), 포타시 유리군(산화칼륨, 즉 칼리 사용), 소다 유리군(산화나트륨 사용), 알칼리혼합 유리군(산화칼륨과 산화나트륨 모두 사용) 등으로 구분된다.

안정제로는 산화칼슘, 산화알루미늄, 산화마그네슘 등이 사용되었다. 착색제로는 티타늄, 망간, 철, 구리 등이 이용된다.

납유리군은 융제로 납과 바륨이 사용된 납-바륨 유리와 순수하게 납만 사용된 납유리군으로 세분되는데, 한반도를 비롯한 동북아시아에서 먼저 등장하는 것은 납-바륨 유리다.

소다를 융제로 삼은 소다 유리는 안정제의 성분에 따라 산화알루미늄의 비중이 높은 고高알루미나계와 산화칼슘의 비중이 높은 저低알루미나계로 양분된다. 후자는 다시 산화마그네슘과 산화칼륨의 함량에 따라 나트론Natron 유리와 플랜트 애시Plant-ash 유리로 나뉘는데, 전자는 지중해 일원, 후자는 서아시아-중앙아시아 일원에서 제작된 것으로 추정되고 있다.

이렇게 복잡한 양상을 보이지만 한반도에서는 납-바륨 유리, 포타시 유리, 소다 유리의 순서로 등장하고 유행한다. 다만 5세기 후반 이후 신라와 일본에서 플랜트 애시계 유리구슬이 급격히 증가하는 현상을 보이는데, 이는 유리구슬의 유입 경로에서 육로가 일시 중요시되었음을 의미한다.

유리를 만드는 기술은 여러 가지인데, 동북아시아에서 발견된 용기류는 대롱불기로 만든 것이 대부분이다. 대롱불기는 사산조 페르시아에서 3세기 이후부터 유행했다. 중국에서는 『포박자抱朴子』 기록에 따를 때, 교주·광서·광동 일대에서 동진대에 이미 유리를 제작했다고 한다. 『위서魏書』에 의하면 5세기 전반에 대월지 사람이 수도인 평성平城에 와서 광석을 녹여 유리를 만들었다고 하는데, 이때 대롱불기에 의한 유리기 제작이 중국에서도 시작되었음을 알 수 있다.

반면 구슬류는 금속봉에 유리를 말아 감는 기법, 판상의 유리를 감아 대롱 모양으로 만드는 기법, 거푸집 안에 분말이나 용액을 넣어서 주조하는 기법 등도 있으나, 늘이기 기법이 개발된 이후 유리구슬의 대부분은 이 방법으로 제작되었다.

앞에서 언급했던 기원전 4-3세기 무렵의 푸른색 유리구슬은 대부분 납-바륨 유리로서 그 생산지는 중국 남부다. 포타시 유리는 기원전 1세기 무렵부터 새롭게 등장하여 한반도 중부 이남에서 광범위하게 확산되었다. 특히 김해를 중심으로 하는 한반도 동남부에서 오랫동안 크게 유행한다. 포타시 유리의 생산지에 대해서는 중국 남부, 베트남 북부의 동선Dong Son 문화, 중부 이남의 사후인Sa Huynh

그림 2. 경주 황남대총에서 출토된 유리 용기

문화, 인도의 아리카메두Arikamedu 등 다양한 지역이 후보로 거론되고 있다.

소다 유리는 인도와 동남아시아의 여러 공방에서 생산되었고, 인도-태평양 유리구슬Indo-Pacific Glass Bead을 대표한다. 기원후 2세기 이후에 등장하여 삼국 시대 유리의 주류가 된다. 특히 고알루미나계가 마한-백제권역에서 크게 유행하는 모습을 보인다. 한반도와 일본열도에서 출토된 유리구슬의 압도적 다수는 소다 유리에 속한다.

그런데 신라 왕릉인 경주 황남대총에서 출토된 유리 용기(그림 2)와 구슬에 대한 화학 분석 결과 플랜트 애시계 유리가 존재함이 밝혀졌다. 천마총 유리잔에 대한 분석에서는 나트론계일 가능성도 제기되었다. 이는 경주의 신라 고분 출토 유리 중에는 인도-태평양 유리구슬만이 아니라 지중해나 서아시아-중앙아시아산도 섞여 있음을 보여 준다. 신라 고분에서 유독 많이 출토된 유리 용기가 로만 글라스와 사산 글라스에 속하는 부류라는 사실과 잘 조응한다. 이러한 유리 제품은 초원길을 따라 육로로 전달된 것으로 보인다. 반면 대부분의 포타시 유리와 소다 유리는 대륙을 통하지 않은 교역로, 즉 동남아시아에서 해로를 통해 유입된 것으로 추정된다. 일본 열도에서 유리가 유행하는 순서는 한반도와 동일하다. 그 이유는 한반도를 경유하여 지속적으로 유리가 유입되었기 때문이며, 유통의 주체가 백제와 가야였기 때문이다.

삼국 시대의 인도-태평양 유리구슬[3]

기원후 1세기 중엽 무렵에 그리스 출신의 상인이 저술한 기행기인 『에르투리아해 안내기*Periplus of the Erythraean Sea*』와 중국의 『한서漢書』를 종합해 보면, 이미 알렉산드리아를 출발하여 홍해 입구에서 아라비아해를 횡단하고 인도, 벵골만, 말레이반도에 도달한 후, 육로(말레이반도의 끄라Kra 지협)를 횡단하여 남중국해, 나아가 중국에 도달하는 무역로가 성립되었음을 알 수 있다. 각지의 무역항에서는 다양한 국적의 상인들이 모여 활발하게 교역 활동을 펼쳤다.

이 무렵에 이미 고도의 문명을 발전시킨 인도 상인들은 동남아시아 각지로 진출했다. 인도인들은 금을 원했고, 현지 주민들은 철기, 면직물, 유리 등의 공예품을 원하면서 양측의 이익을 실현하는 교역이 이루어지게 된다. 지역 수장이 교역 장소를 제공하고 인도인들의 안전을 보장하면서 항구와 시장을 지닌 취락, 즉 항시(항구도시)가 곳곳에 등장했다. 항시와 항시를 연결하는 연안 항로가 개발되면서 이 길을 통해 원거리에서 생산된 다양한 물품이 이동했다. 인도 상인들은 금을 확보하기 위해 중국까지 진출했고, 당시 중국 국제무역의 최전선은 광동성의 번우番隅와 광서성의 합포合浦였다.

인도에서 만든 유리구슬과 홍옥수도 이 항로를 따라 동남아시아 각지로 확산되었다. 처음에는 완제품을 수입했으나 점차 동남아시아 대륙부에 위치한 태국의 클롱 톰Khlong Thom, 카오 삼 케오Khao Sam Kaeo, 반 치앙Ban Chiang, 반 돈 타 펫Ban Don Ta Phet과 베트남의 옥 에오Oc Eo, 죵 카 보Giong Ca Vo 등지에서 자체적으로 유리를 생산하게 되었다.

한편 중국 측 기록에 의하면, 기원후 131년 베트남 북부의 일남군日南郡에 섭조왕葉調王(자와 혹은 실론)의 사절이 내방했으며, 159년과 161년에는 천축(인도) 사신이 일남군을 경유하여 후한에 입공했다고 한다. 166년에는 로마의 왕인 마르쿠스 아우렐리우스(재위 161-180)의 사절이라고 칭하는 자들이 일남군을 경유하여 중국에 입공했다. 이들은 아리카메두 등 인도 동부의 항구에 체재하던 그리스나 로마 상인들이었는데, 로마 황제의 사절을 사칭하면서 방문했던 것 같다.

226년에는 로마 사신인 신론이 오나라 지배하에 있던 베트남 북부 교지군交趾郡에 왔고, 교주자사交州刺史 여대呂岱는 229년 신론의 귀국에 동행시켜 강태康泰와 주응朱應을 푸난扶南에 사절로 파견했다. 이후에도 『양서梁書』「해남전」에 의하면 로마 사신들이 푸난, 일남, 교지 등지에 종종 왔다고 한다. 이런 과정을 통해 유럽-인도-동남아시아-중국을 연결하는 교역로가 발전했다.

한편 메콩강 하류 지역을 무대로 발전한 항시 국가 푸난은 3세기에 들어와 말레이반도를 정벌하고 쿠샨에 사신을 보낼 정도로 해상 강국으로 성장했다. 정치·군사적 경쟁이 극심한 삼국 시대의 상황에서 동오東鳴는 북쪽에 위치한 조위曹魏의 방해로 인하여 서역의 물품을 입수하는 데 어려움을 겪자 바닷길 개척을 꾀하면서 베트남 중부의 참파와 남부의 푸난에 주목하게 된다. 푸난은 225년 동오에 유리를 바쳤으며, 동오의 교주자사 여대는 참파와 푸난에 주응과 강태를 사절로 파견하면서 동남아시아 세계와 물품에 대한 중국인들의 인식이 크게 확대되었다. 동오는 동남아시아에서 입수한 주기珠璣, 비취, 바다거북의 등껍질인 대모玳瑁 등을 조위에 보낸 대가로 북방의 군마를 확보했다고 한다. 이때의 주기는 둥근 구슬을 말하는데, 비취, 대모 등 남방 특산품과 함께 병기되어 있음을 볼 때 인도-태평양 유리구슬로 판단된다. 참파와 푸난이 주체가 되어 모은 남방 물산이 동오를 거쳐 북중국으로 확산되는 양상이었을 것이다. 3세기 이후 인도와 동남아시아 각지에서 생산된 고알루미나 소다 유리가 한반도와 일본열도에서 급증한 배경에는 바다를 통한 원거리 해상 교역 현상이 자리한다.

조위를 대신하여 진晉이 등장하자 푸난은 268년, 285년, 286년, 287년에 진으로 사신을 보냈다. 푸난-참파-동오(서진)로 이어지는 교역이 활발히 진행되던 시점은 한반도 중서-서남부에 위치한 마한의 여러 세력들이 서진에 여러 차례 사신을 보낸 때이기도 하다. 『진서晉書』 무제기 태강 7년(286)조에는 "이해에 푸난 등 21개국, 마한 등 11개국이 사신을 보내어 왔다."라는 기사가 있다. 이는 중국 외교 무대에서 푸난과 마한 세력들이 만날 기회가 있었다는 의미다. 이 과정에서 푸난산産 혹은 푸난을 경유한 인도-동남아시아

그림 3. 푸난의 항구이자 공방인 옥 에오의 박물관

물품이 마한 지역에 전해지고 일부는 일본까지 전해졌을 것이다.

311년 낙양이 함락되고 서진 정권이 붕괴되는 영가의 난 이후 사마씨 일족은 양자강 이남에서 새로운 진晉, 즉 동진東晉을 세운다. 푸난과 참파는 동진과 그 뒤를 이은 송宋, 제齊, 양梁 등 역대 남조 정권과 긴밀한 교섭을 전개했다. 푸난은 367년 동진에 코끼리를 공헌했고, 434년, 435년, 438년 잇따라 송과 통교했다. 484년에는 인도 승려를 제에 파견했으며, 503년에는 양에 산호 불상을 공헌했다. 그 후에도 511년, 514년, 517년, 519년, 520년, 530년, 535년, 539년까지 계속해서 양에 사신을 보냈다. 강소성 남경시南京市 상산象山에 위치한 동진 7호묘에서 출토된 유리 용기, 구용시句容市 춘성春城 송묘宋墓에서 출토된 유리 절자완切子盌은 이런 교류의 산물이다.

그림 4. 낭아수국의 흔적(말레이시아 숭아이 바투 유적)

『양서』「해남전」에는 말레이반도에 소재한 항시 국가로서 돈손국頓遜國, 반반국盤盤國, 단단국丹丹國, 간타리국干陀利國, 낭아수국狼牙脩國 등이 소개되어 있는데, 이들은 반도의 좁은 끄라지협의 동과 서를 연결한 육로를 장악하고 해상 활동에 참여한 항시 국가들이다. 이 외에도 크고 넓은 바다의 섬에 있는 나라라는 비건국毗騫國은 수마트라에 해당되며, 제박국諸薄國(자와), 파리국婆利國(발리)에 대한 기사도 존재하여 동남아시아의 해양부까지 원거리 교역에 참여했음을 보여 준다.

백제도 동진 및 남조 역대 정권과 긴밀한 교섭을 전개했다. 근초고왕 대인 372년 동진에 사신을 파견했을 당시 임읍, 즉 참파도 동진에 사신을 보냈다. 4세기 이후 백제 고분에서 출토된 유리구슬의 압도적 다수가 소다 유리란 점은 동남아시아산 물품이 본격적으로 유입되었음을 보여 준다.

남조를 매개로 한 백제와 동남아시아의 교섭을 상징적으로 보여 주는 증거는 『일본서기日本書紀』에 희미하게 남아 있다. 543년 백제 성왕은 왜에 푸난산 물품과 생구(노예) 2명을 보냈다고 한다. 554년에는 인도산으로 추정되는 양탄자를 왜와 거래한 기록도 남아 있다. 이는 백제가 남조를 통해 동남아시아의 특산물을 왜에 중개무역의 형태로 거래했음을 보여 준다.

한반도와 일본열도에 수백만 점이 전래된 것으로 추정되는 동남아시아산 유리구슬은 이러한 과정을 거친 것이다. 동남아시아 각지의 공방에서 생산된 유리구슬은 생산지별로 화학 조성이 다양한 편인데, 공통적으로 기원전 4세기에서 기원후 200년 무렵까지 포타시 유리를 주로 생산했고, 그 후에는 고알루미나 소다 유리가 포타시 유리를 대체하게 된다. 결국 기원후 3세기 이후 동북아시아에서 고알루미나 소다 유리가 광범위하게 확산된 배경에는 푸난과 참파, 동오와 남조, 마한과 백제, 왜 등 여러 세력의 역할이 있었던 것이다.

해상 실크로드의 동남아시아-동북아시아 구간이라고 정의할 수 있는 이 루트를 통해 유리구슬만 이동한 것이 아니다. 한반도 남부에서 많이 발견되는 구슬의 재질로 유리 이외에 홍옥수가 있다. 홍옥수의 산지에 대해서는 분명치 않은 점이 많은데, 한반도 내부에서 아직 확실한 산지가 발견되지 않았기 때문에 외부에서 유입되었을 가능성이 높다고 추측한다. 그 대표적 후보지가 인도나 동남아시아, 그리고 일본이다.

동남아시아의 특산품으로는 바다거북의 등껍질인 대모, 호박琥

珀, 진주 등을 들 수 있다. 그리고 유기물이라 썩어 버려서 그 흔적을 찾기 힘든 향신료와 목재도 중요한 물품이었다. 형태가 없는 사상과 의례도 중요하다. 고대 한국 사회에 불교가 수입되는 과정은 단일하지 않아서 북중국을 거친 고구려, 남중국을 거친 백제와 신라의 경우가 다르다. 그런데 백제에 불교를 전래했다는 승려 마라난타는 동진에서 왔다고 한다. 당시 동진의 수도였던 건강建康(현재의 강소성 남경)에는 중앙아시아와 동남아시아 출신의 불교 승려들이 많았기 때문에 마라난타도 이런 분위기에서 활동한 인물임이 분명하다. 이름만으로 그의 출신지를 특정하기는 어렵지만, 동남아시아를 경유한 불교 사상과 의례는 이후 남조에서도 계속 이어진다. 특히 사리 공양과 관련된 제례와 공양기는 인도와 동남아시아에서 유례를 찾아볼 수 있다. 6세기 이후 백제의 불교문화가 왜에 전래된 양상을 고려하면, 바닷길을 통해 인도와 동남아시아의 불교문화가 동북아시아에서 확산되는 과정을 그려 볼 수 있다.

유리 연구, 동북아시아를 넘어 더 넓은 곳으로[4]

유리 용기와 구슬은 유라시아의 동과 서로 이어지는 광역의 해상교역로를 통해 이동되었기 때문에, 현재의 국경을 넘어서는 조사와 연구가 필요하다. 이런 점에서 한국 고대사의 역동성과 개방성을 보여 줄 수 있는 유력한 자료라고 할 수 있다.

그런데 유리에 대한 연구는 문헌적·미술사적·고고학적 연구만이 아니라 화학적인 분석 작업이 필수적이다. 최근에는 분석 방법의 획기적인 발전으로 유물을 파괴하지 않고도, 또는 파괴 정도를 극소화시키면서 정밀한 분석이 가능하게 되었다. 아울러 연구의 전략 수립이 필수적이다. 고고과학자와 고고학자, 역사학자가 머리를 맞대고 유리의 생산과 소비, 유통을 둘러싼 다양한 경우의 수를 상정하고 가설을 수립한 후, 이를 검증하는 방향으로 분석과 연구가 진행되어야 한다.

아울러 연구 대상이 되는 시간의 폭을 확대할 필요가 있다. 고대만이 아니라 통일신라와 발해, 고려, 조선으로 넓혀야 한다. 중세 국가들 역시 바다로 원거리 교섭을 진행했기 때문에 경주와 개성에서는 지난 발굴 과정을 통해 이슬람 유리와 도자기가 상당량 출토되었을 가능성이 높다. 이슬람 유물에 대한 이해가 결여된 상태에서는 제아무리 귀중한 유물이 발견되어도 그 가치를 제대로 평가받지 못하고 사장될 것이다. 이런 점에서 유리 연구는 한국과 동북아시아를 넘어서는 넓은 시각을 필요로 하며, 이는 해역사海域史 연구의 시작을 의미한다.

1. 이인숙, 『한국의 고대유리』(백산문화, 1993); 黃啓善, 「中國南方古代玻璃的硏究」, 廣西博物館 編, 『廣西博物館文集』 1(2004); 오가 가츠히코, 「일본열도의 유리제품 유통」, 『구슬의 유통에 나타난 동아시아의 교섭』(국립나주문화재연구소·대한문화재연구원, 2015).

2. 김규호, 「한국에서 출토된 유리의 고고화학적 연구」, 중앙대학교 박사학위논문(2001); 박준영, 「韓國 古代 琉璃구슬의 特徵과 展開樣相」, 『중앙고고연구』 19(2016), 71-109쪽.

3. 권오영, 「고대 한반도에 들어온 유리의 고고·역사학적 배경」, 『韓國上古史學報』 85(2014), 135-159쪽; 김규호·윤지현·권오영·박준영·Nguyen Thi Ha, 「베트남 옥 에오(Oc Eo) 유적 출토 유리구슬의 재질 및 특성 연구」, 『文化財』 49-2(2016), 158-171쪽; James Lankton & Laure Dussubieux, "Early Glass in Asian Maritime Trade: A Review and an Interpretation of Compositional Analyses," *Journal of Glass Studies*, vol. 48 (2006), pp. 121-144; Alison Kyra Carter, *Trade, Exchange, and, Sociopolitical Development in Iron Age (500 BC-AD 500) Mainland Southeast Asia: An Examination of Stone and Glass Beads from Cambodia and Thailand* (University of Wisconsin-Madison, 2013).

4. 권오영, 『해상 실크로드와 동아시아 고대국가』(세창출판사, 2019); 干福熹, 「中國古代玻璃和古代絲綢之路」, 干福熹主 編, 『絲綢之路上的古代玻璃研究』(復旦大學出版社, 2007).

차투랑가의 유럽화
— 서양 장기의 변천과 재해석*

박홍식

차투랑가의 서쪽 경로와 동쪽 경로

서양에서 많은 사람이 즐기는 체스는 인도의 전쟁놀이 '차투랑가chaturanga'에서 기원했다. 이 놀이의 산스크리트어 명칭이 의미하는 대로 각 편은 '네 종류'의 부대, 즉 코끼리, 기병, 병거(수레), 보졸 부대를 주력으로 삼는다. 가로세로 각각 8칸의 판 위에 왕과 대신을 포함해 총 16개의 기물이 배치되고, 주사위를 던져 나온 숫자만큼 이를 이동시키며 상대편 군대를 통솔하는 왕을 잡으면 승리한다.[1] 기원전 2000년에서 3000년경 이 놀이에 사용되었던 것으로 짐작되는 기물들이 인도 서북부 로탈에서 발굴된 것으로 미루어 보아, 차투랑가는 인도 내에서 장구한 발전 및 변화 과정을 거쳤으리라 추정된다.[2] 그렇지만 차투랑가에 대한 가장 이른 기록은 7세기 초에야 확인되기 때문에 이 놀이의 정확한 출현 시기와 본래의 규칙을 복원하기는 어렵다.

인도의 차투랑가는 페르시아로 전해져 샤트라니chatrang, shatranj라는 이름으로 불리며 유행했다(그림 1 참조). 사산조 페르시아 왕 호스로 1세Khosrow I(재위 531-579) 통치기에 인도 왕으로부터 받은

그림 1.
페르시아 궁정에
차투랑가를 전해 주는
인도 대사

선물 중에 차투랑가가 포함되었는데, 기물 세트가 모두 가공된 에메랄드와 루비, 즉 녹색과 붉은색으로 구성되었다고 한다. 이 일화는 7세기 초 이래 여러 문헌에 언급되어 있다.[3] 샤트라니는 차투랑가의 구성 및 규칙을 그대로 수용한 놀이였는데, 페르시아가 이슬람화된 후 이 놀이가 이슬람 세계에 확산되었고, 중동과 아프리카 지역을 거쳐 8-9세기에 이슬람화되어 있던 에스파냐에도 소개되었다.

한편 차투랑가는 서쪽 경로만 있었던 것이 아니다. 이 보드게임은 동쪽으로도 이동해 한·중·일 동아시아 3국은 물론 말레이시아, 태국, 티베트, 몽골, 시베리아 등지로 확산되었으며, 유사한 규칙을 지닌 놀이로 정착했다. 동양과 서양의 유서 깊은 전쟁놀이가 모두 인도의 차투랑가에서 기원한 것을 시사하는 강력한 증거는 코끼리 부대를 나타내는 장기 기물의 존재다. 이들 지역의 놀이에는 예외 없이 코끼리 부대가 중요한 기물로 등장하지만, 실제 그 지역들에서 전개된 전쟁에서 코끼리 부대를 운용한 사례는 인도 외에 그 어디에서도 확인되지 않는다. 이는 이들 놀이가 원조로 추정되는 인도의 놀이를 그대로 모방했음을 방증한다.[4]

한나라 장군 한신韓信이 기원전 204-203년에 설계한 육박六博, 陸博이 중국 상치象棋의 초기 형태이며, 시기적으로 차투랑가보다 앞서 존재했다는 주장도 있다. 그렇지만 동아시아 장기를 비교 연구한 독일학자 페터 바나샤크Peter Banaschak는 그 근거가 빈약하다고 반박하며, 6세기 이후 인도에서 건너간 차투랑가의 영향으로 당나라 재상 우승유牛僧孺(779-847)가 상치를 창안했다는 입장을 견지한다.[5] 상치의 기원과 차투랑가의 영향 등에 대해서는 논란의 소지가 남아 있어 추가적인 연구가 필요해 보인다. 상치의 경우 그보다 앞서서 중국에 존재한 바둑의 영향으로 기물을 칸 안에 두지 않고 선 위에 놓는 방식으로 변형되었다. 상치는 기물의 이름을 판판한 기물 위에 적어 넣었는데, 이는 문자 문화가 발달한 동아시아 장기의 공통점이 되었다.

한국 장기는 중국에서 들어온 것으로 추정되지만, 전래 시기는 특정할 수 없다. 왕에 해당하는 기물에 '초楚'와 '한漢' 자가 쓰여져 있는 것을 근거로 초패왕 항우와 한왕 유방 사이의 각축전이 모델이 되었다고 추론되기도 한다. 한국에서 장기에 관한 최초의 기록은 『삼국사기三國史記』에 전하는데, 백제의 21대 왕 개로왕蓋鹵王(재위 455-475)이 바둑과 더불어 장기를 좋아했다고만 언급되어 있다.[6]

한국 장기의 규칙은 상치와 대체로 유사한데, 졸이 좌우로 움직인다는 점이 다르다. 중국이나 한국을 통해 헤이안 시대(794-1185)에 일본에 전파된 쇼기将棋도 유사한 놀이다. 쇼기는 유럽의 놀이와 공통점이 많은데, 궁성이 없고 칸 안에 기물을 놓는다. 쇼기는 가로세로 각각 9칸으로 되어 있고, 한 편의 기물이 20개인 데다가 상대의 기물을 잡으면 잡은 편이 이를 다시 사용할 수 있다는 점이 특이하다.[7] 인도에서 유래한 하나의 놀이가 원형을 상당 부분 유지하면서 북반구 전역에 전파되어 현지화되었으니 참으로 흥미로운 일이 아닐 수 없다.

이 글은 차투랑가의 서쪽 전파 경로에 국한해 고찰하면서, 이 놀이의 확산이 초래한 문화적 함의를 살펴보려는 시도다. 관련 문헌 자료의 부족으로 이 놀이의 전파와 변천에 대한 정확한 시점을 제시하기는 어렵다. 여기서는 다양한 실물 자료와 당대 유럽의 장기 해설서들을 토대로 이 놀이가 중세 유럽으로 건너가 당대 사회와 어떤 상호작용을 했는지 규명해 보려 한다. 세부적으로는 다음 몇 가지 질문에 대한 답변을 찾아볼 것이다. 첫째, 차투랑가는 광범위한 지역을 이동하면서 어떤 문화 현상을 발생시켰는가? 둘째, 중세 유럽에서 이 놀이가 지배층의 놀이로 신속히 수용되고 확산된 이유는 무엇인가? 셋째, 유럽 사회의 구조가 이 놀이의 규칙이나 기물의 명칭 및 기능에 어떻게 투영되었는가? 그리고 마지막으로 놀이 규칙의 변천 과정을 통해 어떤 문화적 함의를 도출할 수 있는가?

문화 교류의 매개 수단

차투랑가는 5, 6세기에 페르시아에 전해져 샤트라니가 되었고, 페르시아가 638년에서 651년 사이에 정복되어 이슬람화된 후에는 이 지역을 거점으로 주변 세계로 확산되었다. 이슬람교에서 샤트라니를 즐기는 것이 허용될 수 있는지 논란이 일었으나, 8세기 초 결국 기물에 형상을 새기지 않고 추상화하는 범위에서 용인되었다. 무슬림들은 중세 페르시아의 놀이명과 기물의 이름을 아랍어에 없는 자음 발음만 바꾸어 대부분 그대로 표기하여 사용했다.[8] 이 놀이는 이슬람 세계의 급속한 팽창과 더불어 중동과 아프리카 지역을 거쳐 8, 9세기에는 이슬람 세계의 일부로 편입된 에스파냐에도 전달되었다. 그리고 에스파냐와 남부 이탈리아로부터 1000년경에 서유럽과 중부 유럽, 나아가 북유럽까지 전파되었다. 한편 슬라브 지역과 러시아로의 확산은 다른 경로를 거쳤기에 유럽보다 오히려 일렀으리라 추정되고 있다. 이런 전파 과정으로 인해 유럽에 서양 장기와 관련된 용어들은 페르시아어와 아랍어로 소개되었다. 그리고 이 놀이의 중심 인물이 샤šāh, shah(페르시아어로 '왕'을 지칭)였기에 유럽에서도 놀이의 명칭은 '샤'와 유사한 발음으로 불렸다.[9]

서유럽에서 서양 장기와 관련된 가장 오래된 흔적은 카롤루스Carolus 황제와 관련이 있다. 그는 800년 성탄절에 로마에서 교황 레오 3세로부터 황제 대관을 받았다. 그 이전부터 프랑크 왕국과 외교관계를 맺고 있던 아바스 왕국의 통치자 하룬 알-라쉬드Harun al-Rashid(재위 786-809)는 801년 카롤루스의 황제 대관을 축하하는 의미로 그에게 아바스 왕조 개창자의 이름을 따라 아불 아바스라 명명한 코끼리 한 마리를 선물로 주었다. 서유럽 황제의 등장

그림 2.
상아로 제작된 코끼리 왕
(파리 국립박물관)

이 비잔티움 제국의 반발을 사고 있던 터라, 칼리파의 선물은 단비와 같았다. 프랑크 신하들은 바그다드에서 아헨 궁정으로 이 희귀한 동물을 운송하기 위해 북아프리카를 지나 지중해를 건너고 다시 알프스를 넘어야 했다. 황제의 자랑이었던 아불 아바스는 독일 지역에서 810년까지 생존하며 카롤루스의 권위를 높이는 역할을 했다.[10] 한편 하룬 알-라쉬드는 샤트라니와 관련해 이례적으로 여러 일화를 남겼을 정도로 이 놀이에 매우 심취한 칼리파였다.[11] 그의 일관된 관심사와 여러 정황으로 미루어 볼 때, 현재 파리 국립박물관에 소장된 상아로 된 장기 기물은 그가 코끼리와 함께 카롤루스 황제에게 전달했던 것으로 추측된다(그림 2 참조). 이것이 본래 카롤링 왕가와 관련이 깊은 생드니 수도원에 보존될 수 있었던 것도 그 때문이었을 것이다. 이 기물은 16센티미터 높이에 무게가

2파운드(약 900그램)나 되는데, 코끼리에 올라탄 왕을 기병들이 보호하고 호송하는 독특한 모습을 하고 있다. 사실적인 전투 상황이 묘사된 것으로 미루어 볼 때 여러 체스 기물 중 하나라기보다는 하룬 알-라쉬드가 황제를 위해 특별히 제작했으리라 추정된다. 한편 1000년경에 카롤루스의 시신을 성유골함에 이장하는 과정에서 기존 석관 바닥에 깔려 있던 인도 코끼리가 그려진 화려한 비단이 함께 발견되었는데(그림 3 참조), 이 유물도 샤트라니와의 관련성을 지지해 주는 것으로 판단된다.

물론 카롤링 시대에 유럽으로 전달된 장기 기물이나 아바스 칼리파와의 교류가 카롤링 궁정에 이 놀이가 보급되었음을 의미하는 것은 아니다. 이 놀이는 장기 기물과 문헌들이 발견되는 1000년경에 서양 기독교권에 보급되었으리라 추정된다. 이와 관련한 최초의 증거는 1008년 바르셀로나 백작가家의 일원이었던 우르겔의 백작 에르멘가우드Ermengaud 1세의 유언장이다. 백작은 수정으로 제

그림 3.
카롤루스 석관에서 발견된 비단 천에 그려진 인도 코끼리
(아헨 대성당 박물관)

그림 4. 12세기 셀주크 시대의 이란 샤트라니 기물들(메트로폴리탄 박물관)

작된 자신의 장기 기물을 성 애기디우스 수도원에 기꺼이 내놓았다. 카탈루냐 지역에서는 11세기 초중반에 이런 기물들을 종교기관에 기증한 사례들이 여럿 확인되는데, 귀한 재료로 제작되어 재산 가치를 인정받았기 때문이다.[12]

유럽에 전해진 놀이가 이슬람권을 거쳐 왔다는 사실은 초창기 유럽의 놀이 규칙이 이슬람권의 것과 동일했음을 시사한다. 아랍 작가 알-마라코시Al-Marrakoshi가 증언한 1078년 알폰소 6세와 무슬림 암마르 사이의 장기 대결이나 『루오들립*Ruodlieb*』의 영웅담에서 유럽인들과 이슬람 궁정의 신하들이 이 장기 놀이를 통해 어려움 없이 교류할 수 있었던 사실은 이를 뒷받침한다.[13] 이슬람 문화권에서는 기물의 색깔이 주로 빨강(루비, 백에 해당)과 초록(에메랄드, 흑에 해당)으로 구분되었고, 딱딱한 판 대신 천 위에서 놀이하는 것을 선호했다(그림 4 참조). 하지만 이 놀이가 대중화되면서 이런 요소들도 다소 변화를 겪었다.

장기 놀이가 유럽에 전파되던 시기에 놀이판은 현재와 마찬가지로 가로세로 각 8칸씩이었으며, 기물은 왕, 대신, 코끼리, 기병, 병거, 보졸 등 총 여섯 종류로 구성되었다. 왕과 대신은 기물이 각 1개, 코끼리, 기병, 병거는 각 2개씩이었고, 보졸은 8개였다. 각 기물의 움직이는 방식은 상이했다. 왕은 직선이나 사선 모든 방향으로 1칸씩 이동할 수 있었다. 대신은 사선으로 1칸 이동하고, 코끼리는 사선으로 2칸까지 이동하며, 기병은 2칸 직선으로 가서 어느 방향으로든 1칸 사선으로 이동했다. 병거는 전후좌우로 가고 싶은 데까지 이동하지만, 보졸은 1칸만 나아갈 수 있었다. 사정거리가 긴 기병과 병거가 전투력의 핵심이었다. 왕은 이동 반경 내에 위치한 기물을 무엇이든 잡을 수 있었고, 대신 코끼리, 기병, 병거는 왕을 제외하고는 누구든지 살해할 수 있었다. 보졸은 직선으로 이동하지만 상대를 잡을 때에는 사선 방향에 있는 것만 가능했다. 누구도 왕을 직접 살해할 수 없었다. 기껏해야 위협하며 그가 위치한 곳에서 밀어낼 뿐이었다. 왕이 상대 공격을 피할 수 없는 외통수에 몰려 더 이상 이동할 공간이 없어지면 사실상 사망을 의미하며 게임은 끝난다. 반면 상대편의 모든 기물이 죽었어도 왕이 기권하지 않으면 홀로 남아 경기를 계속할 수 있다.[14]

유럽화된 귀족 놀이

장기 놀이는 유럽에 건너간 후 지배층의 유희로 널리 수용되었다. 12세기까지는 규칙에 결정적 변동도 없었다. 그렇지만 여러 지역으로 확산되고 현지화되는 과정에서 작은 변화들이 발생하는 것까지 피할 수는 없었다. 무엇보다 이 놀이를 즐기는 귀족들이 자신들의 봉건적 문화에 익숙한 방식으로 규칙을 재해석했기 때문이다. 이런 수용 과정을 엿볼 수 있는 자료는 장기에 대한 최초의 라틴어 저술 『장기 노래*Versus de Scachis*』이다.[15] 11세기 초에 쓰여진 이 운문에는 기물들의 이름이 *rex*(왕), *regina*(왕비), *comes*(백작), *eques*(기병), *rochus*(당시 라틴어에 없던 단어), *pedes*(보졸) 등의 라틴어로 표기되었다. 여기에서 페르시아나 아랍에서와 달리 국왕을 보좌하던 대신을 대체하여 왕비가 장기판 위에 처음으로 등장했다. 코끼리는 유럽에 존재하지 않는 동물이었기에 백작으로 변형시켰고, 병거를 의미하는 아랍어 rukh는 그와 유사한 발음의 '로쿠스*rochus*'로 표기했다. 이 기물은 후에 지역의 통치자인 성주 혹은 제후로 변경된다. 이처럼 유럽인들이 기물 이름을 이해할 수 있는 대상(shah, baidaq)은 그 단어의 의미대로 '왕'과 '보졸'로 번역되었고, 이해할 수 없거나 대체어를 찾을 수 없는 'al-fil'(코끼리)은 재판관 또는 백작으로, 'rukh'(병거)는 성주 또는 제후로 대체되었다.

이 문헌에서 왕비와 보졸은 처음 거동할 때 2칸까지 이동할 수 있게 바뀌었다. 그리고 왕비를 이미 상실한 경우, 보졸이 상대 진영의 끝줄에 다다르면 왕비로 승급하는 가능성도 주어졌다. 유럽인들은 아랍의 놀이에 비해 기동성을 높이려는 태도를 보였다. 유럽의 놀이 규칙과 기물은 이후에도 조금씩 변화하며 아랍의 규칙에서 이탈하는 현상이 나타났다. 그 이유는 이 놀이에 유럽 봉건사회의 특성이 반영된 까닭이라고 추측한다. 동아시아와 달리, 유럽 장기에서 왕이 왕궁을 벗어나 자유롭게 이동하는 규칙은 이 지역에 아직 관료제나 중앙집권체제가 확립되지 않았고 항구적인 수도도 조성되지 않아 군주들이 이동하며 존재감을 보여야만 하는 상황을 반영한 것이었다. 이슬람 궁정에서 통치자를 보좌하는 신하가 대신이었다면, 유럽에서는 카롤링 시대와 오토 시대에 이르기까지 궁정에서 신하보다 왕비의 역할이 두드러졌다. 기병은 두 문명권에서 모두 중시되었기에 변화의 필요성이 없었으나, 당시 유럽에는 병거 혹은 전차 부대가 없었다. 전투에서 공격 수단이 제한되어 수비하는 측이 훨씬 유리했기에 11세기 중반부터 군사적 거점에 성을 쌓는 것이 유행했는데, 병거 부대 대신 지역 거점을 장악한 성주나 제후가 중시되는 것은 타당했다. 그리고 실재하지 않는 코끼리 대신 국왕 가까이에서 조력하던 재판관이나 주교를 배치하는 것도 실제 상황에 가까웠다. 이렇게 재편된 유럽 장기 기물의 구성은 군사적 봉사가 강조되던 봉건사회를 반영하고 있다고 해석할 수 있다. 그렇지만 각 기물에 어느 정도 기동성을 부여할지 등을 두고 다양한 의견이 부각되면서 종종 놀이 규칙으로 인한 갈등이 발생했던 것으로 추측된다. 13세기에 이탈리아에서는 그런 차이를 통일시켜 보고자 롬바르디아 대학의 법률가들이 논의한 사실도 있었다.[16]

이 놀이가 유럽 전역에서 지배층들에게 환영받게 된 배경에는 귀족들의 존재 방식이나 삶의 조건도 영향을 미쳤다. 당시 귀족들은 가문과 왕국, 나아가 기독교 세계를 보호하기 위해 싸우는 역할을 자임하고 있었기에, 그들의 신분과 존재의 정당성은 기사로 대표되었다. 이들은 전투에 참여하는 시기를 제외하면 대체로 사냥을 즐겼으며 일상적인 노동과는 거리를 두었다. 성이나 저택에서

그림 5.
장기를 즐기는
브란덴부르크 변경 백작
오토 4세와 그의 부인

여유롭지만 단조롭게 생활하던 귀족들에게 이 장기 놀이는 무료함을 달래 주는 즐거움이었다. 실제로 영주나 기사가 머무는 거처에는 장기 세트가 필수품으로 구비되었으며, 중세의 많은 기사문학에 이 놀이가 소재로 등장한 것도 그와 관련이 있다.[17] 기사들은 심지어 전쟁 중에도 짬이 나면 이 놀이를 즐기는 경우가 많았다. 이 놀이에 기량이 뛰어난 귀족 여성들도 적지 않았던 듯싶다(그림 5 참조). 몇몇 옹졸한 남성이 여성과 겨루어 패배한 사실을 받아들이지 못해 화를 자초한 일화들이 전해진다. 파르마 출신 아담의 살림베네 데 아담Salimbene de Adam이 남긴 연대기에는 장기에 특출난 역량을 지닌 아풀리아 출신 베아트릭스라는 여인이 소개되어 있다. 그녀는 1285년 하인을 시켜 자신의 장기 실력을 질시하고 심하게 면박한 남편을 살해하도록 사주했다.[18] 또 플랑드르 백작 볼드윈 9세의 딸 잔느는 남편 페랑과 장기를 두어 이겼는데, 남편이 진 것을 참지 못해 아내에게 폭력을 행사했다. 잔느는 그 일이 사무쳐서, 후에 페랑이 13년이나 옥에 감금되었을 때 몸값을 지불하지 않는 방식으로 보복했다.[19]

초기에는 이 놀이를 주로 귀족들이 즐겼지만, 점차 그 대상이 확대되어 적지 않은 성직자와 시민도 접할 수 있게 되었다. 성직자 중에는 귀족 가문 출신이 많아 어린 시절에 장기를 접한 이들이 상당수 있었고, 그 영향으로 성직자가 된 후에도 장기를 탐닉하거나 장기 해설서를 집필해 이 놀이의 다양한 의미를 해석하는 데 참여했다.[20] 하지만 대부분의 성직자는 금욕을 중시하던 신분의 정체성 때문에 이를 드러내 놓고 즐길 수 없었다. 이들은 대체로 유희를 위한 놀이가 세속적이고 무익하다는 입장이었고, 교구 사목회의에서도 놀이를 자제할 것을 여러 차례 권고했다.[21] 그렇지만 교회는 이 놀이에 대해 공식적인 금지 조치를 내리지 않았다. 예외적이지만 장기를 적극적으로 옹호하는 성직자들도 있었기에 성직자들의 장기 놀이는 사실상 묵인되었다.[22]

중세에 대부분의 놀이는 노름의 성격을 띠고 있었다.[23] 장기 놀이도 많은 사람이 모이는 축제 절기에 내기로 두는 경우가 적지 않았다. 그렇지만 다른 놀이들에 대한 부정적인 평가와 달리 장기는 가치있는 게임으로서 좀처럼 내기의 욕구를 느끼지 않는 것으로 간주되었다. 그로 인해 중세 말 노름에 대한 사회적 비판이 거셀 때에도 장기는 예외적으로 취급되었다. 신분 의식이 확고했던 중세 사회에서 귀족들은 다른 집단들과 차별화된 놀이 문화가 필요했고 장기는 그에 적합한 품위를 인정받았던 것이다. 이 놀이가 귀족 문화의 구성 요소라는 인식은 역으로 다른 신분에게는 어울리지 않으며, 귀족만이 배타적으로 독점해야 한다는 의미이기도 했다.

지혜와 덕의 함양

장기가 유럽에서 불과 몇 세대 만에 품위 있고 유익한 귀족 및 궁정 문화의 일부분으로 확고한 지위를 차지하는 과정에서 장기 해설서들은 중요한 역할을 했다. 11세기 이래 유럽 전역에서 저술된 이 해설서들은 게임의 규칙, 전략, 묘수 풀이 등을 설명할 뿐 아니라, 이 놀이의 기원과 사회적 효용에 대해서도 상당한 비중을 두었다. 저자들은 이 게임을 단순한 소일거리나 전쟁놀이로 치부하지 않고, 귀족들에게 전쟁 및 통치에 필요한 전략적 사고를 함양시켜 줌은 물론이고 도덕적 교훈도 제공한다고 강조했다. 대부분의 저자는 성직자였는데, 이들의 이와 같은 긍정적인 태도는 당대 지배층의 인식 형성과 교회의 편견을 극복하는 데 크게 기여했다.

유명한 사례로 야코부스 데 케솔리스Jacobus de Cessolis(c.1250-c.1322)의 장기 해설서 『귀족의 의무와 인간의 관습에 대한 책*Liber de moribus hominum et officiis nobilium*』 도입부에는 아버지를 잔인무도하게 살해하고 왕의 자리에 오른 바빌론 왕 에윌므로닥Erilmerodach의 이야기가 소개되어 있다. 현자 크세르크세스는 신하들이 보복이 두려워 왕에게 바른 말을 전하지 못하는 것을 지켜보다가, 이 폭군이 나라를 무력이 아닌 정의로 통치하고 덕을 실천하도록 하는 것이 필요하다고 생각해 장기를 창안해 냈다. 그리고 현자의 의도대로 국왕과 신하들은 장기를 습득한 후 악행을 돌이켜보고 공정한 통치자와 관리자가 되었다 한다.[24] 물론 이 놀이의 기원에 대해서는 이 외에도 다양한 설화들이 있다. 카스티야 연합왕국 알폰소 10세Alfonso X(재위 1252-1284)가 저술한 『장기, 주사위, 백개먼 놀이에 대한 책』 도입부에서도 국왕은 장기가 다른 어떤 놀이보다 지적이며, 세상살이뿐 아니라 통치에 큰 도움이 된다고 평가했다.[25] 이처럼 장기 놀이를 숙달하면 지혜와 덕이 함양되어 공정과 미덕을 실천하리라는 논변은 여러 장기 해설서에서 반복적으로 제시된 핵심적인 효용이었다.

놀이꾼이 장기 놀이에서 동일한 전력을 지닌 상대 군대를 제압하기 위해서는 지혜와 전략적 사고가 필요했다. 그는 모든 기물의 기능과 장점을 충분히 숙지해 기물을 효율적으로 활용해야 할 뿐 아니라, 적의 움직임을 예측하면서 상대편 왕을 궁지에 몰아야만 승리할 수 있었다. 해설자들은 귀족들이 이 놀이에 깃들어 있는 정신을 익히고 왕국을 운용하는 능력을 길러 이성적이며 자애로운 지도자가 되기를 기대했다. 이는 요행으로 결정되는 주사위 놀이와 달랐기에 귀족의 교육에도 권장되었다. 결국 장기 놀이는 중세에 귀족으로 살아가는 데 적합한 능력을 함양시켜 줄 뿐 아니라, 귀족 신분에 속하지 않는 이들에게도 귀족적인 정신과 삶을 고무시키는 수단으로 인정되었다.

장기 놀이에 이와 같은 훈육적 관점을 부여한 대표적 인물은 개종한 유대인이자 국왕 알폰소 6세의 주치의 페트루스 알폰시Petrus Alfonsi이다. 그는 12세기 초 동양의 우화와 격언을 묶어 놓은 『성직자 훈육*Disciplina clericalis*』에서 진정한 귀족이 되기 위해 숙달해야 할 일곱 가지 요소 중 하나로 장기를 꼽았다. 책에서는 이 놀이 외

그림 6. 루이스 장기 세트. 신분에 따라 크기가 다르고, 앞쪽의 보졸은 이슬람 장기처럼 아무런 형상도 새겨져 있지 않았다.

에도 승마, 수영, 궁술, 격투, 매사냥, 시 짓기 등을 귀족에게 필요한 자질이라고 설명한다.[26] 이런 논리가 널리 확산되어 12-13세기 유럽에서 장기 놀이는 귀족 교육의 필수 구성 요소로 자리잡았다. 그리고 그 근저에는 이 놀이에 중세의 신분제적 위계질서가 충실히 반영되어 있다는 점도 중요하게 작용했다. 따라서 이 놀이를 익히는 과정에서 신분에 적합한 태도와 능력을 갖추리라고 기대되었다. 장기가 신분제적 위계를 반영하고 있다는 사실은 확연히 구별된 장기 기물의 크기와 형태에서도 손쉽게 감지된다(그림 6 참조).

유럽의 장기판에서 왕비, 재판관(혹은 주교), 기사(기병), 제후가 주요 기물로 자리를 차지한 것은 당대 봉건사회의 권력 구조나 사회적 역할에 맞추어 기물들이 재배치되었기 때문이다. 이슬람 장기와 비교할 때 가장 현격한 변화는 대신이 왕비로, 코끼리가 주교로 전환된 점이다. 특히 전 유럽에서 남성에서 여성으로의 성변화가 수용되었다는 사실에 주목할 필요가 있다. 얄롬Marilyn Yalom은 왕비의 등장이 11-12세기 유럽에서 왕비 혹은 귀족 여성의 힘이 크게 신장되었기 때문이며, 마리아 숭배나 로맨스에서의 여성 숭배도 적지 않은 영향을 미쳤다고 해석한다.[27] 코끼리가 결국 주교로 변경되어 왕과 왕비의 옆자리를 차지하게 된 것도 10세기 이후 귀족 가문 출신의 주교들이 점증하는 기독교의 영향력을 토대로 왕권과 정치에 미치는 힘이 반영된 결과라고 할 수 있다.[28]

13세기 초반 익명의 잉글랜드 작가가 저술한 『장기의 도덕 *Quaedam Moralitas de scaccario (per Innocentium papam tertium)*』은 이 놀이를 알레고리적으로 해석한 전형적인 특징을 보여 준다. 이 글은 다음과 같은 문장으로 시작된다.

> 세상은 흑과 백의 격자무늬로 구성된 장기판과 같다. 두 색깔은 생과 사, 영과 육의 상이한 조건을 나타낸다. 장기의 기물들은 같은 모습으로 태어나 상이한 지위나 역할을 차지한 현세의 사람들이다. 그들은 함께 싸우고 결국은 어느 지위에 있거나 마찬가지의 운명을 맞는다.

이어 저자는 각 장기 기물에게 적용되는 규칙을 당대 사회 및 그 구성원들에게 부합하게 풀어낸다.

> 국왕이 어느 방면으로든 제한 없이 이동할 수 있는 이유는 그가 원하는 모든 것이 적법하기 때문이다. 왕비는 사선 방향으로만 이동하면서 그 경로에 있는 모든 말을 잡을 수 있는데, 그 이유는 여성은 탐욕이 많아 수단과 방법을 가리지 않고 모든 것을 차지하기 때문이다.

한편 저자는 재판관인 로쿠스가 왕국을 직선으로만 이동하는 것은 그의 판단이 항상 공정하기 때문이며, 기사의 동선에 직선과 사선이 섞여 있는 것은 그가 영주로서 자신의 토지에 들어가 세를 받는 것은 정당한 반면, 종종 불법적으로 남의 소유를 빼앗기도 하는 현실을 표현했다고 설명한다. 그는 또 주교가 사선으로 이동하는 것은 그의 권력 남용이 하느님이 아니라 탐욕에 기반하기 때문이라고 했다. 보졸이 곧바로 나아가지만 적을 잡을 때 사선으로 이동하는 것은 그들이 가난할 때에는 꿈을 갖고 바르게 살지만, 종종 거짓 맹세와 속임수를 통해 부를 얻는 것을 의미한다고 했다. 보졸이 적의 진영 끝까지 가면 왕비로 승격되고 그 후 사선으로 이동하는데, 이는 가난한 자가 적절한 지위 이상 올라선 후 바르게 사는 것이 얼마나 어려운지를 보여 준다고도 덧붙였다.[29] 저자는 이와 같은 알레고리적 해석에서 각 신분의 사회적 역할 및 실상을 기물의 움직임과 연관해 통찰했으며, 기물들이 직선 혹은 사선으로 가는지 여부를 판단의 주요 척도로 삼았다.

중세 국가 및 신분의 '사회적 거울'

유럽 내에서 이 놀이가 지역적으로 어떤 차이를 보였으며, 시간의 흐름에 따라 어떻게 변화되었는지 구분하는 것은 불가능하다. 그렇지만 13세기에 이르면 장기에서 왕과 왕비는 중심부를 차지하고, 그 가까이에 주교, 기사, 제후가 차례대로 포진한다. 귀족들은 장기판의 뒷줄에 위치한 반면, 앞줄에는 보졸, 즉 익명의 민중이 배치되어 그들을 보호하는 역할을 했다. 특히 왕비와 주교의 등장으로 장기의 호전적인 성격이 약화됨으로써 장기 해설서의 저자들은 이 게임이 단순한 전쟁놀이라기보다 중세적 국가를 형상화한 모델로 상정하고 인간 사회에 대한 규범과 신분에 따른 덕성을 도출하려 시도했다. 그로 인해 웨일즈의 존John of Wales은 "주교는 현명하고 공정하며, 귀족 신분을 상징하는 기사는 관대함, 경건, 용맹, 자비 등의 미덕을 보유해야 한다"고 했다. 그리고 "국왕을 대리해 통치하는 제후는 공정, 경건, 인내 외에 겸손과 자발적인 빈곤을 미덕으로 삼아야 하며 그들에게 왕의 평판이 달려 있다"고 강조했다.[30] 이처럼 장기 해설자들은 이 놀이를 신분 사회에 걸맞게 알레고리적으로 새롭게 해석했으며, 장기 놀이를 각 집단이 지녀야 할 윤리나 덕성을 인식시켜 주는 일종의 '사회적 거울'로서 이해했다. 이런 맥락에서 이들은 이 게임의 가장 중요한 효용이 도덕적 교훈에 있다고 보았으며, 일부는 종교적 의미까지 끌어냈다. 각 장기 기물이 생사의 고비를 만나듯이 악마는 사람을 나락으로 떨어뜨리기 위해 '유혹'을 하며, 당사자가 회개하여 돌이키지 않으면 '외통수'에 걸려들어 출구가 없는 지옥에 떨어지게 된다고 경고하는 식이었다.[31]

중세 장기 해설서 중 가장 높은 권위와 대중성을 지닌 책은 단연 이탈리아 도미니쿠스 수도사 야코부스 데 케솔리스가 저술한 『귀족의 의무와 인간의 관습에 대한 책』[32]이었다(그림 7 참조). 저자는 평소 설교에서 언급했던 장기 놀이와 관련된 비유 및 해석을 묶어 책으로 편찬했는데, 장기판과 장기 기물을 하느님이 부여한 인간 사회로 상정하고, 사회를 구성하는 신분 및 집단 상호 간의 관계와 인간의 생사화복을 알레고리적으로 해석했다.[33] 이 책에서 특히 흥미로운 점은 탁발 수도사 야코부스가 장기 놀이에 변화하던 사회상을 투영하여 새로운 성격의 풍속 및 신분 비평서로 완성

그림 7.
야코부스 데 케솔리스의 『귀족의 의무와 인간의 관습에 대한 책』 필사본 중 한 삽화(하버드대학교 호턴 도서관)

한 부분이다. 그는 특히 하층 계급의 생업 활동과 사회적 역할에 새로운 의미를 부여했다. 기존에 피지배 계층인 보졸은 익명의 추상적인 집단에 불과했으나, 저자는 8개의 보졸을 특정 직업 집단으로 개별화해 표현했다. 즉, 장기판의 왼쪽부터 순서대로 ① 농부, ② 대장장이, 목수, ③ 공증인, 직조공, 푸주한, ④ 상인, 환전상, ⑤ 의사, 약종상, ⑥ 주막 주인, ⑦ 세금징수관, 문지기, ⑧ 뜨내기, 전령, 노름꾼 등에게 자리를 제공했다(65쪽의 표 참조).

이제 생산과 노동을 담당하던 민중이 장기판에서 자리를 확보함으로써 이 놀이는 사회 전체를 포괄적으로 구현하게 되었다. 여기에 언급된 직종은 세력이나 중요도에 따라 선별된 것이 아니라, 그들의 뒷줄에 위치한 귀족과의 관계가 고려된 것이다. 그런 이유에

야코부스 데 케솔리스의 장기판에서 각 기물들의 위치와 명칭

	좌1	좌2	좌3	좌4	우4	우3	우2	우1
앞줄 민중	농부	대장장이, 목수	공증인, 직조공, 푸주한	상인, 환전상	의사, 약종상	주막 주인	세금 징수관, 문지기	뜨내기, 전령, 노름꾼
뒷줄 귀족	제후	기사	재판관	왕	왕비	재판관	기사	제후

서 제빵업자와 같은 필수 노동자들이 배제되었다. 일부 자리에는 노동에 사용하는 도구나 특성을 공통점으로 삼아 상이한 직업군을 하나로 모았다. 예컨대 공증인, 직조공, 푸주한 사이에 어떤 공통점이 있는지 의문이 들지만, 저자는 그들이 일할 때 가위 또는 칼을 사용한다는 특성을 이유로 한 집단에 묶었다. 야코부스는 왕으로부터 보졸에 이르기까지 각 집단의 미덕을 정의하고, 그들이 지닌 상징물이나 도구를 토대로 집단의 속성을 설명했다.[34]

야코부스는 장기판에 자리한 민중과 지배 집단의 관계도 새롭게 정의했다. 그는 민중의 사명이 귀족을 부양하는 데 있다고 정의하고, 민중이 귀족의 앞줄에 위치한 이유를 귀족들이 그들 없이는 아무것도 할 수 없기 때문이라고 설명했다. 예컨대 농민이 제후 앞에 위치한 것은 농민이 왕국을 직접 경작하기 때문이며, 기사가 인접한 곳에 대장장이가 위치한 것이나 왕 가까이에 상인이나 환전상이 자리잡은 것은 기사와 왕의 활동이 그들을 절실히 필요로 하기 때문이라는 것이다.[35] 이처럼 저자는 직업집단 또는 특정 노동으로 대표되는 장기판의 각 기물들 사이의 긴밀한 관계를 통해 새로운 시민적 사회 모델을 구성하고, 사회집단들을 유기적으로 결속시켰다.

이전까지 주목받지 못했던, 공동체에 대한 민중의 사회적 기여가 인정된 데에는 무엇보다도 이 무렵에 활력을 띤 도시사회의 변화가 영향을 주었다고 할 수 있다. 앞선 시기의 장기에서는 귀족 혹은 기사의 관점에서 전쟁의 승리나 왕국의 통치가 우선시되었다면, 야코부스는 사회 전체가 어떻게 상호 간에 기능해야 하는지에 관심을 가지면서 이 놀이의 초점을 국왕 개인에서 왕국 내 모든 사람으로 확장시켰다. 누구든 장기판 위에 정해진 자리가 있으며 각자에게 주어진 역할은 공동체의 이익에 도움이 되기에, 이 게임을 통해 사람들은 사회에서 자신의 역할과 규범들을 터득할 수 있다고 했다. 야코부스와 그의 영향을 받은 장기 해설자들이 정치 질서를 새로이 모델화함으로써 귀족이 아닌 개인들도 이 놀이에서 그들 자신의 시민적 정체성을 상상할 수 있게 되었다. 개인의 자유가 강조된 것은 아니었지만, 장기 놀이에서 인간 집단의 상호 작용과 사회의 작동 방식이 제시되었다는 사실은 큰 의미가 있다.[36]

한편 당대 해설서에는 대체로 '코끼리'가 '주교'로 번역되어 있었으나, 야코부스는 '재판관'으로 규정함으로써 장기판에서 성직자의 역할을 배제시켰다. 이처럼 그의 장기 기물들이 세속적 신분이나 직업으로만 구성된 이유는 그가 활동한 당시 제노바의 정치 상황이 반영되었기 때문이라고 추측된다.[37] 여러 이탈리아 도시국가들과 마찬가지로 이 도시에는 상인이 시민적 질서를 통합하는 역할을 했고, 반면에 성직자의 역할은 최소화되어 주교 대신 공동체 재판관의 역할이 두드러졌다. 야코부스는 이 놀이를 즐기던 사람들이 주로 속인이었기 때문에, 그들에게 사회적 역할을 주지시키려 했으며, 성직자에게는 세상 너머의 사안에 대한 후견인의 역할을 부여하는 것으로 만족했다고 볼 수도 있다. 이런 측면에서 보면 저자는 당대 사회를 있는 그대로 장기판에 투영했다기보다는 그가 이상화한 세상을 표현했다고 할 수 있다.

이와 같은 장기 해설서의 유행은 13세기 이후 장기가 더 이상 귀족의 전유물이 아니었다는 사실과도 맥을 같이한다. 중세 말까지도 장기를 '귀족의 놀이'로 간주하던 경향은 사라지지 않았지만, 기사도적 미덕이 종말을 고했으며, 도시에서 상인 혹은 시민들이 이 놀이를 즐기면서 새로운 문화의 주인공으로 부상하게 되었다. 이 무렵 고트프리트 폰 슈트라스부르크Gottfried von Strassburg가 쓴 작품 『트리스탄*Tristan*』에서 트리스탄은 노르웨이 상인의 선박에 값비싼 장기판이 걸려 있는 점과 다수의 상인이 '왕의 놀이'에 숙달되어 있다는 사실에 놀랐다. 역으로 상인들은 젊은 트리스탄의 장기 실력이 탁월할 뿐 아니라 화술과 노래, 여러 언어에 통달하는 등 궁정 문화에 정통한 것을 보고 경이롭게 생각했다.[38] 14세기 이후 도시의 여유로운 시민들은 귀족보다도 오히려 더 장기 놀이에 빠져들었다. 가장 오래된 독일의 동화 『꼬마 눈사람*Schneekind*』에서 부유한 상인이 자식에게 기사의 덕성을 함양시키려 개와 매사냥, 품위 있게 말하기, 음악 연주, 장기 놀이를 포함한 주요 놀이 등을 연마시킨 것은 귀족 문화를 추종하던 도시의 사회 분위기 때문이었다. 장기는 점차 교육열이 높은 상인들이 자녀에게 꼭 가르치는 필수 요소가 되었다.[39] 중세 말에 이르면 부유한 시민들이 상아로 된 값비싼 장기 기물과 고가의 장기판을 소유할 수 있게 된 반면, 귀족들 사이에서는 이 놀이를 즐길 수 없는 자들이 적지 않았다.

체스와 유럽 사회

인도에서 기원한 차투랑가는 오랜 기간 여러 문명권을 넘나들며 긴 여행을 했다. 이슬람 세계를 통해 유럽에 전해진 이 놀이는 원형을 상당 부분 유지했으나, 위계화된 봉건사회와 도시 문화에 점차 적응하며 변화를 거쳤다. 그 변천 과정에서 단순한 전쟁놀이가 봉건사회와 중세 왕국의 축소판으로 재편되었으며, 장기 기물들도 그에 준하여 왕, 왕비, 주교(또는 재판관), 기사, 제후로 재해석되었다. 이런 측면에서 장기는 중세 봉건사회를 반영한 일종의 사회적 거울이었으며, 지배 계급의 위계를 강화시키는 데 일정 정도 기여했다. 군주와 귀족은 장기가 지혜와 전략적 사고를 함양시키는 효용이 있다고 인정하며 귀족 교육의 필수 요소로 삼았고, 장기는 품위 있는 놀이라는 평판을 얻어 궁정문화에 걸맞은 소일거리가 될 수 있었다.

13세기에 경제 성장과 도시의 발전으로 장기 놀이를 즐기는 계층이 확대되었는데, 이 무렵에 이 놀이를 알레고리적으로 해석하는 경향도 활발해졌다. 장기 해설자들은 이 놀이를 통해 각 신분에 걸맞은 도덕이나 덕성을 주지시키고, 하느님이 부여한 질서에 순응하도록 계도하려 했다. 특히 야코부스는 민중의 역할에 대한 새로운 인식을 기반으로 지배 계층의 역할뿐 아니라 보졸들을 구체적인 집단으로 개별화하고, 민중과 귀족 사이의 관계를 좀 더 긴밀하게 설명함으로써 새로운 시민적 사회 모델을 만들어 냈다. 이처럼 11세기 이후 꾸준히 집필된 장기 해설서에는 변화하던 유럽 사회의 특성과 저자들이 이상화했던 사회상이 반영되었다. 야코부스의 경우 민중의 사회적 역할이나 기여를 인정했지만, 각자에게 주어진 신분과 직업에 충실할 것을 강조하며 기존 사회질서를 고수하려는 입장이었다. 이런 측면에서 그에게도 장기는 세상이 어떠해야 하는지를 당위적으로 훈육시키는 수단에 머물렀다고 볼 수 있다.

1475년경 발렌시아에서 일어난 게임 규칙의 혁신을 '장기 혁명'이라 한다. 주된 변화는 기존의 규칙과 달리 왕비가 사선뿐 아니라 직선으로도 가고 싶은 데까지 이동할 수 있게 되었고, 주교도 길이 열려 있으면 가고 싶은 곳까지 사선으로 갈 수 있었다. 이러한 규칙은 불과 20년 만에 이탈리아와 프랑스로 확산되었다. 이처럼 왕비와 주교의 기동성이 두드러지게 신장되면서 '근대 장기'가 출현한다.[40] 이러한 혁신적 변화가 당대 사회와 어떤 상관성이 있는지에 대해 다양한 추론이 있다. 이전에 비해 변화가 빨라진 근대 사회를 반영한 것일 수도 있고, 카스티야의 상속자 이사벨 1세Isabel I(재위 1474-1504)를 투사한 것일 수도 있겠지만, 이를 객관적으로 증명하기는 어렵다. 그런데 당대 장기 해설서들에서 보이는 기물의 기동성 증가와 공격적 성격의 배가 이유에 대한 침묵은 주목할 필요가 있을 듯하다. 기존 연구자들은 간과하고 있지만, 이러한 변화는 특정 사건이나 인물로부터 기인한 것이 아니라, 놀이의 흥미를 배가시키려던 놀이꾼들의 자발적인 기획에 의한 것이었을 수도 있다. 이 놀이가 시민들의 오락으로 확산되면서 놀이꾼들이 장기에 역동성과 흥미를 가미하기 위해 개입할 기회가 현저히 늘어났기 때문이다. 기존의 틀에서 벗어나 일탈을 꿈꾸고, 즐거움을 추구하는 것은 어느 시대를 막론하고 놀이를 즐기는 자들에게 내재된 속성이라 할 수 있다.

대부분의 문명에서는 중세 시대까지도 놀이가 '죄이며 시간 낭비'라는 인식이 만연했다. 놀이는 대부분 도박과 구별되지 않았고 지나친 몰입, 즉 중독에 대한 우려도 상존했기에 이해 못할 바는 아니다. 하지만 이를 빌미로 개인의 자유에 속하는 영역까지 지나치게 제한해 왔던 것도 사실이다.[41] 유럽에서는 교회와 성직자들이 주요 사안에 대해 옳고 그름의 판단을 주도했기에 놀이를 통한 유희도 종교적 관점에서 터부시했다. 그렇지만 유독 귀족들이 즐기던 장기 놀이만은 다른 놀이들과의 차별화를 통해 품위 있는 놀이라는 평판을 얻어 냈다. 다양한 장기 해설서들이 강조한 효용은 당대 귀족들의 욕망 내지 이해관계와도 상통하는 것이었다. 알폰소 10세는 앞서 언급한 책에서 세상사에서 괴로움을 겪는 사람들이 놀이에서 마음을 달래는 것이 하느님의 뜻이라고 주장한 바 있다. 중세 유럽에 놀이가 삶의 불가결한 일부이며, 현실에서 잠시 벗어나게 하는 순기능을 수행한다고 공감하는 자들은 소수에 불과했던 반면, 규범적으로 세상사를 정의하던 대부분의 성직자가 인간의 기본적인 욕망에 대해 가장 공감하거나 이해하지 못했다는 사실은 아이러니가 아닐 수 없다.

*이 글은 필자가 기발표한 논문 「서양 장기에 비친 중세 사회」, 『서양사연구』 47(2012), 147-177쪽에서 상당 부분을 전재하거나 수정해 인용했다.

1. Joachim Pezold, *Schach: Eine Kulturgeschichte* (Leipzig, 1986), p. 20; H. J. R. Murray, *A History of Board-Games Other Than Chess* (New York, 1978), pp. 56-61. 네 편으로 나뉘어 겨룰 때에는 왕, 코끼리, 배, 말 각 1개와 보졸 넷으로 총 8개씩의 기물을 사용했다. 이 놀이가 주사위를 던져 노는 다른 놀이들과 다른 점이 강조되면서 주사위도 차츰 자취를 감춘 것으로 보인다.

2. 이 놀이는 마케도니아 알렉산드로스 대왕의 원정군으로부터 인도를 방어하려던 옛 군대를 형상화했다는 추정도 있다. Paul Thieme, *Zur Frühgeschichte der Schach* (Promos-Verlag, 1994), p. 23.

3. 이 놀이가 언급된 가장 오래된 문헌은 600년경 페르시아어로 쓰인 『파파크의 아들 아르다시르 행적록(Kārnāmak-ī Araxsīr-ī Pābākān)』이다. H. J. R. Murray, *A History of Chess* (Oxford, 1913), pp. 149-150.

4. 중국의 경우 춘추 시대에 코끼리를 전투에 동원된 사례가 있었다고 추측하나, 상시적인 전투 부대로 운용되지는 않은 듯하다. *Murray, A History of Chess*, p. 119.

5. Peter Banaschak, *Schachspiel in Ostasien (Xiangqi, Changgi, Shogi): Quellen zu ihrer Geschichte und Entwicklung bis 1640* (München, 2001), pp. 32-37, 161-163.

6. 『삼국사기』 제25권 백제본기 제3.

7. 일본에서는 13세기 이후 변형된 15칸의 다이쇼기(大将棋), 12칸의 슈쇼기(中将棋) 등이 출현했다. 원래의 9칸 장기는 쇼쇼기(小将棋)라고 부르게 되었다.

8. Murray, *A History of Chess*, pp. 185-192.

9. 이슬람권을 통해 전해졌지만, 이 놀이의 유럽어 명칭은 이베리아 반도를 제외하면 아랍어 표기 shatranj(샤트란즈)와 차이를 보였다. 그 일부를 소개하면, 라틴어 scacchus, 이탈리아어 scacchi, 프랑스어 échecs, 독일어 Schach, 영어 chess 등이다. 모두 페르시아어 šāh에서 유래했다.

10. 리처드 플레처, 『십자가와 초승달, 천년의 공존』(박흥식·구자섭 옮김, 21세기북스, 2020), 92쪽; Sebastian Borger, "Dickhaüter auf Weltreise," D. Pieper & J. Saltzwedel (eds.), *Karl*

der Große (München, 2015), pp. 150-159.

11. Murray, *A History of Chess*, pp. 195-196.

12. Marilyn Yalom, *Birth of the Chess Queen: A History* (New York, 2004), pp. 44-45.

13. Murray, *A History of Chess*, pp. 203, 415-416.

14. Murray, *A History of Chess*, pp. 224-226.

15. Murray, *A History of Chess*, pp. 512-514. 얄롬은 아인지델른 수도원에 보존된 이 문헌이 작성된 시기를 990년대라고 추정한다. 그녀는 이를 근거로 왕비가 장기 기물에 등장하는 것이 비교적 일렀다는 점을 부각시키려 한다. Yalom, *Birth of the Chess Queen*, p. 16.

16. Murray, *A History of Chess*, pp. 455-456.

17. 팔켄슈타인의 백작 지보토(Siboto)는 11세기 말 자신이 소유한 성 팔켄슈타인에 장기판 2개와 2개의 주사위 놀이판, 또 다른 성 하르트만스베르크에는 장기판과 주사위 놀이판을 각 1개씩, 그리고 또 다른 성 노이부르크에는 장기와 주사위 놀이판을 각 3개씩 구비하고 있었고, 상아로 된 장기 기물도 1세트를 구비하고 있었다. E. Noichl, ed., *Codex Falkensteinenis* (München, 1978), pp. 67-68. 중세 영웅 서사시와 로망스의 중요한 모티브로 장기가 빈번히 등장한다. 박홍식, 「서양 장기에 비친 중세 사회」, 148-149쪽.

18. Pezold, *Schach*, p. 109.

19. Murray, *A History of Chess*, p. 436.

20. William Stearns *Davis, Life on a Medieval Barony: A Picture of a Typical Feudal Community in the Thirteenth Century* (New York and London, 1951), p. 55.

21. Walter Endrei, *Spiele und Unterhaltung im alten Europa* (Budapest, 1986), p. 91.

22. 교회와 성직자들이 이 놀이에 대해 어떤 태도를 보였는지도 흥미로운 주제인데, 그 부분은 다음 문헌을 참조하라. R. A. Müller, "Vom Adelsspiel zum Bürgervergnügen. Zur sozialen Relevanz des mittelalterlichen mittelalterlichen Schachspiels," *Archiv für Kulturgeschichte*, 82(2000), pp. 78-80.

23. 세바스티안 브란트, 『바보배』(노성두 옮김, 안티쿠스, 2006), 215-218쪽.

이 책에서는 주사위 놀이와 카드놀이만 바보들의 어리석은 행동으로 언급되고 있다.

24. Marie Anita Burt, *Jacobus de Cessolis: Libellus de moribus hominum et officiis nobilium ac popularium super ludo scachorum* (Ph.D. diss., Austin, 1957), pp. 5-8.

25. Alfons X der Weise, *Das Buch der Spiele* (Wien and Frankfurt a.M, 2009), pp. 53-55.

26. Alfons Hilka & Werner Soderhjelm (eds.), *Dis Disciplina Clericalis des Petrus Alfonsi* (Heidelberg, 1911), pp. 10-11. 알폰시는 진정한 귀족이 되려면 7자유학을 학습하고, 일곱 가지 미덕을 훈련하고, 일곱 가지 기능을 숙달해야 한다고 했다.

27. Yalom, *Birth of the Chess Queen*, pp. xix-xxii, 19-24.

28. 13세기 말까지도 주교를 비롯한 일부 기물의 용어가 유럽에서 통일되어 있지 않았다. 12세기 중엽 기록된 『윈체스터 시』에서는 알피니를 '수도사(calvus)'로 해석했고, 일부 문헌에는 '재판관'으로 등장한다. 1260-70년경에 저술된 영향력 있는 웨일즈의 존(John of Wales)의 글에도 '재판관'이라고 옮겼다.

29. 『장기의 도덕』의 라틴어 원문은 Murray, *A History of Chess*, pp. 560-561에서 재인용.

30. Otto Borst, *Alltagsleben im Mittelalter* (Frankfurt a.M., 1983), pp. 57-58.

31. Murray, *A History of Chess*, p. 561.

32. 이 해설서는 라틴어 사본만 100점이 넘고, 총 300점 이상의 필사본과 초기 활자본이 남아 있다. Murray, *A History of Chess*, p. 537.

33. Burt, *Jacobus de Cessolis*, p. 3.

34. Oliver Plessow, *Mittelalterliche Schachzabelbucher* (Münster, 2007), pp. 182-190.

35. Burt, *Jacobus de Cessolis*, pp. 73-86.

36. Jenny Adams, *Power Play: The Literature and Politics of Chess in the Late Middle Ages* (Philadelphia, 2006), pp. 3-5.

37. Adams, *Power Play*, pp. 24-25.

38. Volker Honemann, "Das Schachspiel in der Deutschen Literatur des Mittelalters," Gert Althoff (ed.),

Zeichen–Rituale–Werte (Münster, 2004), p. 371.

39. Heinz Thiele, *Leben in der Gotik. Zeugnisse von den Daseinskraften eines Stiles in Texten und Bildern* (München, 1948), pp. 264-265.

40. 『사랑의 장기(Scachs d'amor)』에 언급된 장기 규칙의 혁신을 반영하여 1495년에 비센트(Francesch Vicent)가 책을 출판했는데, 이해를 근대 장기의 전환점으로 삼는다. Jose A. Garzon, *The Return of Francesch Vicent* (Valencia, 2005), pp. 1-3.

41. 박홍식, 「주사위는 던져졌다. 주사위 놀이를 통해 본 중세 서양인들의 일상」, 『서양중세사연구』 13(2004), 135-136쪽 참조.

명나라의 조선 드레스 열풍
— 한중 교류와 문화적 변용에 대하여*

구도영

조선 패션 — 명나라에서 조선 치마가 유행했다?!

2019년 한국에서 『사치의 제국: 명말 사대부의 사치와 유행의 문화사』라는 책이 번역 출판되었다. 대만 역사학자 우런수巫仁恕가 명대 사대부들의 사치 풍조를 경제사 및 문화사적 관점에서 집필한 저서다. 이 연구는 명대에 만연한 사치 풍조 만상을 풍부하게 소개하고 있는데, 한중 관계사 연구자인 필자가 주목한 부분은 "15세기 조선 의상이 명 북경에서 유행했었다."라는 대목이다. 명나라 헌종 통치기인 성화成化 연간과 명나라 효종 통치 시기인 홍치弘治 연간에 조선에서 건너온 수입품인 마미군馬尾裙이 크게 유행하여 명 조정에서 수입 금지 조치까지 단행했다고 한다.

우런수는 중국 사료 속에서 명대 북경에서 조선 의상이 크게 유행한 단서를 발굴했다. 그간 한국 사학계에서 이러한 사실이 학술적으로 연구된 바 없었기 때문에 더욱 흥미로웠다. 우런수의 저서를 통해 명 민간과 사대부 사이에 소위 '한류 열풍'이 있었다는 점을 확인할 수 있었다. 다만 중국 자료만을 활용하고 있고 분석 내용이 간단하여, 한중 관계를 연구하는 필자가 조선 측 자료를 찾아보면 더 풍성하고 흥미로운 사실들을 만날 수 있을 것 같아 마미군 연구를 시작하게 되었다.

『사치의 제국』에서 우런수가 제시한 사료는 두 가지인데, 대표적인 사료는 15세기 명 관료 육용陸容(1436-1494)의 『숙원잡기菽園雜記』라는 문집이다. 『숙원잡기』에 나온 조선 의상에 대한 글귀는 아래와 같다.

> 마미군은 조선에서 시작되어 경사京師로 유입되었다. 경사 사람들이 사서 입었으나, 아직 이를 직조할 줄 아는 이가 없었다. 처음에는 부유한 상인과 귀공자, 기생들만 입었는데, 이후 무신들도 많이 입었으며, 경사에서 이를 직조하여 파는 사람도 생겨났다. 이리하여 귀천을 막론하고 (마미군을) 입는 사람이 날로 많아져서, 성화 시기 말에는 조정의 신하들도 많이 입었다. 아랫도리에 옷을 허황되고 사치스럽게 입는 자는 예쁘게 보이고자 할 뿐이다.
>
> 재상 만안萬安은 (마미군을) 여름이건 겨울이건 벗지 않았고, 예부상서 주홍모周洪謨는 허리에 두 겹으로 겹쳐 입었다. 나이 어린 후작과 백작, 부마 중에서는 활시위로 옷자락을 꿰어 입는 자까지 있었다. 대신 중 마미군을 입지 않는 이는 이부시랑 여순黎淳 한 사람뿐이었다.
>
> 이것은 요사스러운 옷차림이다. 홍치제弘治帝 초기 비로소 금례가 생겼다.[1]

육용의 기록을 보면, 조선에서 명나라 경사京師(한 나라의 중앙정부가 있던 곳)로 마미군이라는 치마가 유입되었는데, 부유한 상인, 귀공자, 기녀들이 먼저 이 옷을 입고 유행을 선도하다가 나중에 무관, 문관 등에게까지 유행이 확산되었다는 사실을 알 수 있다. 마미군이 사치스러운 의상이었으므로 명 사대부 육용은 마미군 착용을 비판적으로 보았다. 결국 명 홍치제 초기에 마미군 착용이 금지되었다.

두 번째 사료는 17세기 인물 풍몽룡馮夢龍(1574-1646)이 집성한 『고금담개古今譚槩』로, 여기에는 "경중京中 사인士人이 마미군을 좋아하여 관마의 말총을 뽑아 가니, 군국의 대계를 그르침이 있어서 금지할 것을 요구하였다."라는 내용이 실려 있다.[2] 당시 말은 운송 수단일 뿐만 아니라 군수물자이기도 했으므로 국가에서는 말 관리가 중요했다. 시중에 마미군이 유행하여 사람들이 관가의 말총마저 몰래 뽑아 가자 명 관료들은 마미군 유행을 우려했고, 이것이 마미군 착용을 금지하는 이유가 되기도 했다.

우런수의 연구는 여기까지다. 우런수의 원저가 2007년의 출판물이어서 현재 중국 학계에서는 마미군이 조선 옷이고, 명대 북경에서 유행했다는 내용이 통설처럼 되어 있지만, 분석 내용이 적어 아쉽다. 더 많은 사료가 필요해 보인다.

조선 기록에 등장하지 않는 마미군

그렇다면 이제 조선 사료에서 마미군의 흔적을 찾아야 할 차례다. 명에서 마미군이 크게 유행하는 정황을 조선인들은 어떻게 보았을지, 마미군이 조선 복식사에서 어떠한 위치와 위상을 차지했을지 궁금하지 않을 수 없다.

그런데 마미군이라는 이름의 의상이 15-16세기 조선 측 기록에는 전혀 등장하지 않는다. 『조선왕조실록朝鮮王朝實錄』, 『사행록使行錄』,

사대부들의 문집 등 어디에도 마미군에 대한 기록이 없다. 명 북경에서 조선 옷이 유행하고 있는데, 조선 신료들 누구도 이를 언급한 적이 없다는 것이다. 조선 입장에서 해외 토픽감인 이 뉴스가 거론되지 않았다는 것을 어떻게 보아야 할까? 이를 판단하기 위해서는 조선 사신들이 북경에 얼마나 자주 드나들었는지, 또 명나라에 대한 정보 수집을 얼마나 중시했는지 이해해야 한다.

조선은 15세기에 명 북경으로 사신을 1년에 약 4-9회 파견했고, 성화제 시기에는 연간 4.4회 파견했다. 사신이 북경을 왕복하는 데 약 5개월이 걸렸기 때문에, 조선 사신은 1년 내내 중국 어딘가에 머물러 있었다. 그들은 한 번 파견되면 북경 도성에서 30-50일 정도 지냈으므로 그들은 북경에서만 연간 약 4-7개월을 머물렀던 셈이다. 조선 사신들은 이렇게 오랜 기간 명나라에 있으면서 명나라의 각종 정보를 소소한 것까지 세심하게 수집했다. 명의 정치적 동향은 물론 도성의 풍경, 궁중에서 벌어지는 행사 과정, 황실 비사, 황제의 얼굴까지 광범위하게 기록하고, 예부의 공문서를 비롯해 오늘날의 신문과 비견될 조보朝報까지 복사해 왔다. 명 관료와의 술자리에 참석해 친분을 쌓고 명 내부의 은밀한 소식도 가져왔다. 이렇듯 조선과 관련된 것은 사소한 풍문까지 낱낱이 보고했기 때문에 명에서 대유행하여 황제의 금지령까지 내린 '한류 열풍'을 조선 사신이 몰랐다는 것은 납득되지 않는다.

필자는 명 상류층을 풍미한 조선의 마미군에 대한 기록이 조선 사료 어딘가에 흔적이나마 남았을 것이라는 합리적 의심을 배제할 수 없었다. 그래서 마미군의 흔적을 찾고자, 공녀로 명에 갔던 조선인 한계란韓桂蘭이 마미군을 입었을 가능성도 상정해 보았다. 그녀는 명 5대 황제인 선덕제宣德帝의 후궁이었고, 8대 황제인 성화제를 양육한 적이 있어 명 황실로부터 존중받았다. 성화제 시기에 권세를 누린 그녀는 조선 출신 환관 정동鄭同과 결탁하여, 조선 조정에 각종 옷감, 패물, 음식 등을 요구했다. 마미군이 성화제 시기에 유행했으므로 북경에 있던 한계란이 마미군을 조선 측에 요구했을 가능성도 높아 보여 검토했으나 조선 조정이 그녀에게 보낸 수많은 품목 중 마미군이나 그와 비슷한 옷은 없었다. 조선에서 모시, 면포, 마포 등 각종 직물을 바쳤지만 마미군이나 말총은 없었다. 마미군이 한참 유행하던 시절에 한계란은 북경에 있었지만, 마미군을 입지 않았던 것으로 보인다.[3]

다음으로 조선 전기에 출토된 여성 복식 유물도 확인했다. 명에서 유행까지 한 조선 의상이라면 조선인도 입었을 것이므로, 15-16세기 유물로 발굴된 여성 복식에서 마미군의 단서를 찾고자 했다. 그렇지만 조선 전기의 출토 복식에도 마미군이나 그와 비슷한 형태의 치마를 찾을 수 없었다.

마미군이 조선의 복식이라 했음에도 명 사료에는 존재하는데 조선 사료와 유물에는 등장하지 않는다. 명 사료에는 있고 조선 사료에는 없다는 것을 어떻게 이해해야 할까? 『조선왕조실록』, 그 기록의 무게를 보았을 때, 명 북경에서 이토록 화제가 되었다고 하는 마미군을 조선 조정에서 거론조차 하지 않았다는 점은 이해하기 어렵다.

여기까지만 본다면 마미군이 조선 의상이었다는 명나라 육용의 『숙원잡기』 내용은 한갓 '뜬소문'에 불과하고, 육용이라는 자가 부정확한 정보를 문집에 남겼을 가능성도 고려해 볼 수 있다.

마미군에 대한 새로운 중국 자료

조선 사료에서 마미군이 등장하지 않았기에 중국 사료에서 마미군에 대한 단서를 좀 더 확보하기로 했다. 마미군에 대한 이야기는 왕기王錡(1433-1499)의 문집 『우포잡기寓圃雜記』에서 들을 수 있었다. 그는 마미군에 대해 다음과 같이 썼다.

> 발군髮裙의 제도는 말총馬尾으로 만들며, 속옷 안에 묶는다. 뚱뚱한 사람은 치마 하나, 마른 사람은 혹은 두세 장의 치마를 입어, 겉옷이 펼쳐지는 게 마치 우산과 같다.[4]

위 사료에서 왕기는 마미군을 '발군'이라고 불렀다. 당시 명나라 사람들은 외국에서 건너온 이 새로운 옷을 각각 다르게 불렀다. 육용은 옷의 소재를 강조하여 '마미군'이라고 불렀고, 왕기는 말총의 털 모양을 주목하여 '발군'이라고 불렀다. '군裙'에는 '치마' 또는 '속옷'이라는 뜻이 있는데, 위 사료를 통해 마미군이 속치마라는 점을 확인할 수 있다. 마미군을 입고 겉치마를 입으면 겉치마가 우산처럼 넓게 퍼져 고급스러워 보이는 효과를 얻을 수 있었다.

명대 사회사 연구에 자주 활용되는 심덕부沈德符(1578-1642)의 『만력야획편萬曆野獲編』에도 조선 옷 마미군이 언급되어 있다. 그는 마미군이 17세기 중국에서는 자취를 감추었지만, 조선 사신들의 의복을 보니 마미군처럼 봉긋한 형태가 보인다고 설명했다.[5]

중국 자료 속에 마미군의 흔적은 또 있었다. 「명헌종원소행락도明憲宗元宵行樂圖」라는 그림이다. 「명헌종원소행락도」는 세로 37센티미터, 가로 624센티미터 크기의 긴 두루마리 그림으로, 그림 1은

그림 1.「명헌종원소행락도」 중 일부(중국국가박물관)

그중 일부다. 이 그림을 소장하고 있는 중국국가박물관에서는 이 그림을 1485년 성화제가 궁궐에서 정월대보름 놀이를 하며 즐기는 모습을 그린 것이라고 설명한다. 그림에서 환관과 궁녀들이 펼쳐진 우산과 같은 모양의 치마를 입고 있는 모습을 볼 수 있다. 마미군을 입은 것이다. 중국국가박물관에서는 이 그림을 통해 명나라 북경에서 마미군이 유행했다고 보았다.[6]

이처럼 명나라에 조선 마미군에 대한 여러 자료가 남아 있는 데다가 위의 그림처럼 드레시함을 강조하는 치마는 조선 복식의 주요 특색인지라, 15세기 중후반 명나라에서 마미군이 유행한 것은 확실해 보인다.

중국 자료들이 발견된 곳, '강남江南' 소주蘇州

중국 사료가 일부 추가되었지만, 여전히 조선에서 마미군에 대한 기록을 찾을 수 없다는 문제는 해결되지 않았다. 무엇이 문제일까. 혹시 놓치고 있는 점은 없을까? 마미군이 등장한 중국 사료들을 다시 검토하니, 흥미로운 사실이 보였다.

첫째, 『숙원잡기』를 집필한 15세기의 명 관료 육용은 중국 소주 출신이다. 둘째, 『우포잡기』의 저자 왕기는 평생 벼슬한 적이 없었으며, 그 역시 소주 출신이다. 셋째, 17세기에 마미군을 언급한 풍몽룡은 명 말기의 문인인데, 소주에서 태어나고 활동했다. 넷째, 궁인들이 마미군을 입고 있는 모습이 담긴 「명헌종원소행락도」는 중국 소주 지역에서 발견되었다. 공통점을 찾았는가? 마미군을 문집에 남긴 육용과 왕기, 풍몽룡 모두 명의 강남江南 지역인 소주 출신이며, 북경 궁중화로 추정되는 「명헌종원소행락도」도 북경이 아닌 소주에서 발견되었다! 다섯째, 「명헌종원소행락도」의 그림 내용들, 서문에 찍힌 황제의 어보御寶, 이 그림의 보관자 및 출토지까지 종합적으로 분석해 보았더니, 이 그림은 북경 궁중화가 결코 아니라는 점이 드러났다. 다만 강남 지역과의 유관성만 확인할 수 있었다. 마미군을 언급한 자료가 하나같이 명 소주 지역을 가리키고 있다. 여섯째, 『만력야획편』을 집필한 심덕부는 절강성 가흥 출신인데, 가흥은 소주와 인접한 도시이며, 일곱째, 『명실록』에서 마미군을 입었다고 유일하게 지목된 좌시랑 장열張悅(1427-1503)도 인접 도시 상해 출신이었다.[7]

마미군 관련 '일부' 자료가 어쩌다 소주 지역에서 발견된 것이 아니라, 마미군 관련 '모든 자료'가 소주 및 인접 지역에서 나왔다는 것은 우연이라 할 수 없다. 이는 무엇을 말하는가?

제주의 말총치마, 중국 '강남 스타일' 되다

기존 연구에서 놓친 것, 바로 육용이 기록한 '경사'가 명 북경이 아닌 남경일 가능성을 제기할 수 있다. 육용도 "마미군이 경사에서 유행했다."라고 기록했지 북경이라 언급하지 않았다. '경사'라는 단어 외에 마미군 유행지가 북경이라고 단정할 수 있는 어떠한 근거도 없다! 더욱이 '경사'는 '수도'라는 뜻이므로 반드시 북경만을 가리키는 용어가 아니다. 조선 사대부들은 조선 한양과 명의 북경 모두를 '경사'라고 불렀다. 그래서 기록의 맥락을 잘 살펴보아야 한다. 명 태조가 나라를 세울 때의 수도는 남경이었다. 3대 황제인 영락제永樂帝가 1421년 북경으로 수도를 옮겼지만, 북경 천도 이후에도 남경은 북경과 '양경兩京 체제'를 이루며 제2의 수도로 남아 있었다. 따라서 15세기 중후반에 중국 강남 거주자들은 남경도 '경사'라고 불렀는데, 후대의 학자들이 이를 북경이라고 단정한 것이다.

마미군이 유행한 경사가 명의 강남 지역이었을 가능성에 대해 다음의 『조선왕조실록』 1490년(성종 21) 기사도 중요한 단서를 제공한다.

> 특진관 유자광柳子光이 아뢰기를, "신이 듣건대, **제주는** 서울과 거리가 멀어, 임금의 덕이 미치지 않습니다. 수령들이 불법적으로 **종의**鬃衣**를 짜서 만드니,** 마미馬尾와 말갈기가 잘려서 거의 다 없어졌습니다.
>
> 최부崔溥가 제주에서 표류하여 중국에 닿았는데, **어떤 중국인이, '종의를 가지고 왔는가?'** 묻기에, '없다'고 대답하니, 그 물은 자가 '전날

이섬李暹이 왔을 때에는 종의를 많이 팔았는데 너만 유독 없으니, 실로 가난한 유생이다'라고 했다고 합니다." (…) 임금이 "종의를 일절 금하는 것이 옳다"고 하였다.[8]

위의 기사를 통해 여러 가지 사실을 확인할 수 있다. 우선 조선에서는 말총 옷을 '종의鬃衣'라 기록했다. '종鬃'은 '말총'이라는 뜻으로 마미馬尾와 같은 의미다.[9] 둘째, 제주 수령들이 불법적으로 말총 옷을 제작하는 데 관여하여 제주의 말총이 거의 다 없어질 정도였다. 셋째, 제주의 종의가 명나라에 수출되고 있었다. 이는 조선 관료 최부崔溥, 이섬李暹의 일화를 통해 그 일단을 확인할 수 있다.

최부는 1487년 추쇄경차관으로 임명되어 제주도에 갔다가, 이듬해 부친상을 당했다. 이에 제주도에서 배를 타고 급히 귀향하던 도중 악풍을 만나 표류하여 가까스로 명의 영파寧波 지역에 닿았다가, 다시 절강성 태주에 도착했다. 이 지역은 소위 중국 '강남' 지역으로, 영파는 명의 주요 해상 무역항 중 하나였다.

최부는 중국 해안에 도착한 후 항주, 소주 등 강남 지역을 경유하는 가운데, 중국인들에게 종의를 가지고 왔느냐는 질문을 받았다. 이는 '말총으로 만든 옷'이 명 강남 사회에서 조선인의 옷이라 인식되어 있었다는 것을 보여 준다. 최부가 종의를 갖고 있지 않자 그 중국인은 최부에게 "이전에 온 이섬은 종의를 많이 팔았는데 너만 없으니 실로 가난한 유생"이라고 했다.

중국인이 언급한 이섬은 정의현감으로, 제주도의 수령이었다. 그도 1482년(성종 13) 배를 타고 가다 기상 악화로 표류하여, 지금의 강소성 남통시 장사진에 도달했다가 조선으로 송환되었다.[10] 중국 남통시는 상해와 인접한 도시다. 제주도 수령이었던 이섬은 배에 마미군을 싣고 있었고, 그 배가 표류하여 명 강남 인근에 도달하자 중국에서 마미군을 팔았다. 중국인은 조선인 이섬에게 마미군을 구입했고, 또 다른 조선인 최부가 표류해 오자 최부에게도 말총옷을 구입하고자 했다.

이를 통해 제주도에서 마미군이 생산되고 명나라에 수출되었던 정황을 포착할 수 있다. 또한 이 시기는 명 강남 지역에서 마미군이 유행한 기간이기도 하다.

앞의 기사에서 유자광의 말처럼, 말총으로 옷을 만드는 일은 조선에서 불법이었다. 그럼에도 제주는 조선에서 말을 가장 많이 사육하는 지역이고, 조선의 최남단 섬으로 육지인 서울과 떨어져 있어 통제가 원활하지 않은 까닭에 마미군이 생산되고 있었던 것이다. 조선 시대에 제주 지역 곳곳에서 말을 사육했고 말총 공예에 종사하는 자들이 있었다.

제주도에서만 마미군을 생산하고 착용했다면, 조선의 기록과 유물에 마미군 관련 내용이 없다는 점은 자연스러운 일이다. 『조선왕조실록』이나 각종 문집 등의 기록 대부분은 서울을 중심으로 한 중앙 관료들이 작성한 것이며, 출토 복식 역시 제주가 아닌 뭍의 문화이기 때문이다. 그리고 값비싼 물건을 한가득 싣고 한 해에도 북경을 수차례 오갔던 조선 사신에게 마미군을 보여 달라는 중국인은 없었던 반면, 풍랑에 표류하여 가까스로 강남 지역에 도착한, 행색이 초라한 조선인에게는 마미군을 사고 싶다고 했다!

명의 강남 지역은 중국의 패션과 유행을 선도하는 곳이었고, 그 중 으뜸은 소주였다. 명의 소주인들은 외국의 옷을 서슴지 않고 받

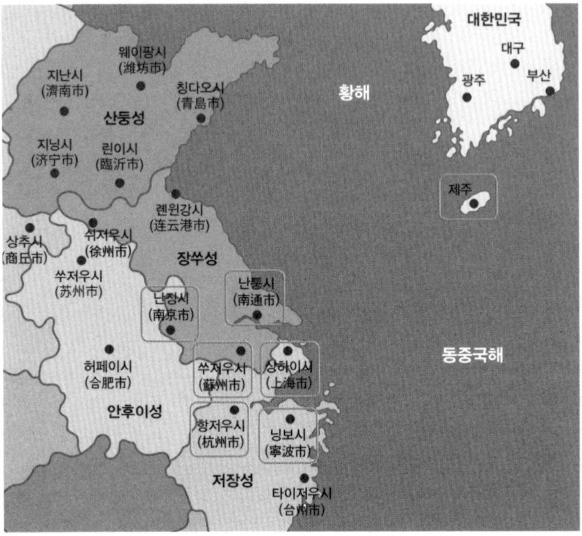

그림 2. 마미군 관련 지역

아들이며 사치를 부렸고, 이것이 16세기 중국의 의류업 발달을 촉진하는 매개가 되기도 했다.[11]

위의 지도는 당시 마미군이 언급된 지역을 표기한 것이다. 지도상 위치의 분포를 보면, 조선 제주도와 명 강남 지역 간의 지리적 연관성을 유추해 볼 수 있다. 지금까지 조선의 한중 문화 교류는 서울-북경(중심과 중심)을 중심으로 이루어졌다고 보았으나, 마미군은 한중 관계의 외변에 위치한 제주도와 중국 강남 지역의 문화 교류 사례라는 점에서 매우 주목된다.

여기에서 한 가지 더 살펴보고 싶은 부분이 있다. 제주도와 중국 강남 지역 간 해상 교류의 가능성에 대한 문제다. 그간 조선과 명 강남 지역 간의 해상 무역에 대해서는 회의적인 시선이 많았다. 왜냐하면 중국과의 해상 무역에 나서는 도시들(서울, 개성 등)은 서해안에 분포되어 있는데, 서해안은 조수간만의 차가 큰 리아스식 해안이어서 바닥이 평평한 평저선平底船이 활용되었기 때문이다. 즉 서해안 환경에 맞게 구축된 배를 이용해 먼 바다로 나아가는 것은 효율성이 떨어진다. 조선 배로 중국 강남 지역과 해상 교류를 시도하기는 쉽지 않다.

하지만 제주는 서해와 다른 지리 여건을 가지고 있다. 조수간만의 차가 큰 리아스식 해안이 아니며, 제주에서 한반도 내륙을 왕래하려면 운행에 효율적인 배가 필요했다. 그러다 보니 제주의 배는 조선에서 가장 가볍고 빠르며, 제주인의 배 모는 솜씨는 왜구를 방어하는 데 큰 기대를 줄 정도였다.[12] 제주 배가 일본 배처럼 가볍고 빠르다는 것은 중국 강남까지 원양 항해가 충분히 가능했음을 짐작하게 한다.

다음으로, 제주도의 지리적 위치와 왜구의 활동도 고려해야 한다. 제주는 일본인들이 중국과의 교역을 위해 오가는 해로의 중간에 위치한다. 14-15세기 초 왜구는 고려, 명 강남 지역을 왕래하며 약탈과 무역을 벌였는데, 이 왜구 집단에 제주인 일부가 가담했을 가능성이 있다. 또한 제주의 우도, 비양도, 차귀도는 왜구의 교두보로 이용되기도 했고, 제주 남서쪽 끝에 있는 차귀도는 '왜선이 숨어서 정박하는 요해要害의 땅'이었으며, 왜구가 중국 강남 지역으로 진출하는 실질적인 마지막 기착지였다. 16세기에도 중국과 일본을 오가던 상선이 제주도의 차귀도에 몰려들었다.[13] 이러한 점을 보면, 제주인들 중 일부가 배를 타고 중국 강남 지역을 오가며 해상무역을 했을 가능성은 충분히 열려 있다.

제주인의 표류 정황을 살펴보면, 16세기에도 제주인이 명 강남 지역에 표류하는 일은 지속적으로 발생한다. 16세기 전반에 명 강남 지역에 표류하다가 돌아온 조선인 대부분이 제주인이었다는 점은 주목할 만하다. 한편 제주의 고한록高漢祿이란 사람은 1827년(순조 27)부터 네 차례나 일부러 표류하여 청나라에 도착했다. 무역이 주요 목적은 아니었으나, 금전적 목적이 있었던 것은 사실이었다.[14] 이는 마음만 있다면 제주에서 명 강남까지 가는 것은 그리 어려운 일이 아니었음을 말해 준다.

명 강남 지역을 왕래하는 데 유리한 지리적 위치, 원거리 항해가 가능한 제주 선박의 특징, 제주인의 뛰어난 항해술, 왜구 집단에 가담하여 중국을 왕래한 바 있다는 혐의, 제주인의 고의 표류 및 잦은 명 강남 연해에 표류한 사례 등을 종합해 보면, 제주도-명의 해상 교류는 비록 규모가 크지 않아도 15세기에 지속적으로 이루어졌을 가능성이 높아 보이고, 마미군은 그에 관한 하나의 뚜렷한 사례로 여겨진다.

정치적·지리적 특징으로 인해 제주인에 대한 기록이 적어, 제주도 마미군이 명 강남 지역에 어떻게 수출되기 시작했는지는 명확히 알 수 없다. 다만 양국의 해상 교역이 이루어지는 가운데 제주인의 마미군 패션을 매력 있게 본 강남 지역의 상인이 이를 구매하면서, 강남 지역의 패션 리더인 기생들과 상인들을 중심으로 확산되기 시작했고, 상품성을 확인한 제주인들이 명 강남 지역에 이를 적극 판매했을 것으로 보인다. 유행이 지속되면서 명 강남 지역에 마미군을 직조할 수 있는 사람이 생겼다는 점을 보면, 마미군을 직조할 수 있는 제주인이 강남 지역으로 이주했을 가능성도 추정해 볼 수 있다.

조선 제주도의 마미군 패션은 해상 교류를 통해 명 강남 지역으로 전해졌고, 중국의 '강남 스타일'이 되었다.

패션의 변용 — 조선의 치마폭, 제주 말총치마의 문화적 변용

이 절에서는 마미군 패션, 그 의상 자체에 대해 살펴보고자 한다. 마미군은 말총으로 만든 속치마다. 말총으로 만든 옷감은 면포나 모시보다 훨씬 빳빳한데, 그 때문에 마미군을 입고 치마를 입으면, 마미군이 겉옷의 지지대가 되어 겉치마가 마치 우산처럼 넓게 펼쳐졌다. 그래서 사람들은 각자의 체형에 따라, 또는 치마의 풍성한 면모를 표현하기 위해 마미군을 두세 장 겹쳐 입기도 했다.[15] 서구 여성들이 드레스 안에 입었던 페티코트petticoat 같은 역할을 한 셈이다. 그림 3에서 마미군을 입고 치마를 입은 중국인의 모습을 확

그림 3. 「명헌종원소행락도」 중 일부(중국국가박물관)

인할 수 있다. 명 관료 육용은 그의 문집에서 “아랫도리에 옷을 허황되고 사치스럽게 입는 자는 예쁘게 보이고자 할 뿐이다.”라고 했다. 볼륨감 있는 치마를 입는 것이 사치스러워 비판했지만, 예쁘다는 것은 그도 인정하고 있다.

한편 마미군은 15세기 말 중국 정부에 의해 착용이 금지되었는데, 마미군을 입지 않은 명대의 일반적인 의상도 확인할 필요가 있을 것이다.

그림 4는 15세기 후반에 활동한 명나라 문인이자 직업 화가였던 두근杜堇이 그린 「완고도玩古圖」라는 작품 중 일부다. 「완고도」에 그려진 여성들을 보면 슬림한 H라인 치마를 입고 있는 모습을 확인할 수 있다. 그림 5는 명나라 만력제 시기의 대신이었던 서현경徐顯卿의 일생을 그린 「서현경환적도徐顯卿宦跡圖」라는 작품 중 일부다. 16세기 말 고위 대신인 자신의 일생을 그린 작품이기에 그림에 더욱 눈길이 간다. 「서현경환적도」에 등장하는 의상을 보면, 「완고

그림 4(좌). 「완고도」 중 일부(대만 국립고궁박물원)
그림 5(우). 「서현경환적도」 중 일부(중국 북경고궁박물원)

그림 6(좌). 15세기 조선 여성의 복식 소품[16]
그림 7(우). 경기도 양주 남양 홍씨 묘에서 출토된 16세기 치마 복원(단국대학교 석주선기념박물관)

도」 속 여자의 옷과 형태가 비슷하다. 두 그림 속 명대 여성 의상에는 일정한 차이가 있지만, 얇고 부드러운 소재로 만들어져 볼륨감 없는 슬림한 형태라는 점은 동일하다. 반면 마미군을 입은 「명헌종원소행락도」의 의상과는 매우 다르다는 것을 확인할 수 있다.

이제 조선 전기의 한복 형태를 살펴보자. 그림 6을 보면, 상의와 하의 모두 명대 의상과 매우 다르다는 것을 알 수 있다. 중국 의상은 윗옷부터 얇고 몸을 감는 슬림한 H라인이지만, 조선 한복은 윗옷도 각이 잡혀 있고, 치마는 볼륨감 있는 A라인의 드레스다. 그림 7의 치마는 출토된 남양 홍씨의 치마 형태와 색을 그대로 복원한 것이다. 치마폭이 무려 550센티미터이고, 치마 앞면의 길이는 95센티미터, 뒷면은 129센티미터다. 치마의 앞면과 뒷면의 길이 차이가 30센티미터나 된다. 이것은 조선 전기 치마의 특징인데, 치마의 앞면 상부를 접어 올려 앞 길이가 짧아진 것이다. 치마의 뒷부분은 땅에 질질 끌릴 만큼 길이가 긴 형태이지만, 앞부분은 접어 올려 볼륨감을 주면서도 걷기에 편리하도록 했다. 치마 상부에 볼륨감을 주어 더욱 드레시한 느낌을 주는 치마 형태는 서구에서 한때 유행한 '버슬bustle 스타일'과도 비슷하다.[17]

조선의 치마는 길이가 길고 폭이 방사형으로 넓어지는 형태를 띠고 있어, 옷을 입었을 때 하단을 풍성하게 하고 전체적으로 우아한 자태를 자아내게 하는 심미적 특징을 가지고 있다. 치마 하단의 풍성함을 유지하기 위해서는 일정한 장치가 필요했다. 이를 위해 조선 후기 여성들은 겉치마 속에 속옷을 여러 개 겹쳐 입는 방식을 활용했고, 이 속옷들이 페티코트처럼 겉치마를 풍성하게 만드는 지지대 역할을 했다. 조선 후기의 여성 속옷은 다리속곳, 속속곳, 속바지, 단속곳, 너른바지, 무지기치마, 대슘치마 등으로 그 종류가 많았다. 조선 시대 여인들은 속옷을 여러 개 입는 것은 물론 속옷의 직물 선택, 속옷 어느 부분에 솜을 넣어 볼륨감을 줄지도 고려했다. 캉캉과 같은 층층의 치마로 된 속옷을 입거나, 빳빳한 모시 치마에 풀을 먹이고 치마 끝에 창호지를 덧대어 더욱 빳빳하게 만들어 겉치마가 안정감 있게 퍼질 수 있도록 고안하기도 했다. 조선 시대 속옷은 단순히 위생적인 역할을 하는 기능적 측면에 머문 것이 아니라, 겉옷의 화려함을 보조해 주는 패션의 한 부분이었다.[18]

그림 8은 조선 전기부터 현대에 이르기까지 여성 한복의 형태 변화를 보여 준다. 조선 전기에서 후기로 갈수록 상의인 저고리가 짧아지는 점이 특징이다. 치마도 후기로 갈수록 항아리형으로 변화

15-16세기

17세기

18세기

19세기

20세기

그림 8.
조선 시대 여성 한복의 형태 변천[19]

되는데, 치마 길이가 길고 폭이 넓은 형태는 조선 시대 내내 유지되었다. 조선 치마는 이웃 나라인 명나라의 치마, 청의 치파오, 일본의 기모노, 베트남의 아오 뜨 떤과 뚜렷한 차이를 보인다.

제주도 마미군에 대한 논의로 다시 돌아가 보자. 위와 같은 조선의 패션 유행을 따라가려면 치마 안에 속옷을 여러 개 입어야 한다. 그러려면 옷감이 많이 필요하다. 연안 김씨 묘에서 출토된 조선 전기 복식에 따르면 면포, 모시, 그리고 비단도 속바지를 만드는 데 사용되었다. 이러한 직물들은 육지 지역에서도 저렴한 물품이 아니었으므로, 농업이 발달하지 않은 15세기의 제주도에서는 직물을 생산하기가 더욱 어려웠을 것이다. 배를 타고 육지로 나가서 옷감을 사와야 하는데, 조선 시대는 지금처럼 교통편이 발달하지도, 편하지도 않았다. 제주에서 옷감을 사려고 육지로 나가다가 풍랑을 만날 수도 있다.

제주 여성들도 조선의 패션을 추구하고 싶었겠지만, 여건상 면포나 비단은 비싸기도 하고 구하기도 어려웠다. 그렇다면 한반도 복식의 심미적 요소를 준용하되 물성을 대체할 다른 방법을 찾을 것이다. 치마를 풍성하게 하는 효과를 내려고 할 때, 제주도에서는 비싼 직물 속옷을 여러 개 겹쳐 입는 것보다, 여타의 직물보다 훨씬 뻣뻣해서 고정력이 있는 말총으로 만든 페티코트 하나를 입는 것이 훨씬 더 경제적이었을 것이다.

> 제주 안무사濟州 按撫使가 보고하기를, 섬 안에 땅은 좁고 사람은 많은데, **목장이 절반이 넘어** 소와 말이 짓밟기 때문에 벼농사에 손해가 많습니다. 거주민들은 **오직 말을 팔아 생계를 유지**하고 있습니다.[20]

위 글에서와 같이, 제주도는 농업보다 축산업이 번성했고 말 무역이 그들의 주요 생계 수단이었다. 조선의 육지에서는 면포 등 직물이 더 저렴하고 말이 고가였지만, 제주도에서는 직물보다 말총 구하기가 더 용이했다. 말총은 잘라도 계속 자라기 때문에 말이 풍부한 제주에서는 유용한 직물이 될 수 있었다. 조선 시대에도 말총 공예품의 다수가 제주에서 나왔고, 일제강점기에도 제주 여성들의 상당수가 말총 공예 기술을 갖고 있었다.[21] 결국 뭍과 다른 제주도의 경제적 환경이 복식 소재의 변용을 가져왔던 것이다. 당시 제주인은 자신들이 주변에서 확보할 수 있는 소재로 옷을 만들어 입었다. 그간 연구에서는 제주에서 생산된 제품으로 주로 갓을 주목했으나, 여성의 페티코트 마미군도 있었다.

요컨대 조선 여성 패션의 특징인 드레시한 치마 스타일이 제주의 복식 소재 말총과 결합해 마미군이라는 페티코트로 재탄생했고, 이것이 해상 교류를 통해 중국 강남 지역으로 건너가 '마미군 열풍'을 일으켰다. 마미군은 '조선의 치마 패션'과 '제주도의 특별한 경제적 환경'이 버무려져 새롭게 만들어진 문화 변용의 산물이었다.

패션의 비교 — 서구의 말총치마, 크리놀린

말총 섬유의 뻣뻣한 성질을 활용한 복식은 문화사적으로 보편성을 가진다. 조선에서 말총으로 남성의 갓이나 여성의 마미군을 만들었던 것처럼 유럽에서도 말총으로 다양한 의복을 제작했다. 유럽에서는 제주의 마미군처럼 말총으로 페티코트를 만들어 드레스의 조형적 아름다움을 부각하는 데 이용했고, 이를 크리놀린crinoline이라 불렀다. 크리놀린이라는 이름은 라틴어 crinis馬毛와 linum麻의 합성어다. crinis에는 말의 털이라는 뜻이 있었다. 크리놀린은 스커트를 부풀리기 위해 고안된 옷이며, 그 이름은 말총과 직물 중 매

그림 9. 크리놀린(메트로폴리탄 미술관)

우 질기고 뻣뻣한 마직물을 혼방해 페티코트를 만들어 입은 데에서 유래했다. 말총을 섞은 천은 옷의 구조와 형태를 잡아 주었고, 19세기에 사용이 증가했다.

그림 9는 말총과 마를 혼방해 만든 크리놀린인데, 19세기 구미권 상류층 여성들은 말총과 마가 혼합된 속치마인 크리놀린을 여러 벌 착용하기도 했다. 조선 시대의 제주도 마미군도 이와 비슷했을 것으로 보인다.

정리하면 15세기 아시아, 19세기 유럽에서 드레시한 치마를 연출하기 위한 페티코트에 모두 말총을 활용했다. 동서양 모두 여성의 페티코트에 말총을 활용했다는 점은 매우 주목할 만하다. 그리고 동아시아에서 말총 페티코트를 활용한 드레시한 치마 스타일이 유행하고, 말이 풍부했던 조선의 제주도에서 탄생했다.

말총은 여성의 페티코트에만 활용된 것이 아니라 서구의 남성 정장에도 사용되었다. 정장 상의 어깨에 말총으로 만든 패드를 넣어 어깨 모양을 보완하고, 가슴 부분에도 말총을 덧대 단단해 보이게 만들었다. 그 결과 어깨와 가슴이 크게 돋보였으며 옷감이 구겨지지 않아 더욱 격식을 갖춘 정장이 되었다. 이렇게 19세기 이후 구미권 복식에서 말총 재료를 꾸준히 사용했다.

1970년대 이탈리아 의류 제조사인 조르지오 아르마니Giorgio Armani가 정장 재료에서 뻣뻣한 안감을 없애면서 지금은 양복 제작에서 말총 사용이 줄었는데, 한국 남성 양복의 다수에 여전히 말총이 부분적으로 사용되고 있다. 옷의 구조와 형태를 반듯하게 잡아주는 옷감으로 말총이 지금도 활용되는 것이다.

마미군의 유행을 통해 본 조선 시대 한중 문화 교류사

제주도는 조선에서 말이 가장 많이 사육되는 지역이었다. 말이 많은 만큼 말총으로 만든 제품은 제주도에서 생산되는 경우가 많았다. 조선 양반들이 일반적으로 사용했던 갓도 말총이 주요 재료였으며, 제주 여성이 입던 마미군도 제주에서 생산되는 특별한 속치마였다.

조선 여성의 치마 형태는 조선 시대 내내 치마폭이 넓은 드레시한 스타일이었고, 치마의 볼륨감을 유지하기 위한 일정한 장치가 필요했다. 육지에서는 면포, 모시, 비단 등으로 만든 속옷을 여러 개 겹쳐 입었고, 이것이 겉치마를 풍성하게 보이게 하는 역할을 했다. 조선 시대의 여성 속옷은 위생적인 역할을 넘어, 겉옷의 아름다움을 보조하고 부각하는 패션의 한 영역이었다.

조선의 패션을 따라가려면 결국 치마 안에 속옷을 여러 개 입어야 한다는 얘기인데, 그러려면 옷감이 많이 필요했다. 제주에서는 이 직물이 생산되지 않아 제주인은 배를 타고 육지 도시에 가서 구입해 와야 했다. 교통이 상당히 불편했던 당시에 속옷을 마련하기 위해 제주에서 육지를 자주 오가는 것은 비용도 많이 들 뿐 아니라 위험한 일이기도 했다.

제주인들은 좀 더 경제적인 방법을 찾아야 했는데, 그것이 마미군이었다. 치마를 드레시하게 보이는 효과를 내고자 할 때, 제주도에서는 면포 등의 속옷을 여러 개 구입해 겹쳐 입는 것보다, 말총으로 만든 페티코트 하나를 입는 것이 더 경제적이었다. 조선의 육지에서는 말총이 면포 등의 직물보다 고가였지만, 제주에서는 말총 구하기가 오히려 더 용이했다. 결국 뭍과 다른 경제 환경이 복식의 물성을 변화시킨 셈이다. 마미군은 조선 중앙의 패션을 따르면서도 면포나 비단을 제주에서 흔한 소재인 말총으로 대체한 '문화 변용의 산물'이었다. 15세기 제주에서 탄생한 마미군은 속치마를 말총으로 만들었다는 점에서 독특한 '페티코트'였는데, 드레시한 치마를 줄곧 입었던 서구에서도 19세기에 말총으로 만든 페티코트인 크리놀린이 크게 유행했다. 이처럼 말총은 동서양 모두에서 여성 드레스의 페티코트 소재로 활용되었다.

제주에서 탄생한 마미군은 15세기 해상 교역을 통해 명의 강남 지역에 전해졌다. 지금까지 조선과 명의 문화 교류는 서울-북경을 중심으로 이루어졌다고 연구되었는데, 제주-강남 지역 간에도 해상 교역을 통해 문화 교류가 이루어지고 있었던 것이다.

조선의 일반적인 선박 형태인 평저선과 달리, 제주에서는 경쾌하고 빠른 배가 사용되었다. 제주인의 항해술은 조선 조정에서 왜구를 대적할 사람들로 제주인을 지목할 정도로 매우 뛰어났다. 기상 악화로 표류하여 명 강남 연안에 도착했다가 북경을 거쳐 돌아온 조선인의 절대 다수가 제주인이었고, 제주인 중 고의로 여러 번 중국에 표류하여 경제적 이익을 취한 이도 있었다. 이러한 지정학적 조건, 제주인의 표류 사례, 제주인과 제주 배의 특징 등을 종합적으로 보면, 제주에서는 15세기에도 명 강남 지역과 해상 교역을 하고 있었음을 추정할 수 있으며, 마미군은 이에 관한 분명한 증거가 된다.

제주의 마미군은 명나라로 수출되어 명의 남경, 소주, 상해 등의 '강남' 지역 사회에 마미군 열풍을 일으켰다. 초기에는 아름다움을 뽐내는 패션 리더인 기녀나 부유한 상인들이 입기 시작했고, 점차 확산되어 고위급 문관 관료들까지 입기에 이르렀다. 치마를 풍성하게 퍼지게 하여 고급스러워 보이는 효과가 있는 마미군은 중국 부유층 패션을 휩쓸었다. 이렇게 명의 강남 지역을 풍미했던 마미군 패션은 조선과 명 정부의 강력한 금지 조치로 역사에서 사라졌다.

이처럼 마미군을 통해 제주도의 새로운 소재 및 형태의 의상을, 조선 내 문화의 변이를, 조선과 명나라 간 폭넓은 문화 교류의 역사를, 동서양 모두에서 페티코트 소재로 활용된 '말총'의 존재를 확인할 수 있다.

* 본 글은 2022년 학술지 *International Journal of Korean History* 27권 1호와 『사림』 80호에 게재된 원고임을 밝힌다.

1. 陸容, 『菽園雜記』 卷10.

2. 馮夢龍, 『馮夢龍全集』 6, 古今譚槩 卷1, 迂腐部, 成弘嘉三朝建言.

3. 한국의 블로거들 중에는 공녀 한계란 등이 명에서 마미군을 입었다고 확신하는 사람도 있다. 또한 중국의 저서 『圈子·段子之大明帝国日常生活直播』에서도 조선 출신 공녀로 인해 마미군이 명에 확산되었다고 보고 있다. 그러나 이는 사실 관계가 확인되지 않은 추측에 불과하다.

4. 王錡, 『寓圃雜記』.

5. 沈德符, 『萬曆野獲編』 補遺 卷4, 大臣異服.

6. 中國國家博物館, 「瑞犬納福-戊戌新年館藏文物展」(蘇州, 2018).

7. 『明孝宗實錄』 卷9, 弘治 元年 正月 19日.

8. 『成宗實錄』 卷239, 21年 4月 25日 丁未.

9. 마미군은 공식 명칭이 아니므로, 기록자에 따라 다양하게 기록했다. 조선과 명 사료에서 마미군을 부르는 이름이 종의(鬃衣), 마미군(馬尾裙), 마미친군(馬尾襯裙), 발군(髮裙) 등으로 나타난다. 이 글에서는 편의상 '마미군'으로 통칭하겠다.

10. 『成宗實錄』 卷157, 14年 8月 10日 庚吾.

11. 우런수, 『사치의 제국: 명말 사대부의 사치와 유행의 문화사』(김의정·정민경·정유선·최수정 옮김, 글항아리, 2019).

12. 이영권, 「15-17세기 제주유민의 사회사적 연구」(제주대학교 박사학위논문, 2013).

13. 윤성익, 「明初(洪武-永樂期) 동아시아 해역에서의 倭寇」, 『명청사연구』 35(2011); 정영현, 「여말선초의 濟州와 倭寇」, 『한국민족문화』 75(2020); 윤성익, 「제주 地誌의 왜구 관련 기사」, 『한일관계사연구』 71(2021).

14. 김나영, 「조선 후기 제주인의 고표 양상에 대한 고찰」, 『한국사연구』 177 (2017).

15. 王錡, 『寓圃雜記』.

16. 최정, 「공신부인 한씨(韓氏)에게 전달된 물품 및 출토복식 분석을 통한 15세기 조선 사대부가 여성복식 고찰과 착장고증」, 『복식』 66:7(2016).

17. 박성실·조효숙·이은주, 『조선시대 여인의 멋과 차림새』(단국대학교출판부, 2005); 송미경, 「16세기 여성 복식에 관한 연구」, 『복식』 57:8(2007); 정주란·김용문, 「조선 전기 출토 여성복식의 유형과 특징에 관한 연구」, 『복식』 67: 1(2017).

18. 이민주, 『치마저고리의 욕망: 숨기기와 드러내기의 문화사』(문학동네, 2013).

19. 박성실·조효숙·이은주, 『조선시대 여인의 멋과 차림새』.

20. 『世宗實錄』 卷39, 10年 1月 6日 己丑.

21. 황경순, 「무형문화유산으로서 말총 공예 전통의 지속과 변화」, 『文化財』 47: 3 (2014).

음식 민속문화의 전파와 발전
— 밥 · 국 상차림을 중심으로

강정원

밥은 국과 함께?

대학 교수로 근무하다 보니 대학 식당에서 밥을 먹는 경우가 종종 있는데, 대학 식당에서는 식판을 사용하기 때문에 식판에 음식을 받는다. 이 식판은 두 열로 나누어져 있는데, 위 칸에 반찬을 받고, 아래 칸에 밥과 국을 받는다. 식판 오른쪽에 위아래로 길게 파진 홈에는 숟가락과 젓가락을 둔다. 세 가지 반찬과 밥·국을 담을 수 있는 이 식판은 집단 급식이 이루어지는 식당에서 흔히 사용되는 것으로, 우리가 먹는 일상의 음식상을 표준화한 것이다.

소금을 넣지 않은 밥을 국과 함께 섭취할 수 있도록 차린 한국 특유의 상차림은 일식당이나 일본에서도 발견할 수 있다. 국의 내용이 조금 달라지긴 하지만 밥과 국, 반찬의 구조는 일본 음식상에도 존재한다. 하지만 한국 음식상에 상당한 영향을 주었다고 볼 수 있는 중국의 경우 상차림이 다른데, 대표적으로 밥·국 음식상이 보이지 않는다.

현대 한국인의 밥과 국, 반찬의 음식상 체계는 언제, 어디에서 비롯된 것일까? 한국인들이 독자적으로 발명하고 발전시킨 것일까, 아니면 외부에서 유입되어 수용된 것일까? 수용한 후에는 큰 변화 없이 사용하고 있을까, 아니면 환골탈태 식의 큰 변화와 발전이 있었을까?

민속문화의 전파와 발전은 총체적으로 진행될 수도 있고 부분적으로 성립될 수도 있다. 음식상에 이를 적용해 보면 음식 상차림 전체가 전파되거나 발전할 수도 있고, 음식상의 한 부분인 특정 요소만 전파 또는 발전되기도 한다. 밥과 국으로 이루어진 음식상 체계에서 상차림 방식 전체가 전파될 수도 있고, 밥이나 국이라는 문화 요소만 전파될 수도 있는 것이다.

2020년대를 살아가는 우리가 학교나 군대 식당의 음식상, 가정의 일상 음식상, 유교 제사상에서 볼 수 있는 밥과 국, 반찬의 음식상 체계는 어떤 방식으로 전파되고 발전되어 현재에 이르렀는지 시론적으로 알아보고자 한다. 중국에서 정립된 밥과 국의 상차림 구조가 한국 상층에 전파되었고, 이러한 문화 구조가 조선 시대에 유교의 국교화와 함께 전 국민에게 일차로 이상적이고 교양 있는 문화로 수용되었다. 중국에서 전파된 밥·국 상차림은 밥을 주식으로 하고 나머지를 부식으로 삼는 주종형인데, 이러한 주종형 음식 상차림이 모든 음식을 주된 음식으로 간주하면서 체계적으로 연결하는 한국의 기존 병립형 상차림과 대립하다가 20세기에 들어서서 주도적 상차림의 지위를 획득했다. 소금 간을 한 떡이나 죽, 국수나 전병 등의 음식들이 각각 주도적으로 연결되는 병립형 상차림은 20세기 후반부터 한국에서 열세에 위치한 종속적 기본 상차림이 되었지만, 서구에서 들어온 새로운 병립형 상차림과 결합되면서 반전을 이룰 수도 있는 상황을 맞고 있다.

한국인이 위염이나 위궤양, 위암 등의 위병을 많이 앓는 이유가 소금이 많이 포함되어 있는 국을 섭취해서라는 여러 연구 결과가 나오는 지금, 밥과 국이 포함된 음식상 체계에 대해 검토해 보는 것은 한국인의 건강을 위해서도 의미 있을 것이다. 필자는 음식 상차림 방식의 변화를 '전파와 발전'이라는 개념을 중심으로 검토함으로써, 민속문화가 전파되기도 하고 자체적으로 발전하기도 한다는 점을 살펴볼 것이다. 기존의 음식 상차림과 관련된 자료가 충분하지 않고 일차 연구가 많이 이루어지지 못하여, 장기간에 이루어진 민속문화의 변화를 시론적으로 논의하는 것이 아쉽지만, 이 글이 향후 전개될 여러 시도의 시금석이 되기를 기대해 본다.

민속문화의 변동—전파와 발전

문화는 생활세계에서 사람들의 생활을 지속시키고 새롭게 하는 생활 방식이며, 그 결과물이기도 하다. 생활 방식은 사람들의 사고방식이자 신념 방식, 감정 방식, 감각 방식 및 행위 방식으로 구성되며, 유형과 무형의 상징(가치와 의미)체계로 경험되고 현실화된다. 유무형의 상징체계는 행위와 물질, 인터넷 등의 다양한 매개체와 수단으로 표현되며 전승된다. 상징체계가 경험되고 현실화될 때 행위 주체의 의지와 욕구가 중요하게 작용한다. 의지와 욕구에 기반을 두고 생활 방식은 변화하고 지속된다.[1]

문화는 유무형으로 표현되며 다양한 형태를 지니는데, 음식 그 자체는 유형으로 표현된 문화다. 하나의 음식은 하나의 요소이자 복합이며 전체이고, 개별 요소인 음식이 모여서 음식상을 이루며, 음식상은 개별 문화 요소가 결합된 문화 복합이자 문화 전체다. 음식상도 하나의 문화 요소로서 다른 문화 요소와 결합하여 또 다른 차원의 문화 복합이나 문화 전체를 형성한다.

상이한 두 문화가 상호 접촉할 때는 개별 문화 요소만이 상호 교환되기도 하고, 전체 문화가 일방적으로 들어오기도 한다. 문화 요소나 문화 복합 혹은 문화 전체가 한 문화에서 다른 문화로 전달되는 과정을 '문화전파'라고 하고, 두 문화가 상호 접촉하는 과정을 '문화접변'이라 한다. 전파는 문화동화와 문화융합이라는 문화변동을 불러오는데, '문화동화'는 한쪽 문화가 다른 문화의 영향을 수용하면서 변화하는 것을 의미하고, '문화융합'은 전파된 문화와 기존 문화가 합쳐져 문화가 새롭게 형성되는 것을 말한다. 문화융합 과정은 전파된 문화를 기존 문화가 새롭게 변형시키고 발전시키는 과정도 포함한다.

문화의 전파는 시간이나 공간, 사회적 관계를 통해 일어나 역사적 흐름 속에서 전파를 파악할 수도 있고, 지역이나 국가 사이에서 전파를 논할 수도 있다. 사람들의 거주지 이동과 함께 발생할 수도 있고, 사람의 이동 없이 한류처럼 문화만 전파되기도 한다. 문화의 전파에는 전파가 시작되는 중심이 있고 전파가 전달되는 주변이 있다. 문화가 상호 구분되는 시간적·공간적·사회적 지점에서 문화권이나 문화영역을 설정할 수 있는데, 현대에는 민족·국민·국가가 중요한 문화권을 형성한다.

문화는 발전하는가? 필자는 문화가 표준화되면서도 다양해지고 복잡해지는 과정을 발전이라고 본다. 문화 요소나 전체의 수가 많아지고 복잡해짐과 아울러 표준화되는 문화의 발전은 동시에 자유와 평등, 해방, 연대 등의 인본주의적 의미와 가치가 실현되어 가는 과정이다. 음식 상차림의 변화가 형식적으로 발전함과 동시에 자유와 평등, 연대, 해방 등의 의미를 담아내며 실현되는 과정이라면 적절한 발전이고, 억압과 굴종, 불평등 등이 표현된다면 이는 부적절한 발전 혹은 퇴보인 것이다.

문화가 전파되어도 생활세계로 수용되어 접변이나 동화, 융합되지 않는다면 문화의 발전과 성장은 가능하지 않을 것이다. 음식 상차림은 정치나 경제 차원에서 수용되기도 하고, 민속 세계에서 동화시키거나 동화되기도 하면서 수용되는데, 결국 하나의 생활세계에 수용되어 통합되면 발전의 과정으로 들어서게 된다. 국가와 민족을 포함한 모든 집단이나 모든 차원의 문화도 이러한 원리에 의해 전파되고 발전된다.

문화는 표현된 행동이나 말, 물질, 다양한 전달 매체 등을 통해 파악될 수 있다. 이때 우리는 문화를 종합적 혹은 총체적인 상으로 이해할 수도 있고, 여러 요소의 종합으로 설명할 수도 있다. 한 음식을 통해 한국 문화를 총체적으로 이해할 수도 있고, 음식과 음식의 관계를 통해 음식 문화의 체계와 구조를 설명할 수도 있다.

문화는 '주체적 전면 행위에 기반한 생활 방식'과 '인지적이며 시스템적인 추상화된 생활 방식'으로 구분되는데, 이는 각각 문화와 직접적으로 연계된 '민속 세계'와 체계화되어 제도적으로 자동화된 '시스템 세계'로 연계된다. 시스템 세계는 경제, 정치, 행정, 사회 등으로 분화된 (반)자동화된 시스템으로 개별적으로 체계화되어 있고, 문화가 종속된 상태로 시스템의 작동에 개입한다. 민속 세계도 체계화되어 있기는 하지만 각 기능들이 상호 연결되어 있으며, 문화와 주체 행위자에 의해 주도된다. '시스템'과 '민속'이라는 두 생활세계는 기능에 의해 상호 연결되어 있다.

문화는 체계성이 약한 민속문화와 체계화된 예술문화로 구분되는데, 민속문화는 민속 세계의 작동을 결정하며, 시스템 세계에서는 기능적으로 분화된 정치나 경제 등의 체계에 종속된다. 예술문화는 정치나 경제처럼 부분화된 문화이지만, 권력과 부를 체계화한 정치나 경제와 달리 미적 가치의 실현이라는 차원에서 문화의 체계화된 영역이다. 이상적인 교양문화는 민속문화의 한 부분으로서 비의식적인 기본 문화, 다양하게 변화하는 표현 문화와 대립된다.

음식이라는 물질문화도 시스템 세계와 민속 세계에서 상호 다른 의미와 가치를 지니면서 사람들의 생활 방식과 연결된다. 시스템적 국가 의례에서의 음식과 민속 잔치에서의 음식은 서로 다른 형식과 의미를 지니는데, 국가 의례 차원에서 음식은 제도화되며 고정되고 표준화된다. 반면에 동일한 음식이라도 민속 세계에서는 생활 방식의 변화와 밀접하게 연결되며, 인간이라는 주체의 의지와 욕구에 종속되기도 한다. 체계 음식은 제도화되어 민속 음식을 규정짓고 변화시킨다. 아울러 교양 있는 이상적 음식으로 민속 세계에 수용되기도 하지만, 경우에 따라 민속 음식과 충돌하면서 변화되기도 한다.

유교적 제사상이나 궁중이나 양반가의 의례 음식상에서 이루어지는 상차림은 대부분 체계적 상차림이라고 할 수 있으며, 이는 제도적으로 표준화되고 규격화되어서 민속 일상에서의 상차림에 영향을 준다. 체계적 상차림은 사상이나 이념, 종교, 정치 체계와 연결되어 전파되고 수용된 이후에 동화나 융합이라는 발전 과정에 들어가는데, 민속 상차림의 강한 반발을 불러올 수도 있고 대폭 수용되기도 한다.

여기에서 다루는 음식 민속문화는 특정 음식을 둘러싼 생활 방식을 의미할 수도 있고, 특정 음식과 다른 음식의 관계를 의미할 수도 있다. 후자의 경우에 음식들 사이의 관계는 일정한 생활 방식, 특히 사고와 감정, 감각, 신념과 밀접하게 연계된 것으로 간주되며, 이 또한 음식 민속문화다.

밥 · 국 · 반찬 상차림의 역사

뜨거운 국물을 마신 뒤 '시원하다'는 말로 국물에 대한 사랑을 표현하는 한국인이 주변에 꽤 많다. 건더기가 아니라 국물을 먹기 위해 국을 먹는 사람도 있을 정도로 국물에 대한 한국인의 사랑은 유별나다. 한국인이 즐겨 먹는 라면의 경우에도 라면 국물을 맛보기 위해 라면 브랜드를 선택하는 경우도 있다. 광고에서도 국물 맛을 주제로 삼기도 하는 것을 보면 국물에 대한 한국인의 선호도를 이해할 수 있다. 국물에 대한 한국인의 선호는 무엇과 연결되어 있을까? 국이나 찌개, 탕과 같은 음식은 어떻게 우리의 일상에 들어왔을까?

하얀 쌀밥과 고깃국을 먹는 것은 1900년대 한국인에게는 그야말로 이상적인 식사였다. 일제강점기와 6·25전쟁을 거치면서 피폐해진 생활 속에서 쌀밥은커녕 보리밥이나 죽도 충분히 먹지 못했고, 고기가 들어간 국은커녕 된장국도 겨우 먹을 수 있었기 때문이다. 어떤 때에는 물이 국을 대신하기도 했다. 남북한의 민속문화가 정치적 이유로 분리된 지 얼마 지나지 않은 1960년대 초, 북한의 김일성이 북한 주민들에게 조만간 '하얀 이밥(쌀밥)에 소고깃국'을 먹을 수 있다고 선전·선동한 것도 같은 차원에서 이해할 수 있다.

밥을 소고기나 돼지고기, 닭고기로 끓인 국과 함께 먹는 것은 가정에서뿐만 아니라 각종 동제나 굿 등에서도 쉽게 발견할 수 있었다. 밥을 국에 말아 먹는 국밥은 상업 음식으로 발달했고, 밥과 국을 따로 먹는 백반 혹은 가정식이라는 음식도 일반 식당에서 쉽게 만날 수 있다. 현대 한국의 각 가정이나 일반 식당, 구내식당 등을 총망라해 밥과 국으로 된 음식상은 아주 흔한 모습이다.

국과 밥의 조화를 추구한 음식상은 비단 한국뿐 아니라 멀리 중앙아시아에서도 확인할 수 있다. 필자는 2014년에서 2017년까지 3년간 한국연구재단의 지원으로 중앙아시아 한인 동포, 고려인의 민속문화를 연구한 바 있다. 필자가 고려인들의 가정을 방문해 면담을 수행할 때면 식사를 대접받는 경우가 많았는데, 밥과 함께 반드시 시락장물(시래기 된장국) 혹은 물이 나왔다. 음식상에 차려지는 반찬은 카자흐스탄 사람들이나 우즈베키스탄 사람들에게서 전파되어 수용된 국적 미상의 것도 많았고 러시아 음식도 있었지만, 한국에서 온 손님이라고 생각해서 그런지 밥은 반드시 차렸고, 밥 옆에는 국이나 물이 놓여 있었다. 국 대신 물이라도 두어야 예법에 맞다고 생각한 것이다.

국과 밥으로 이루어진 고려인의 음식 상차림은 함경도에서 연해주로 건너가 경상도나 평안도 등의 지역 민속 상차림과 종합되어 형성되었을 것이다. 이를 한국 음식상의 역사 연대표에 넣어 생각해 보면, 밥과 국(혹은 물) 음식상이 19세기 후반이나 20세기 초반에 많은 한국인의 제사상과 함께 손님 접대상에서까지 실천되었다고 할 수 있다.

그림 1.
고려인 음식상
(국립민속박물관)

독일의 민속학자 귄터 비겔만Günter Wiegelmann은 음식 연구에서 의례 음식과 일상 음식을 구분한 바 있고, 의례 음식이 가지는 비중을 높게 보았다.[2] 의례 음식은 체계 음식에 해당하는데, 상당한 정치적 권력을 상징하기도 하며, 민속적인 일상 음식에 영향을 미친다. 외국 전파는 민속 음식 영역보다 체계 음식 영역에서 일시적으로 강하게 일어나는 경향이 있다. 외국에서 수입되고 전파된 체계 음식은 제도 등을 통해 일상 민속 음식에 영향을 준다. 밥과 국은 조선 시대의 유교 제사상이나 접대 음식상에서 중심이 되는 음식 구조였고, 조상과 손님 대접의 으뜸으로 간주되었다. 밥과 국은 조선 시대에 신성성과 종교성, 체계성을 강하게 가진 음식이자 음식 상차림이었던 것이다.

조선 후기에 밥과 국을 기본 구조로 하는 음식상은 종교성이나 신성성뿐 아니라 사회적·정치적·상징적 체계성도 가지고 있었는데, 이는 궁중 행사를 통해 관찰할 수 있다. 1700년대 후반에 작성된 『원행을묘정리의궤園幸乙卯整理儀軌』에는 정조의 화성 행차가 기록되어 있다. 1795년 2월 10일 정조 대왕이 받은 저녁상은 백반과 양탕, 민어포, 양지두편육, 교침채, 생복초와 간장, 초장, 겨자장으로 구성되어 있었다. 이 음식상에서 양탕이 국에 해당하며 백반은 쌀밥이다. 이처럼 정조의 음식상에도 밥과 국의 음식상 구조가 관찰된다. 밥과 국이라는 음식상 구조는 당시 수행했던 양반이나 중인, 궁인에 이르기까지 수용되었다. 일반 서민이라고 할 수 있는 고지기나 석수, 목수, 야장 등에게도 밥과 국(탕)이 제공되었다. 이는 놀랍게도 3천 년 전의 「공식대부례公食大夫禮」에 제시된 밥과 국 구조와 흡사하다.[3]

『주자가례』나 『의례』뿐만 아니라 『예기』에도 국과 밥에 대해 명기되어 있다.[4] "국과 밥은 음식의 주요한 것이다. 그러므로 제후 이하 서인에 이르기까지 차등이 없다."고 내칙에 제시되어 모든 신분의 사람들에게 제공될 기본 음식상 구조임을 선언한다.[5] 밥과 국으로 이루어진 음식상의 기본 구조는 조선 시대 국교인 유교의 공식 음식상 구조로서 쉽게 도전받지 않을 헤게모니를 지니고 있었고, 당연히 조선의 각종 의례와 일상에서 모범 답안처럼 관철되었다.

유교가 조선 시대에 본격적으로 자리 잡은 시기를 16세기경으로 보고, 양반 이상의 지배층에서 이를 실천한 시기를 17세기라고 볼 때, 밥·국 구조가 이상적 음식상으로 체계를 갖춘 시기는 16세기라고 해도 무리가 없을 것이다. 이상적인 음식상 구조란 일상에서 실천하기는 어렵고, 조상 제사 등의 의례상이나 손님 접대상에서나 가능하며, 환갑이나 혼례 등의 특별한 의례에서 실현되는 음식상 구조다. 18세기 궁중 행사에서 모든 참여자에게 밥과 국을 제공한 것으로 보아, 보통 사람들의 일상에서도 이러한 음식상을 만나

그림 2. 제사상(국립민속박물관)

는 것이 어렵지는 않았을 것으로 생각된다. 이러한 음식상이 19세기가 되면, 앞의 고려인 사례에서 살펴보았듯이, 좀 더 일상적인 생활에서 실현되었을 것이다.

상당수 현대 한국인에게 밥과 국 상차림이 오랜 기간 유지해 온 고정불변한 음식상 구조처럼 보여도, 실제로 모든 계층에 이상 구조로 수용된 것은 길게 잡아도 몇백 년이 되지 않는다. 모든 계층이 일상에서 이런 상차림을 매일 하기는 일제강점기까지도 어려웠던 것으로 보인다.

1936년 울산 달리라는 마을에서 상층에 속하는 농가의 일상 식단을 살펴보면, 그들은 하루 세 끼 모두 된장국을 먹었다. 하지만 중산층이나 하류층에 속하는 농가에서는 세 끼 모두 국 없이 식사를 하고 있었다.[6] 당시 농촌 일반 서민들의 식사를 봤을 때 국이 들어간 식사는 상류층에서만 가능했으며, 밥·국 음식상은 고급 상차림이어서 1936년까지도 전 계층으로 전파되지 못했던 것이다. 도시민들을 대상으로 한 조사에서도 이를 볼 수 있는데, 1939년 서울 토막민土幕民 조사에서 보면 하층민은 가끔 국을 먹었다.[7] 이것으로 미루어 보아 밥과 국 구조가 모든 계층의 일상식에 관철된 것은 빨라도 광복 이후일 것이다.

밥과 국으로 이루어진 음식 상차림이 조선 중기까지는 종교적이고 정치적인 상차림이었다가 일반 서민들의 의례상이나 접대상으로까지 내려온 시기는 조선 후기였다고 봐도 큰 무리는 없다. 모든 한국인의 일상 음식상으로 이러한 상차림이 확산된 것은 우리가 생각하는 것보다 더 늦은 20세기 후반이었다고 생각된다.

밥·국 음식상의 전파와 발전

현대 한국인들에게 하나의 표준 음식상처럼 알려진 밥·국·반찬으로 이루어진 음식상은 언제, 어디서 시작되었을까? 밥과 국, 다양한 채소나 고기 요리 등이 한반도에도 존재했고 이를 함께 차려 먹기도 했을 것이다. 하지만 고정되고 규격화·체계화된 문화로 이 음식상이 자리 잡았다는 기록은 아직 한국에서 발견되지 않았고, 이 음식상의 한반도 기원을 민속학적으로도 밝혀내지 못하고 있다. 밥·국·반찬으로 구성된 음식상에 대한 오래된 기록은 현재 중국에서 찾아볼 수 있다. 중국의 고대 국가인 주나라 때 이런 음식상이 갖추어졌고, 이 상차림이 유교 경전인 『의례』나 『예기』에 포함되었다.

이러한 상차림이 중국 유교에서 왜 중시되었고 종교적 전통으로 확립됐는지는 밝혀지지 않았다. 확실한 점은 간을 하지 않은 밥을 제사상에 올렸고, 이 종교적 음식이 일상에 수용되면서 소금기가 들어간 음식이 필요해졌다는 것이다. 고대 중국에서는 간을 하지 않은 밥이 제사상에서 중심적 위치와 신성성과 종교성을 부여받았던 것으로 보이는데, 이는 『예기』「교특생郊特牲」 편을 보면 알 수 있다. 즉, 밥은 두에 담는데 두에 담는 것은 "음성의 것이므로 (…) 인공의 맛을 가미하여 자연의 소박한 맛을 해치는 것은 삼가는 대신" 이라고 나와 있다. 즉, 밥에 간을 하지 않는 것을 음양의 이치로 고정시키고 표준화시켰던 것이다.

중국 주나라 초기에 정립되었다고 알려진, 간을 하지 않은 밥과 국의 의례 음식상은 유교의 중요 서적인 『의례』, 『예기』와 함께 한국에 전파되었을 수도 있고, 한나라 시기에 설치된 한사군을 통해 한반도에 전해졌을 수도 있다. 하지만 밥·국으로 이루어진 음식상이 한반도에 전파되었더라도 초기에는 국가의 지배층에서 주로 활용되었을 것이고, 유교 제사상에 활용되면서 전 민중에게까지 전파되는 데에는 근 1천 년 이상이 걸렸다.

중국에서 전파된 음식상에서 국은 고기를 끓이거나 고기와 채소를 함께 끓인 다음, 주로 젓가락을 이용해 건더기를 먹는 음식이었다. 지금부터 무려 3천 년 전에 세워진 주나라의 초기 재상이었던 주공周公이 저술했다는 『의례』의 「공식대부례」에는 국의 종류가 제시되어 있다. 소고기 곰국인 경, 양고기 곰국인 훈, 돼지고기 곰국인 효, 간을 전혀 하지 않은 소고지 육즙인 읍, 소고기에 미역을 넣어 끓인 우형, 양고기에 씀바귀를 넣어 끓인 양형, 돼지고기에 고비나물을 넣어 끓인 시형이 당시 국의 종류였는데, 우형이나 양형, 시형은 고기와 채소를 넣어 함께 끓인 요즘 우리가 말하는 국에 해당하고, 경이나 훈, 효는 곰국이 된다.[8] 중요한 점은 모든 국에 고기가 들어갔다는 것이다. 국에 고기를 넣지 않고, 요즘 우리가 먹듯이 채소나 두부, 된장만을 넣고 끓이기 시작한 것은 중국에서도 불교가 국교화된 이후였다. 육류를 배제하고 국을 끓여 밥과 함께 먹는 변화는 중국의 남북조 시대에 나타났고, 이러한 채식 밥·국 음식상이 불교와 함께 한반도에 전해졌으며, 고려 시대에 일부 사람들에게 수용되었던 것으로 보인다.

중국에서는 당에서 송을 거치면서 식탁과 의자가 도입되었고, 좌식으로 독상을 받아 식사하던 방식이 여러 사람이 한 식탁을 둘러싸고 식사하는 방식으로 바뀌었다. 이 과정에서 밥이 주식으로 처음부터 국과 함께 제공되는 상차림이 사라지고, 일품요리들과 밥이 국과 함께 제공되는 방식으로 변했다. 아울러 조선이 건국될 무렵 중국에서는 숟가락이 거의 사라지고, 젓가락만을 활용하여 밥과 다른 일품요리를 먹었다.

조선이 수용한 유교 음식상은 당시 조선과 동시대에 존재했던 중국 명나라나 청나라의 음식 상차림이 아니라 중국 주나라에서 춘추전국 시대에 이르기까지 유행한 고대의 음식 상차림이었고, 상상의 음식 상차림이었다. 따라서 이를 현실화하기 위한 여러 노력이 필요했다. 왜 조선 사람들이 상상의 음식상을 실현시키고 일상에서 실천했는가는 조선이 추구한 도덕적 이상 국가 실현, 사람들의 평등성 실현과 관련이 있다고 생각된다.

국이 없는 병립형 음식상의 지속

조선이 수용한 상상의 유교 음식상 체계는 몇 가지 구성 요소를 갖추고 있다. 밥이 하나의 구성 요소이고, 국이 또 다른 구성 요소이며, 여타 반찬도 중요한 구성 요소를 이룬다. 이러한 구성 요소 중에서 하나를 다른 것으로 교체한다면 그 구조가 그대로 유지될 수 있을까? 쌀밥을 보리밥으로 대체하더라도 이 구조는 유지될 수 있다. 왜냐하면 범주로서의 밥은 우리가 주식으로 삼는 곡물을 끓이고 익혀서 먹는 음식을 말하는데, 구체적으로 쌀밥이나 보리밥, 조밥, 수수밥 등이 있을 수 있기 때문이다. 어떤 곡물로 했든 간에 관계없이 밥이 있고 채소나 고기를 물에 넣어 끓인 국이 있으면 상상의 유교 음식상은 성립된다.

중국 음식을 연구한 인류학자 장광지張光直; Chang K.C.는 중국 음식이 판飯(곡식과 기타 전분 음식)과 차이菜(채소와 고기 요리)로 구분된다고 본다. 판은 곡식을 알곡 그대로 혹은 분말로 요리한 것으로, 다양한 형태로 식사의 절반을 구성하며, 나머지 절반은 차이가 맡는다. 판은 쌀을 조리한 밥이나 밀 또는 좁쌀을 찐 것, 찐빵, 빙餅(밀가루로 만든 팬케이크류), 국수로 구성된다.[9] 이처럼 중국의 밥 범주에는 밀이나 여타 곡물로 만든 음식이 포함되는데, 이는 국수나 떡을 밥에 포함시키지 않는 한국과 구분된다.

이미 한나라 시절부터 밥과 국의 구조는 붕괴되기 시작하여 송나라에 이르러서는 중국의 실제 음식상에서 국이 사라진 구조, 즉 판-차이, 밥-반찬 구조로 바뀌었다. 현재 중국의 일상 음식상은 곡물 요리와 고기나 채소 요리가 하나의 음식상을 형성하고 있으며, 그 이전까지 중요한 위치를 점했던 국이나 밥도 전체 요리 중 하나, 주식 중의 하나로 변했다고 할 수 있다. 일본의 이시게 나오미치石毛直道는 벼를 재배하는 사회에서는 주식과 부식의 구분이 있다고 보고 밥이 주식화되었다고 설명하지만,[10] 쌀을 중시한 사회에서도 밥이 여타 음식과 함께 일품요리로 변화하는 것을 보아 도작 사회 전반에서 주식과 부식으로 이루어진 음식상 구조가 수용되었다고 보기는 어렵다. 주식과 부식의 구분이 한국에도 일정 부분 수용되고 있지만, 밥을 중심으로 한 이러한 범주 구분 방식이 한국의 모든 음식 상차림에 적용되지는 않는다.

한국의 전승된 음식상 구조에서 밥이 주식이고 나머지 반찬이 종속된다는 관점을 버리면 국 없는 음식상을 볼 수 있다. 밥이나 국수, 떡, 만두, 국밥, 고기 요리 등이 하나의 주된 음식의 위치를 차지하며, 김치도 하나의 요리가 된다. 필자는 한국의 음식상에는 상층에서 전파된 밥·국 음식상 외에 밥을 비롯한 다양한 주된 일품요리가 결합된 음식상이 존재했다고 본다. 즉, 한국 음식 상차림 구조는 중국에서 밥·국 음식상 구조가 전파된 이후 이원적으로 존재한 것이다.

중국 음식상이 밥·국·반찬 체계에서 밥·반찬 체계 혹은 일품요리 병렬 체계로 변했다면, 한국의 음식상은 어떻게 달라졌을까? 중국 음식상이 전파되기 이전의 한국 음식상 모습은 무속의 굿상에서 추론해 볼 수 있다. 굿에 여러 상이 차려지지만 다양한 신을 접대하는 굿상에 국이 올라가는 경우는 없다. 서울 굿을 대표하는 김유감의 진적굿에 차려진 여러 상에 탕이나 국은 일체 올라가지 않았다. 쌀이나 떡, 고기가 주를 이루며, 과자류나 부침개류 등이 중요하게 간주된다. 굿상에 밥이 올라가더라도 국이나 탕이 동반되지 않는다.[11]

이렇게 국이 배제된 상차림은 중국 유교 음식상이 전파되기 이

그림 3. 굿상(국립민속박물관)

전 한반도 사람들의 음식 상차림을 복원하는 데에 일정 부분 도움을 준다. 유교 음식상이 지배 헤게모니를 갖기 이전에 한국인은 상차림에서 국을 그다지 중요하게 여기지 않았다고 생각된다. 생쌀이나 생고기를 제외한 모든 음식에 간을 했으며, 각 음식은 그 자체로 주된 음식의 지위를 확보하고 있었고, 고기나 채소를 물에 끓여 만든 국이나 탕이라는 음식은 큰 의미가 없었던 것이다. '국'이나 '탕'이라는 글자가 한자어라는 점은 그 음식이 중국에서 전파되었다는 설을 뒷받침해 준다.[12]

신에게 올리는 음식상은 기본적으로 사람들이 먹는 음식상을 반영하기 때문에 무속 샤머니즘이 민속 종교로 지배적이었던 시절, 즉 불교나 유교가 도입되기 이전에 한국인들은 밥에 국을 반드시 동반하지 않았다. 아울러 여타 모든 음식은 그 자체로 하나의 주식일 뿐, 떡이나 쌀을 위한 종속적 지위를 갖지 않았다.

새로운 음식상의 출현과 발전

21세기를 살아가는 한국인의 상당수가 국물을 선호하고 밥을 국과 함께 먹는 민속문화가 이상형에서 기본형으로 내려온 지는 체계 음식상으로 200-300년, 민속 음식상으로 50-60년 정도 되었다. 중국에서 유교 의례를 통해 전파된 상차림의 이상형인 밥·국·반찬 체계가 기본형인 밥·반찬 체계 내지는 단일 요리 병립 체계와 충돌하다가 기본형으로 자리잡았던 것이다.

민속문화의 기본형으로 자리 잡는다는 것은 관습적이고 비의도적이고 비의식적인 실천의 대상이 되었음을 의미한다. 현대 한국인들은 밥을 짓고 국을 끓여 반찬과 함께 먹는 식사를 당연시한다. 밥·국·반찬 음식상과 이와 연관된 다양한 민속문화가 이제 주도적인 기본형이 된 것이다. 이러한 과정은 19세기 후반 혹은 20세기 들어서서 한국의 상당수 가정에서 유교적 제사가 보편화된 것과, 굿 음식상이 주도적 지위를 상실하는 과정 등과도 밀접한 연관을 지닌다. 1950년대 이후에는 체계 종교 차원에서 유교가 주도성을 상실했지만, 일상 민속 세계에서는 유교 음식상이 주도적 기본형으로 자리를 잡았다.

떡이나 국수, 죽 상차림은 밥 상차림과 별도의 상차림 구조로 현재까지 내려왔지만, 종속적 기본형으로 자리매김하고 있다. 떡이나 국수 등은 그 자체로 일품요리이기 때문에 여타 짠 반찬이 필요하지 않고, 음양론의 음식 철학으로 설명되지 않는 상차림이다.

20세기에 서구에서 직접 전파되었든가, 일본을 경유하여 간접적으로 전파된 서구식 음식상은 시간 전개적인 코스 요리로 특징되는데, 이러한 시간 전개형 음식상은 조선에서도 일부 의례 음식 제공에서 실천되었다. 아울러 서구식 음식 상차림은 모든 요리가 주요리라는 병립형 음식상으로 특징지어진다. 각각의 요리는 그 자체로 개성을 지녔으며 다른 요리에 종속되지 않는다. 이러한 서구식 음식상은 밥상을 제외한 한국의 다른 음식상에서 보이는 병립형 음식상과 구조상 유사하다. 21세기 한국에서는 밥·국 음식 상차림이 점차 쇠퇴하고, 또 다른 기본 음식상인 병립형 음식상이 서구에서 전파된 음식 상차림과 융합되면서 새롭게 발전하는 중이다. 이 발전이 어떤 가치와 결합할지는 아직 미래형이다. 자유라는 가치를 발현시키는 방향으로 발전하기를 기대한다.

1. 강정원, 「현대화와 민속세계, 민속문화」, 『현대화와 민속문화』(민속원, 2020).

2. Günter Wiegelmann, *Alltags-und Festspeisen in Mitteleuropa* (Waxmann, 2006).

3. 김상보, 『상차림 문화』(기파랑, 2010), 96-112쪽.

4. 김미영, 「제례음식의 규범과 토착화」, 『국학연구』 45(2021), 315쪽. 각종 의례에 국과 밥이 포함되어 있음을 보여 준다.

5. 『예기』 中, 개정증보판(이상옥 옮김, 명문당, 2014), 771-772쪽.

6. 조선농촌사회위생조사회 편, 『조선의 농촌위생: 경상남도 울산읍 달리의 사회위생학적 조사』(임경택 옮김, 국립민속박물관, 1939/2008), 119-127쪽.

7. 경성제국대학 위생조사부, 『토막민의 생활과 위생』(박현숙 옮김, 민속원, 2010), 198-203쪽.

8. 김상보, 『상차림 문화』, 96-112쪽.

9. K. C. Chang 외, 『중국음식문화사』(이시재 옮김, 일조각, 2020), 21-22쪽.

10. 이시게 나오미치, 『일본의 식문화사』(한복진 옮김, 어문학사, 2017), 255-257쪽.

11. 『무·국과 음식』 I(문화재연구소, 2005), 66-67쪽.

12. 김상보, 『상차림 문화』, 30쪽. 우리가 사용하는 '국'이란 단어는 읍(湇)의 고음인 '급'에서 변한 것이다. 읍은 고기 국물을 의미한다.

문화의 수용과 재창조

한자음 성조의 수용과 그 한국화 과정 — 성조에서 악센트로

뱀 의례와 한국 신화 네트워크

동서 철학의 만남 — 19세기 말 일본의 서양철학 수용과 이해

재즈, 미국 흑인 하위문화의 탈국가적 상상력

한자음 성조의 수용과 그 한국화 과정
— 성조에서 악센트로

이승재

중국의 한자를 수용한 기점은 광개토대왕릉비 제작 시(414)까지 거슬러 올라간다. 그 이후로 대략 1천여 년이 지난 조선 세종 때까지 꾸준히 한자와 한자음을 차용하여 언어 생활을 해왔다. 그런데 세종은 이 전승현실음을 이상적 규범에서 벗어난 것으로 보고, 과감하게 한자음 개혁을 단행했다. 『동국정운東國正韻』(1448)을 새로 편찬하여 표준음을 제시하고, 모든 텍스트에서 이를 드러내 보임으로써 널리 보급하려고 했다.

그러나 중국의 한어와 한국어는 언어유형론적으로 차이가 클 뿐 아니라 음운체계도 서로 다르다. 예컨대 한어에는 '귱, 돨, 솬, 줜, 어[ŋə]' 등의 음절이 있지만 한국어에는 없고, 한국어에는 '글, 놉, 몸, 봄, 옷' 등의 음절이 있지만 한어에는 없다. 현대 한국어에서 영어의 /p/와 /f/를 'ㅍ' 하나로 수용하고 /b/와 /v/를 'ㅂ' 하나로 대체하듯이, 한자음을 수용할 때에도 한국어의 음운론적 특성에 맞게 대체하여 수용하지 않으면 안 된다. 이 자국음 우선주의에 따르면 '귱, 돨, 솬, 줜, 어[ŋə]' 등은 각각 '경, 달, 산, 젼, 어' 등으로 수용하게 된다.

그런데도 세종은 중국의 『절운切韻』(601)의 체계에 맞추어 '釋譜詳節序'를 '·셕:봉썅·졇:쎵'이라 표기했다. 이는 영어의 /p/와 /b/를 각각 'ㅍ'과 'ㅂ'으로 수용하되, /f/와 /v/는 각각 'ㆄ'과 'ㅸ'으로 수용한 것과 같다. 이러한 표기에서는 이른바 원음原音이 표기 단위가 되는데, '·셕:봉썅·졇:쎵'이라는 표기에서 'ㅅ'과 'ㅆ'을 구별하고 한어의 평상거입平上去入의 사성四聲에 맞추어 방점을 찍은 것은 원음주의의 소산이다.

한어(또는 중국어)는 성조 언어이지만 한국어는 성조 언어가 아니다. 세종 때의 고유어가 성조 언어일지 악센트 언어일지 논의가 분분하지만 필자는 고저 악센트 언어였다고 본다. 이 글에서는 한어의 사성이 한국어의 악센트로 어떻게 변용되는지 그 과정을 추적할 것이다.

한자음으로 대상을 좁히면, 15세기 한국어는 상층어와 저층어의 이중 구조였음이 틀림없다. 저층 한자음은 8세기 이래로 한반도에서 사용해 온 전통적인 한자음을 가리킨다. 반면에 상층 한자음은 세종이 한글 창제와 더불어 새로 제정한 표준음을 가리킨다. 이 표준음을 정리한 책이 『동국정운』이고, 이 표준음을 흔히 '동국정운식 한자음'이라고 지칭한다. 세종은 표음문자인 훈민정음을 사용하여 기존의 전승 한자음을 개혁하려 했으므로, 이것은 위로부터의 인위적 개혁이다. 따라서 세종 때에는 전승되어 온 저층음과 이것을 개혁의 대상으로 삼은 상층음의 두 가지가 있었다는 것은 부인할 수 없다.

그런데 저층음이 어떤 것이었는지 그 실체는 얼른 드러나지 않는다. 고구려, 백제, 신라의 한자음이 동일했는지도 불분명할뿐더러 고려 시대에는 중국 운서의 반절反切을 그대로 인용했기에 전승음의 면모를 파악하기 아주 어렵다. 저층음의 전모는 『육조단경六祖壇經』(1496)을 낼 때 드러났으므로 시기적으로 아주 늦다. 반면에 상층음은 『동국정운』(1448)에서 첫선을 보였으므로 저층음보다 대략 50년 정도 먼저 등장했다.

저층음은 8세기 말엽에서 9세기 초의 당대음唐代音을 수용한 것이라는 견해가 가장 유력하지만 상층음, 즉 동국정운식 한자음은 어느 시기의 한어음漢語音을 모태로 하는지 아직 정설이 없다. 그 모태음을 밝히는 것이 이 글의 일차적 목표이고, 1448년의 상층음 성조가 시간의 흐름에 따라 어떻게 바뀌는지도 논의할 것이다. 또한 『육조단경』에서 처음 모습을 드러낸[1] 저층음 성조의 특징도 논의할 것이다. 요컨대, 한자음 중에서도 성조에 초점을 맞추어 한자음 수용의 역사적 전개 과정을 수용 양상이 다른 텍스트별로 정리하고자 한다.

『월인석보』의 한자음 성조

기존 연구에서는 한자음과 고유어의 방점을 나누어 논의해 왔으나, 여기에서는 이 둘을 모두 연구 대상으로 삼는다. 첫 번째로 논의할 텍스트는 초창기 한글 문헌[2]을 대표하는 『월인석보月印釋譜』(1459) 권1·2이다. 이 책에는 훈민정음 언해본이 합철되어 있고, 이 언해본에는 평상거입의 성조 기술이 나온다. 동국정운식 한자음, 즉 상층음을 가장 정확하게 표기한 것도 이 텍스트다.

(1) 훈민정음 언해본의 성조 기술

1. 一點 – 去聲 ·컹셩·은 ·ᄆᆞᆺ 노·ᄑᆞᆫ 소·리·오
2. 二點 – 上聲 :썅셩·은 ·처ᅀᅥ·미 ᄂᆞᆽ:갑·고 乃終 :냉즁·이 노·ᄑᆞᆫ 소·리·라
3. 無點 – 平聲 뼝셩·은 ·ᄆᆞᆺ ᄂᆞᆽ가·ᄫᆞᆫ 소·리·라
4. 加點강:뎜 同而促急똥ᅀᅵᆼ·쵹·급 – 入聲 ·십셩·은 ᄲᆞᆯ·리 긋ᄃᆞᆮ는 소·리·라

위의 기술은 한국 고유어와 차용 한자음에 공통적으로 적용된다. 이 기술에서 입성을 거성과 마찬가지로 1점으로 표기했다는 점에 주목할 필요가 있다[(1) 참조]. 『동국정운』에서 이미 모든 입성자를 1점으로 표기했는데[(2) 참조], 그 원인이 무엇인지 분명하지 않지만 『월인석보』 권1·2에서도 입성자의 성조를 항상 1점으로 표기했다[(3) 참조]. 거성과 입성이 하나로 합류한 셈인데, 중국의 4분법을 『동국정운』에서 3분법으로 수용한 것이라 할 수 있다.

(2) 『동국정운』의 성조 3분법

한어 중고음	平	上	去	入
동국정운음	평 (0점)	상 (2점)	거·입 (1점)	

『월인석보』 권1·2에 나오는 1,040자 중에는 두 가지 이상의 음가로 수용된 다음자多音字가 있는데, 다음자를 별개의 한자로 보아 나누어 계산하면 모두 1,064자가 된다. 아래에서는 '乾껀, 乾간'처럼 밑줄을 쳐서 다음자를 표시했다.

(3) 『월인석보』 권1 · 2의 한자음 방점(1,040/1,064자)

1. 평성 436/437자(99.8%) → 0점

   加강, 伽꺙, 嘉강, 訶항, 迦강, 家강, 干간, 艱간, 間/閒간, 甘감, 剛강, 江강, 開캥, 粳깅, 居겅, 磲껑, 乾껀, 乾간, 兼겸, 庚깅, 經경, 輕켱, 階갱, 高공, 公공, 供공, 邛꽁, (…) 兄휑, 形뼝, 乎홍, 呼홍, 胡홍, 弘횡, 洪홍, 紅홍, 和황, 花황, 華황, 歡환, 還환, 皇황, 黃황, 廻횡, 喉훙, 勳훈, 羲힁

   평성 1/437자(0.2%) → 2점, 毋:뭉

2. 상성 197/201자(98.0%) → 2점

   可:캉, 感:감, 減:감, 講:강, 去:컹[3], 擧:경, 蹇:건, 頃:큉, 境:경, 景:경, 警:경, 啓:켕, 癸:귕, 考:콩, 苦:콩, 鼓:공, 瞽:공, 孔:콩, 果:광, (…) 解:갱, 幸:힝, 許:헝, 逈:훵, 好:홍, 怙:홍, 浩:홍, 火:황, 禍:황, 曉:홍, 后:훙, 後:훙, 吼:훙, 朽:훙, 喜:힁

   상성 4/201자(2.0%) → 1점, 並/竝·뼁, 蘊·운, 隱·흔, 撰·쫜

3. 거성 246/247자(99.6%) → 1점

   暇·항, 駕·강, 慨·캥, 盖/蓋·갱, 更·깅, 去·컹, 據·겅, 偈·꼥, 見·견, 竟·경, 慶·켱, 敬·경, 競·껑, 界·갱, 戒·갱, (…) 驗·엄, 現·현, 慧·쀙, 號·홍, 護·홍, 化·황, 幻·환, 喚·환, 會·횡, 繪·횡, 孝·홍, 效/効·홍, 睺·훙, 訓·훈, 諱·휭

   거성 1/247자(0.4%) → 2점, 統:통

4. 입성 179/179자(100%) → 1점

   刻·큭, 各·각, 覺·각, 曷·핤, 竭·꿣, 甲·갑, 劫·겁, 擊·격, 决/決·궗, 結·겷, 訣·궗, 曲·콕, 穀·곡, 斛·혹, 骨·곯, 廓·곽, 藿·확, 括·괋, 國·귁, 窟·콣, 闕·궗, 極·끅, (…) 擇·떡, 特·뜩, 八·밣, 輻·복, 必·빓, 學·혹, 合·햅, 脇·헙, 頰·겹, 惑·획, 活·횛, 黑·흑

『월인석보』 권1·2에 나오는 1,064자 중에서 한어 중고음이 평성인 것은 모두 437자인데, 이 중에서 436자의 방점이 0점이다. 평성의 99.8%가 0점으로 수용되었다. 마찬가지 방법으로 상성의 98.0%가 2점으로 수용되고, 거성의 99.6%가 1점으로 수용되었다. 더욱이 중고음의 입성은 179자 모두(100%)가 1점으로 수용되었다. 이 일치율은 『동국정운』 한자음의 성조가 한어 중고음의 성조에 기반을 두고 있음을 증명해 준다.

예외적으로 수용된 것은 모두 6자, 즉 0.6%에 불과하다. 결론적으로 한어 중고음과 『동국정운』 한자음의 성조가 99.4%의 일치율을 보이므로, 우리는 『동국정운』 한자음의 성조가 한어 중고음의 성조에서 비롯되었다고 확신한다.

그런데 한어 중고음은 위진남북조 시대에서 북송 시대까지, 즉 3-4세기부터 12세기까지의 한어음을 포괄하므로, 『동국정운』의 한자음이 구체적으로 어느 시기의 한어음을 반영한 것인지 그 시기를 더 한정할 필요가 있다. 이것을 논의하기 위해 『동국정운』의 초성과 필자가 저서 『전기 중고음前期 中古音』(2018)에서 논의한 전기 중고음의 성모(또는 초성)를 대비해 보기로 한다. 131쪽 표의 見母[k]에서 '107/107'로 제시한 것은 『월인석보』 권1·2에 나오는 1,064자 중에서 견모자見母字가 107자인데, 107자 모두에서 見母[k]가 'ㄱ'으로 수용되었음을 뜻한다.

(4) 『동국정운』의 중고음 성모 수용 양상(규칙적 수용, 99.2%)

성모 \ 언어	전기 중고음	『월인석보』의 동국정운음	15세기 말엽의 전승현실음
見[k]	見/k/	ㄱ (107/107)	ㄱ
溪[kʰ]	溪/kʰ/	ㅋ (25/25)	
群[g]	群/g/	ㄲ (21/21)	
疑[ŋ]	疑/ŋ/	ㆁ (35/36)	ㅇ
云[ɦ]	云/ɦ/	(22/26)	
影[ʔ]	影/ʔ/	ㆆ (45/45)	
匣[ɦ]	匣/ɦ/	ㆅ (51/53)	ㅎ
曉[h]	曉/h/	ㅎ (29/29)	
透[tʰ]	透徹/tʰ/	ㅌ (19/19)	ㅌ
徹[ʈʰ]		(2/2)	
端[t]	端知/t/	ㄷ (27/27)	ㄷ
知[ʈ]		(16/16)	
定[d]	定澄/d/	ㄸ (44/45)	
澄[ɖ]		(17/17)	
泥[n]	泥娘/n/	ㄴ (17/17)	ㄴ
娘[ɳ]		(2/2)	
來[l]	來/l/	ㄹ (63/63)	ㄹ
羊[j]	羊/j/	j/ㅠ (37/38)	j
日[ɲ]	日/n/	ㅿ (20/20)	ㅿ, ㅇ
心[s]	心/s/	ㅅ (45/45)	ㅅ
生[ʂ]	生/ʂ/	(19/19)	
書[ɕ]	書/ɕ/	(27/27)	
邪[z]	邪/z/	ㅆ (14/14)	
常[ʑ]	常俟/ʑ/	(30/30)	
俟[ʐ]		(0/0)	
崇[ɖʐ]	船崇/dʑ/	(3/4)	
船[dʑ]		(10/10)	

언어 성모	전기 중고음	『월인석보』의 동국정운음	15세기 말엽의 전승현실음
從[ʣ]	從/ʣ/	ㅉ (27/27)	ㅈ
精[ʦ]	精/ʦ/	ㅈ (35/35)	
莊[ʈʂ]	莊/ʈʂ/	(2/2)	
章[ʨ]	章/ʨ/	(42/42)	
昌[ʨ^{h}]	昌/ʨ^{h}/	ㅊ (12/12)	ㅊ
初[ʈʂ^{h}]	淸初/ʦ^{h}/	(5/5)	
淸[ʦ^{h}]		(27/27)	
明[m]	明微/m/	ㅁ (39/39)	ㅁ
微[ɱ]		(14/14)	
奉[v]	並奉/b/	ㅃ (16/16)	ㅂ
並[b]		(21/21)	
非[f]	幫非/p/	ㅂ (18/18)	ㅂ
幫[p]		(34/35)	ㅂ, (ㅍ)
敷[f^{h}]	滂敷/p^{h}/	ㅍ (5/5)	ㅂ
滂[p^{h}]		(8/8)	ㅂ, ㅍ

위의 동국정운음 열에 수치로 제시된 것처럼, 대부분의 한어 성모가 규칙적으로 수용된다. 見母[k]는 107자 모두 'ㄱ'으로 수용되고, 匣母[ɦ]는 53자 중에서 51자가 'ㆅ'으로 수용되며, 常母[ʑ]는 30자 모두 'ㅆ'으로 수용된다. 중고음 성모의 수용에서 예외적으로 수용된 것은 전체 1,064자 중에서 1.0%인 11자에 불과하다. 이 예외를 정리하면 아래와 같다.

(5) 성모의 예외적 수용(11/1,064자, 1.0%)

1. 疑母[ŋ] → ㅇ, 1/36 (堯[疑中4平蕭] 욯)
2. 云母[ɦ] → ㅇ, 3/26 (焉[云開B平仙] 언, 位[云合B去脂] ·윙, 爲[云合B去支] ·윙)
   → ㆆ, 1/26 (域[云合C入蒸] ·퀵)
3. 定母[d] → ㄷ, 1/45 (錠[定開4去青] ·뎡)
4. 羊母[j] → ø, 1/38 (婬[羊中AB平侵] 음)
5. 崇母[dʐ] → ㅉ, 1/4 (撰[崇合2上删] ·쫜)
6. 幇母[p] → ㅍ, 1/35 (編[幇中4平先] 편)
7. 匣母[ɦ] → ㄱ, 2/53 (降[匣中2平江] ·강, 解[匣開2上佳] :갱)

이 중에서 밑줄 친 '焉, 爲, 撰, 編'은 한어 중고음에서 다음자이지만 예외적으로 수용된 예이고, '堯, 位, 域, 錠, 婬'은 다음자가 아닌데도 예외적으로 수용되었다. 한어 중고음의 성모가 동국정운식 한자음에서 예외적으로 수용된 것은 1,064자 중 11자(1.0%)에 불과하다.

한어 중고음과 동국정운음이 성조에서 일치하는 비율이 99.4%인데, 성모에서도 일치율이 99.0%이다. 이것은 동국정운음이 한어 중고음을 모태로 한다는 결정적 증거가 될 것이다.

(5)의 대응표에서 주목해야 할 것은 한어 유성음의 수용 양상이다. 동국정운음에서 群母[g]가 'ㄲ'으로, 匣母[ɦ]가 'ㆅ'으로, 定母[d]·澄母[ɖ]가 'ㄸ'으로, 邪母[z]·常母[ʑ]·崇母[dʐ]·船母[dʑ]가 'ㅆ'으로, 從母[dz]가 'ㅉ'으로, 奉母[v]·並母[b]가 'ㅃ'으로 수용된다. 이들 각자병서各自並書 'ㄲ, ㆅ, ㄸ, ㅆ, ㅉ, ㅃ'이 15세기 말엽 이후의 전승 현실음에서는 각각 'ㄱ, ㅎ, ㄷ, ㅅ, ㅈ, ㅂ'으로 바뀌어 표기된다.

이처럼 『동국정운』에서 한어 전탁음全濁音(즉 유성음)을 모두 각자병서(즉 유성음)로 표기한 것은 7세기 이전의 한어음을 수용한 것이라고 할 수 있다. 한어 중고음에서 7세기까지는 유성음이 음운론적 대립 기능을 가지고 있었지만, 8세기부터는 탁음청화濁音淸化, devoicing가 일어나 유·무성 대립이 점차 사라진다. 이것을 대변해 주는 변화로, 『일본서기』(720)의 가요 표기에서 청탁대립, 즉 유·무성 대립이 사라진 것을 들 수 있다.[4] 이 변화를 기준으로 삼으면 『동국정운』 한자음의 각자병서는 7세기 이전, 즉 전기 중고음의 유성음을 충실히 반영한 것이다.

반면에 15세기 말엽 이후에 등장하는 전승현실음에서는 유성음 표기인 각자병서가 모두 사라지므로 8세기 이후의 후기 중고음을 반영한 것이다. 더 구체적으로 말하면 『동국정운』 한자음은 601년에 편찬된 『절운切韻』의 한어음 또는 전기 중고음을 연구한 결과인데에 비하여, 15세기 말엽 이래의 전승현실음은 8세기 이후의 한어음, 즉 후기 중고음이 그 모태가 된다.

『월인석보』 권1·2에는 아주 많은 양의 한자어가 나오고, 개별 한자에 일일이 독음이 달려 있다. 한자음의 성조는 방점으로 표기했는데, 이 방점이 성조를 표기한 것일까, 아니면 악센트를 표기한 것일까? 전기 중고음의 성조를 그 바탕에 두고 있으므로 『월인석보』 권1·2의 한자음 방점이 성조를 표기한 것임이 분명하다. 다만, 평상거입의 사성을 0점의 평성, 2점의 상성, 1점의 거성·입성으로 보아 3분법으로 재편한 것이 중국과 다르다. 입성자의 방점이 항상 1점이라는 점을 다시 강조해 둔다.

한자의 방점이 성조를 표기한 것이라는 사실은 거성불연삼去聲

不連三이 한자어에는 적용되지 않는다는 점으로도 증명된다. 거성불연삼은 음의 고조高調가 세 음절 연속되는 것을 회피하는 제약인데,[5] 이 거성불연삼이 고유어에만 적용되고 한자어에는 적용되지 않는다. 중국의 한어에서도 고래부터 현재까지 이 제약이 적용된 바 없다.[6] 따라서 『월인석보』 권1·2의 한자음 방점은 성조를 표기한 것이 분명하다.

『월인석보』 권1·2에 나오는 1,040/1,064자 전체에서 한자음 성조가 동요하지 않는데, 이것은 뒤집어 말하면 개별 한자의 성조가 딱 하나로 고정된다는 것을 뜻한다. 우리는 이것을 '성조 고정의 원칙'이라고 부른다. 다음자는 서로 다른 별개의 한자로 나누고 표기 오류를 논의 대상에서 제외하면 이 원칙이 성립한다.

(6) 성조 고정의 원칙

> 하나의 한자는 하나의 성조만을 가진다.

한자어의 성조는 뒤에 오는 한국어의 문법 형태인 조사나 어미의 영향을 받지 않는다. 한자어에 주격조사 '-·이', 대격조사 '-·올/·롤', 처격조사 '-·에', 여격조사 '-·씌', 속격조사 '-·의/·의' 등이 통합되거나 '호·고, 조·차' 등이 통합되어도 한자어의 성조에는 변동이 없다. 예컨대 '萬法·먼·법·의'와 '四衆·승·즁·은'에서 1점이 세 번 연속되지만 이들의 '·법'이나 '·즁'이 0점으로 바뀌지 않는다. 즉, 고조불연삼이 한자어에는 적용되지 않는다.

이것은 한자음이 고유어의 조사나 어미와 분리되어 있었다는 것과 한자어가 대부분 명사로 취급되었다는 사실을 말해 준다. 한자음과 고유어는 분리되어 있으므로 서로의 방점에 영향을 미치지 않는다. 고유어 명사의 악센트는 후속하는 조사의 영향을 받지 않고 원래의 악센트를 그대로 유지하는데, 한자어도 이와 마찬가지이다. 이것은 '萬法·먼·법·의'의 성조 배당 단위를 '[萬法·먼·법]$_{N}$# [·의]$_{CM}$'의 둘로 나눌 수 있음을 뜻한다. 이때의 '[ ]'는 하나의 문법 범주이면서 동시에 성조 배당의 단위가 되고, 단어 경계 '#'는 이접구성離接構成, disjunctive construction임을 뜻한다.

한자어의 바로 뒤에는 동사 'ᄒᆞ/·ᄒᆞ-', 계사 '·이-', 조사류 등의 세 가지가 통합된다. 이들 구성을 모두 검토해 보았더니, 성조·악센트 배당에서 선행 한자음과 고유어의 'ᄒᆞ/·ᄒᆞ-, ·이-' 등은 항상 이접구성이다. 선행 한자음과 고유어의 각종 조사류도 역시 이접구성이다. 이것은 초분절음소supra-segmental phoneme에서 한자어와 고유어 형태가 엄격하게 분리되어 있음을 뜻한다.[7] 이 분리 상황을 표시하는 방법으로 우리는 '성조#악센트'를 택한다. 예컨대, '訓·훈·은'과 '民민·ᄋᆞᆫ'의 기저형은 각각 h#「○#와 l#「○#이고, '易習·잉·씹·ᄒᆞ·야'의 기저형은 hh#「○○#이며, '江南강남·이·라'의 기저형은 ll#「○○#이다.

h 또는 H는 음역이 높은 고조高調, high를 뜻하고, l 또는 L은 음역이 낮은 저조低調, low를 뜻한다. 소문자 h와 l은 기저형 표시에, 대문자 H와 L은 표면형 표시에 사용한다. 김주원(1995)은 첫 번째 H가 나온 이후의 모든 고유어 음절은 음운론적으로 H로 실현된다고 했는데, 우리는 이것의 기저형을 「○○#, 「○○○# 등의 상승 악센트로 표시한다.

한자어는 대부분 동사 'ᄒᆞ/·ᄒᆞ-'나 계사 '·이-'가 통합됨으로써 비로소 서술어의 기능을 가지게 된다. 이때에 한자어가 'ᄒᆞ/·ᄒᆞ-' 또는 '·이-'와 이접離接하므로 서로 간에 영향을 미치지 않는다. 한자어는 한자어대로 성조를 가지고, 동사 'ᄒᆞ/·ᄒᆞ-'와 계사 '·이-'로 대표되는 고유어는 각자의 고유어 악센트를 가진다. 예컨대 '發願·벓·원·호·ᄃᆡ〈二9〉'에서 성조언어의 hh와 악센트언어의 「○○가 통합되어 기저형이 hh#「○○#가 되는데, 이런 초분절음소 체계는 세계적으로도 유례를 찾아볼 수 없는 희귀한 예라고 할 수 있다.

이때 놓쳐서는 안 될 것이 있다. 서로 다른 체계인 성조와 악센트를 모두 방점으로 표기함으로써 단일한 초분절음소 체계인 것처럼 표기하는 데에 성공했다는 점이다. 방점 표기의 첫 번째 시도자가 세종인지 알 수 없지만, 방점은 성조언어에도 부합하고 악센트언어에도 부합하는 절묘한 표기 방법이었다.

고유어에서는 고조불연삼이나 어말저조화語末低調化가 일어나지만 한자어에서는 이들이 적용되지 않는다는 점을 논거로 삼아, 한자음은 성조를 가지고 개별 한자의 성조는 항상 하나로 고정된다는 원칙을 세웠다. 반면에 고유어는 성조가 아니라 악센트를 가진다. 단독형의 방점을 음절 수별로 정리해 보면 모두 상승 악센트를 가진다는 사실이 드러난다. 예컨대 2음절 단어는 「○○, ○「○, ○○「의 세 가지 악센트 중에서 어느 하나에 속하고, 3음절 단어는 「○○○, ○「○○, ○○「○, ○○○「의 네 가지 악센트 중에서 어느 하나에 속한다.[8]

결론적으로 『월인석보』에서는 한자음 성조와 고유어 악센트라는 두 가지 초분절음소가 공존한다. 그러면서 이 둘은 서로 영향을 미치지 않으므로, 한자어와 이에 후속하는 각종의 조사, 동사 'ᄒᆞ-',

계사 '이-'는 항상 이접구성이다.

『남명집』의 한자음 성조

『남명집南明集』은 성종 13년(1482)에 간행되었다. 번역자인 학조대사學祖大師는 세조 때부터 각종 불경 번역에 참여해 왔던 대표적 학승이므로, 『남명집』의 언어는 언어학적 가치가 특히나 크다고 할 수 있다. 『남명집』의 언어 중에서 특히 주목해야 할 것은 방점 표기다. 주해의 언해 부분에 ':둘짯 句·궁ᄂᆞᆫ, :셋짯 句·궁ᄂᆞᆫ, :넷짯 句·궁ᄂᆞᆫ' 등이 반복적으로 나오는데, 주제 보조사 '-ᄂᆞᆫ'의 방점이 165회 모두 0점으로 표기된다는 점이 눈길을 끈다. 세조 때의 『월인석보』에서는 주제 보조사가 1점의 '-·ᄂᆞᆫ'이었는데, 성종 때의 『남명집』에서는 0점의 '-ᄂᆞᆫ'으로 바뀐 것이다. 이것을 그대로 신빙한다면 어말 위치에서 고조가 저조화하는 변화가 1482년[9] 무렵에 완성되었다고 기술해야 한다.

세조 때의 『월인석보』에서 고조불연삼이 완성되었고, 수의적으로 적용되던 어말저조화가 『남명집』에서 완성된다. 따라서 1482년에는 고유어에 적용되는 이 두 변동 규칙이 하나의 규칙으로 묶인다.

(7) 고조불연삼과 어말저조화의 단일 규칙성

$$H \rightarrow L \,/\, H\_\{ \begin{smallmatrix} H \\ \# \end{smallmatrix} \}$$

중요한 것은 어말저조화 규칙이 한자어 뒤에서도 적용된다는 점이다. 그런데 어간이 고유어이면 어말저조화가 거의 필수적이지만, 한자어이면 규칙 적용이 수의적이라는 차이가 드러난다. 성종 때의 『남명집』에서 조사류의 어말저조화 준수율을 정리하면, 고유어 뒤에서는 98.8%이지만, 한자어 뒤에서는 77.3%이다. 이 수치는 고유어에 한정하여 적용되던 어말저조화가 한자어로 확장되어 적용되었음을 뜻한다.

(8) 『남명집』의 조사별 어말저조화 준수율(%)

조사 \ 어휘 범주		고유어	한자어
		98.8 (754/763)	77.3 (429/555)
주제보조사	'-ᄂᆞᆫ/ᄋᆞᆫ'	100.0 (136/136)	94.1 (80/85)
주격조사	'-이'	99.0 (198/200)	76.0 (76/100)
대격조사	'-를/을'	100.0 (24/24)	100.0 (9/9)
	'-ᄅᆞᆯ/ᄋᆞᆯ'	99.4 (180/181)	80.4 (119/148)
속격조사	'-ᄋᆡ/의'	90.9 (11/12)	92.3 (12/13)
처격조사	'-애/에/예'	99.1 (109/110)	68.2 (75/110)
동반격조사	'-과/와'	96.6 (56/58)	69.1 (47/68)
구격조사	'-로'	93.3 (28/30)	91.7 (11/12)
	매개모음 '-ᄋᆞ-'	100.0 (12/12)	0.0 (0/10)

앞에서 이미 말한 것처럼, 세종과 세조 때까지의 문헌에서는 한자의 성조가 고유어의 성조에 영향을 미치는 예가 없었다. 그런데 성종 때의 『남명집』 한자어에서는 각종 조사류의 성조가 선행 한자

의 성조에 연동되어 변동한다. 앞에 온 한자의 성조가 평성이면 조사가 기저의 고조를 그대로 유지하지만, 측성이면 조사의 고조가 어말저조화를 겪어 저조로 바뀐다. '法·법'을 예로 들어, 세종·세조 때와 성종 때의 통시적 변화를 기술하면 아래와 같다.

(9) 한자어 성조의 통시적 변화

1. 세종·세조 때: 이접구성

① [[法·법]$_{SK}$#[·은]#] → ② [法·법]$_{SK}$#[·은]# → ③ 法·법·은

기저형 h#ᒥ○# 성조#악센트 h#ᒥ○# 어말저조화(×)

2. 성종 때: 연접구성

① [[法·법]$_{SK}$+[·은]#] → ② [法·법+·은]# → ③ 法·법은

기저형 ᒥ○+ᒥ○# 단일 악센트 ᒥ○ ○# 어말저조화(○)

(9.1)에서는 한자와 고유어 조사가 음운론적으로 분리되어 있는 [法·법]$_{SK}$#[·은]#의 상황, 즉 [法·법]과 [·은]이 단일 악센트로 묶일 수 없는 h#ᒥ○# 상황이다. 반면에 (9.2)에서는 한자와 고유어 조사가 서로 연결된 상황, 즉 [法·법]과 [·은]이 단일 악센트인 ᒥ○ ○#으로 통합된 상황이다. 별개의 '성조#악센트'로 분리되어 있던 [한자]#[조사]#의 구조가 하나의 악센트인 ᒥ○ ○#로 묶이게 된 것은 아주 큰 변화다. 우리는 이 변화를 아래와 같이 정리한다.

(10) 한자음 성조의 악센트화

1. 한자음 측성의 고조화: 상·거·입성 → ᒥ○(상·거·입성의 ᒥ○ 악센트화)

2. 한자음 평성의 저조화: 평성 → ○ᒥ(평성의 ○ᒥ 악센트화)

이 변화의 원인은 외래적인 한자가 마치 고유어의 일종인 것처럼 인식되기 시작했다는 데에서 찾아야 할 것이다. 즉, 성조 체계에 속하던 한자음 성조가 고유어의 악센트 체계에 동화됨으로써 한자음 측성仄聲은 「○ 악센트를 가지고 한자음 평성平聲은 ○「 악센트를 가지게 되었다.

이처럼 한자음 성조가 악센트로 바뀌었다고 기술할 때 주의해야 할 것이 있다. 첫째는 한자음 성조의 악센트화가 한자어의 마지막 위치로 한정되어 일어난다는 점이다. 한자어의 마지막 한자음만이 조사나 어미 등의 고유어 악센트에 영향을 미치기 때문이다. 둘째는 한자음의 측성은 상·거·입성을 두루 포괄하므로 134+164+131자, 즉 429자가 모두 「○ 악센트를 가지고, 한자음 평성은 368자가 모두 ○「 악센트를 가지게 된다는 점이다. 모든 한자는 이론적으로 모든 한자어의 마지막 위치에 올 수 있기 때문이다. 따라서 모든 한자음의 성조가 한자어의 마지막 위치에서는 위의 (10)에 정리한 것처럼 악센트로 바뀐다고 일반화할 수 있다.

위에서 '文字문·쫑·와·로〈훈민1〉'와 같은 표기는 세계적으로도 유례를 찾을 수가 없다고 한 바 있다. 공존하는 성조와 악센트를 단일 표기 체계인 방점으로 두루 아울러 표기했기 때문이다. 이제 여기에 한 가지를 더할 수 있게 되었다. 세종과 세조 때의 한자음에서는 초분절음소가 성조였지만, 성종 때에는 한자어의 마지막 한자음이 고유어의 악센트 체계에 동화·편입되어 새로이 악센트를 가지게 되었다. 적용 환경이 부분적이지만 이 '성조 〉 악센트'의 변화는 역시 세계적으로도 유례를 찾을 수 없으므로 언어학적으로 아주 흥미로운 연구 대상임이 분명하다.

『남명집』에서는 어말저조화 규칙이 필수적으로 적용됨으로써 고유어 표면형에서 HH#가 사라진 상태다. 2음절 단독형이 HH#로 실현된 것이 거의 없으므로, 2음절어의 표면형을 HL#, LH#, LL#의 3종이라고 해도 무방하다. 『월인석보』와 『남명집』의 표면 음성형 차이를 간단히 정리하면 아래와 같다.

(11) 문헌별 2음절 단독형의 표면음성형 차이

기저 악센트 / 문헌	˹○○#		○˹○#	○○˹#
『월인석보』	HH#	HL#	LH#	LL#
『남명집』	HL#		LH#	LL#

위와 같이 정리할 때 모든 HH가 『남명집』에서 사라진 것으로 확대 해석하면 안 된다. 예컨대 4음절어인 ':놀·라니·라〈47〉, :어·엿브·다〈60〉, :더·러오·며〈42〉, :사·ᄅᆞ미·오〈67〉, :사·ᄅᆞ밀·ᄉᆡ〈68〉' 등에서 HH의 연쇄가 가능하기 때문이다. (11)의 정리는 2음절 단독형으로 한정된다는 점을 강조해 둔다.

『육조단경』의 한자음 성조

『육조단경六祖壇經』(1496)의 언해는 학조學祖가 담당했을 가능성이 크다.[10] 그런데 마침 위에서 분석한 『남명집』의 언해자가 학조이므로 『육조단경』은 더없이 귀중한 문헌이다. 1482년에서 1496년까지 14년 동안 학조의 개인어가 그대로 유지되었는지, 변했다면 어떻게 변했는지를 검증할 수 있기 때문이다.

위의 (4)에서 15세기 말엽의 전승현실음에 정리한 것처럼, 『육조단경』 한자음에서 가장 중요한 것은 각자병서 'ㄲ, ㄸ, ㅃ, ㅆ, ㅉ, ㆅ' 등을 'ㄱ, ㄷ, ㅂ, ㅅ, ㅈ, ㅎ' 등으로 바꾸어 표기했다는 점이다. 전승현실음에 유성음과 무성음의 구별이 없었으므로 유성음을 표기하는 각자병서를 버린 것이다. 『육조단경』이 상층의 동국정운식 한자음을 버리고 그 대신에 저층의 전승현실음을 반영하므로, 기존의 연구에서는 『육조단경』 이후의 한자음이 진정한 의미의 한국 한자음이라고 지칭한다.

그러나 초분절음소를 표기하는 방점에서는 사정이 달라진다. 『육조단경』의 고유어에서는 어말평성화가 거의 완성되었는데, 어찌된 일인지 한자어 뒤에서는 어말평성화를 거부한다. 이 거부는 『월인석보』의 상태로 회귀한 것으로서 『육조단경』의 한자음 성조가 보수적·복고적이었음을 말해 준다. 이처럼 『육조단경』에서는 각자병서와 같은 분절음 차원에서는 개신적이었지만, 한자음 성조와 같은 초분절음 차원에서는 보수적이었다. 이 차이를 무시하고 분절음 차원의 기술에만 머문다면, 『육조단경』의 전모를 종합적으로 파악했다고 할 수 없다.

한어 중고음의 성조를 『육조단경』에서 어떻게 수용했는지를 정리하면 아래와 같다.

(12) 한어 중고음 성조의 수용 양상

1. 평성 → 0점 (341자, 98.8%)
   평성 → 2점 (3자, 0.9%) 居 璩 耆
   평성 → 1점 (1자, 0.3%) 般
2. 상성 → 2점 (113자, 73.9%)
   상성 → 1점 (37자, 24.2%)

상성 → 0점 (3자, 2.0%) 罔 髓 耳

3. 거성 → 1점 (51자, 23.0%)

거성 → 2점 (163자, 73.4%)

거성 → 0점 (8자, 3.6%) 降 誑 貌 性 授 措 妬 慧

4. 입성 → 1점 (137자, 95.8%)

입성 → 0점 (6자, 4.2%) 決 法 識 業 一 學

『월인석보』와 『남명집』에서는 한어 중고음의 거성이 1점으로 수용되는 것이 원칙이었다. 그러나 『육조단경』에서는 (12.3)에서 볼 수 있듯이 1점으로 수용된 거성은 전체 222자 중에서 51자, 즉 23.0%에 불과하다. 2점으로 수용된 것이 163자, 즉 73.4%나 되므로, 『육조단경』에서는 상성과 거성의 음운론적 대립이 완전히 무너졌다고 보아야 한다. 『육조단경』의 한자음에서 특히 중요한 것 중 하나가 상거무별上去無別의 완성이라고 할 수 있다.

그런데 『육조단경』에 와서 갑자기 상거무별이 완성되었다는 섯이 얼른 이해가 되지 않는다. 언어 변화의 점진성을 염두에 둔다면 이 변화는 너무나 갑작스러운 변화라 믿기지 않는다.

기존의 연구에서는 이 급진적 변화를 다음과 같이 설명한다. 기존의 동국정운식 한자음은 지나치게 인위적·급진적이었고 위로부터의 개혁이었으므로 언중의 지지를 얻지 못했다. 상층어의 일종인 동국정운식 한자음이 자리를 잡지 못하여 저층어의 일종인 전승현실음이 언중의 지지를 얻어 표기의 대상으로 부상하게 되었다. 표기 대상이 상층어에서 저층어로 교체되는 과정에서 급진적 언어 변화가 일어난 것처럼 보일 뿐이지, 실질적인 언어 변화가 일어난 것은 아니다.

그런데 표기의 대상이 상층어에서 저층어로 교체된 것은 사실이지만 그 대상이 한자어로 한정된다는 점에 주목할 필요가 있다. 고유어에서는 '동국정운식 한자음 > 전승현실음'의 교체에 해당할 만한 급진적 변화가 얼른 눈에 띄지 않는다. 고유어를 중심으로 1482년의 『남명집』과 1496년의 『육조단경』의 언어를 대비해 보면 큰 차이가 없다. 따라서 이 급진적 변화는 한자음에서만 일어났다고 한정할 필요가 있다.

고유어에서는 언중의 저층어에 대립하는 상층어를 상정하기 어려웠는데, 최근에 왕실의 언어를 상층어로 가정하는 견해가 제시되었다. 최명옥의 2019년 연구에서 15세기의 방점이 왕실어의 성조를 표기한 것이고, 한양 중심의 언중 언어, 즉 저층어에는 성조가 없었다고 주장된 것이다.[11] 이에 따르면 방점이 찍힌 15-16세기 문헌의 언어는 상층의 왕실어를 표기한 것이고, 한양 중심의 저층어는 16세기 중엽 또는 말엽에 비로소 표기의 대상이 된다.

이 주장은 성조 언어가 비성조 언어로 교체된 예가 동서고금을 막론하고 확인되지 않는다는 데에 근거를 두고 있다. 그러나 원래는 고저 악센트 언어였던 고대 그리스어가 5세기경에 강약 악센트로 바뀐 것을 고려하면, 성조 언어가 비성조 언어로 교체될 수 있다고 보아야 한다. 또한 15세기 왕실어의 성조가 함경도 방언의 성조에 기원을 두고 있는 것처럼 기술했지만, 이 둘 사이에 분명한 차이가 있다. 『월인석보』와 『남명집』에서는 분명히 HH의 연쇄를 허용하지만, 현대의 함경도 방언에서는 이 연쇄를 허용하지 않는다.[12] 오히려 HH의 연쇄를 허용하는 방언은 경북 방언이다.[13] 이런 문제로 필자는 최명옥의 논의를 수용하지 않는다.

위에서 이미 말한 것처럼 『육조단경』의 한자어 뒤에서는 고유어 조사류가 항상 고조를 유지함으로써 저조화하는 일이 없다. 한자어 뒤에서는 어말저조화가 일어나지 않는다. 이것은 『육조단경』의 한자음이 『남명집』과 같이 행동하는 것이 아니라 『월인석보』와 같이 행동한다는 것을 뜻한다. 위 (10)에 정리한 것처럼 한자음이 『월인석보』에서 성조를 가지다가 『남명집』에서 악센트를 가지는 변화가 일어났다고 했는데, 다시 강조하거니와 『육조단경』에서는 반동적으로 『월인석보』의 성조 상태로 회귀했다.

『별행록』의 한자음 성조

당나라의 종밀宗密이 지은 『법집별행록法集別行錄』(1522)에 고려의 보조국사 지눌知訥이 개인적으로 풀이한 사기私記를 달았는데, 이것을 언해한 책을 『별행록절요언해別行錄節要諺解』 또는 줄여서 『법집별행록』, 『별행록』이라 지칭한다. 성암문고에 소장된 『별행록』은 1522년에 간행되었고, 그 방점 표기가 최세진崔世珍의 『훈몽자회訓蒙字會』(1527)와 달리 상당히 무질서하다.[14] 최세진의 표기가 전통적·규범적이라고 하면 『별행록』의 표기는 혼란의 극치를 보여 준다.

한어 중고음의 성조를 『별행록』에서 어떻게 수용했는지를 정리하면 아래와 같다.

(13) 한어 중고음 성조의 수용 양상

1. 평성 → 0점 (153자, 93.9%)
   평성 → 2점 (3자, 1.8%)
   평성 → 1점 (7자, 4.3%)
2. 상성 → 2점 (33자, 28.2%)

상성 → 1점 (50자, 42.7%)
상성 → 0점 (34자, 29.1%)
3. 거성 → 1점 (77자, 51.7%)
거성 → 2점 (36자, 24.2%)
거성 → 0점 (36자, 24.2%)
4. 입성 → 1점 (60자, 58.3%)
입성 → 2점 (21자, 20.4%)
입성 → 0점 (22자, 21.4%)

『육조단경』에서는 평성이 0점으로 수용된 것이 98.8%였지만, 『별행록』에서는 이 규칙적 수용이 93.9%로 줄어들었다. 이 정도의 차이는 그래도 비슷하다고 할 수 있다.

반면 측성, 즉 상·거·입성에서는 텍스트별로 차이가 크게 난다. 『육조단경』에서는 상성의 73.9%가 2점으로 수용되었으나 『별행록』에서는 그 비율이 28.2%로 줄어들었다. 『별행록』에서 그야말로 대폭적 변화가 있었던 셈이다. 그런데 이것이 거성에서는 역전된다. 『육조단경』에서는 거성의 23.0%만 1점으로 수용되었지만 『별행록』에서는 51.7%가 1점으로 수용된다. 입성에서도 『육조단경』은 95.8%가 1점으로 수용되어 비교적 규칙적으로 수용되었으나, 『별행록』은 58.3%만 1점으로 수용된다.

이와 같은 수용 양상은 한자음 성조가 제 기능을 이미 잃었음을 말해 준다. 평성이 0점으로 수용된 것이 93.9%나 되므로 적어도 평측平仄 대립만은 유지되었다고 주장할지 모른다. 그러나 상성의 29.1%, 거성의 24.2%, 입성의 21.4%가 0점으로 수용되었으므로, 평측 대립도 무너졌다고 보아야 할 것이다. 이들은 측성이 평성으로 수용된 예이기 때문이다. 거꾸로 평성이 측성으로 수용된 예도 6.1%나 된다. 따라서 1522년의 『별행록』에서는 한자음 성조가 음운론적 기능을 상실했다고 기술할 수 있다.

그렇다면 『별행록』에서는 특이하게도 방점을 전혀 표기하지 않은 곳이 적지 않다는 점에도 주목해야 할 것이다. 40b, 42a, 42b, 48a, 113a 등의 쪽에는 방점을 전혀 달지 않았고, 67a, 78b, 81b, 85a, 96a, 106b 등의 주석 부분에도 방점을 달지 않았다. 이것은 방점이 음운론적 기능을 상실했음을 암시한다. 간행 시기가 16세기로 추정되는 자료 중에서 전면적으로 방점 표기를 생략한 자료도 있는데, 이런 자료도 방점의 음운론적 기능이 소실되었음을 말해 준다. 아마도 『별행록』의 간행 시기인 1522년 이후에 방점 표기가 사라지기 시작했을 것이다.

『육조단경』에서는 『월인석보』와 마찬가지로 한자어와 고유어가 철저하게 이접하는 구성이었다. 반면에 『별행록』에서는 『남명집』과 마찬가지로 한자어와 고유어 조사류의 연접화連接化가 일어난다.

(14) 한자어 뒤의 조사류 방점(총 769개 예)

1. 측성 뒤에서 저조화 - 164개 예(21.3%)
2. 측성 뒤에서 고조 유지 - 284개 예(36.9%)
3. 평성 뒤에서 고조 유지 - 232개 예(30.2%)
4. 평성 뒤에서 저조화 - 67개 예(8.7%)
5. 평측 관계없이 조사가 2점 - 22개 예(2.9%)

위에 제시한 것처럼 측성 뒤에서 조사류가 고조에서 저조로 바뀌는 비율이 21.3%에 이른다. 『남명집』의 77.3%에 비하여 현격하게 낮은 비율이지만, 어말저조화가 일어났다는 사실만은 부인할 수 없다. 더욱이 평성 뒤에서 조사의 고조가 저조로 바뀌는 비율도 8.7%나 되어 여타 텍스트보다 가장 높다. 또한 한자음의 평측에 관계없이 조사의 방점이 2점인 예가 22개 예나 된다. 이처럼 조사가 예외적으로 2점인 현상은 고유어 뒤에서도 마찬가지다.

세종의 정교한 방점 표기

지금까지 한자음 성조를 수용할 때 일어난 변용 현상을 텍스트별로 나누어 정리해 보았다. 핵심 내용을 간추리면 아래와 같다.

첫째, 『월인석보』(1459)에서는 한어의 평상거입 4분법을 0점의 평성, 2점의 상성, 1점의 거성·입성의 3분법으로 수용했다. 모든 입성자는 거성자와 마찬가지로 항성 1점이다. 세종·세조 때에는 한자어와 고유어의 성조 배당 단위가 엄격히 분리되어 있다. 한자어에는 거성불연삼(HHH→HLH)도 적용되지 않는다.

둘째, 한어의 평상거입을 평성과 상성·거성·입성의 2분법으로, 즉 평측平仄으로 수용하는 변화가 일어났다. 성종 때의 『남명집』(1482)에서 어말평성화(HH#→HL#)가 고유어에서 거의 완성되는데, 한자어까지 이 어말평성화가 파급되었고 그 음운론적 환경이 평측 기준이다. 한자음 성조가 고유어 악센트처럼 행동하기 시작한 대표적인 예다.

셋째, 『육조단경』(1496) 이후로 '·셕:봉쌍·죓:쎵'을 '·셕:보샹·졀:셔'로 표기함으로써 전승현실음이 본격적으로 등장한다. 이것은 세종의 한자음 개혁이 실패했음을 뜻한다. 전승현실음의 등장 과정에서 한자음의 방점 표기가 달라진 것도 적지 않다. 특히 측성 내부에서의 동요가 아주 심하여 상거무별의 상태였다.

넷째, 『별행록』(1522)에서 고유어 방점 표기가 음운론적 기능을 잃는데, 한자어의 방점도 마찬가지다. 이 시기에 이미 한자의 성조가 악센트 또는 음장으로 바뀌었다. 그러나 방점 표기만은 선조 때인 1590년대까지 이어진다.

각자병서의 폐기 여부에 따르면 아래 (15.2)에 정리한 것처럼 『월인석보』와 『남명집』이 동일 부류이고, 『육조단경』과 『별행록』이 한 부류다. 지금까지는 이것이 일반적인 분류였다. 아래 표에서 '×'는 보수적 특성이고 '○'는 개신적 특성임을 가리킨다.

(15) 텍스트별 정리

현상 \ 텍스트	『월인석보』(1459)	『남명집』(1482)	『육조단경』(1496)	『별행록』(1522)
1. 입성을 0점 또는 2점으로 수용	×	×	×	○
2. 동국정운식 각자병서 폐기	×	×	○	○
3. 성조 3분법이 2분법으로	×	○	×	○
4. 한자의 연접화, 어말저조화	×	○	×	○
5. 고유어의 어말저조화	×	○	○	○

그러나 (15.1)과 (15.3~5)의 성조·악센트에 초점을 맞추면 분류가 달라진다. (15.1)에 정리한 것처럼 입성을 1점으로 수용하던 원칙이 1522년에는 무너진다. 『월인석보』와 『육조단경』에서는 성조를 3분법으로 수용하지만, 『남명집』과 『별행록』에서는 2분법으로 수용한다. 『월인석보』와 『육조단경』에서는 한자와 고유어의 연접화를 거부하지만, 『남명집』과 『별행록』에서는 연접화가 일어나

어말저조화가 적용된다. 고유어의 어말저조화는 『월인석보』에서는 일어나지 않지만, 『남명집』과 그 이후의 후대 텍스트에서는 항상 일어난다.

위의 정리에 따르면 『월인석보』의 수용 양상과 『별행록』의 수용 양상이 정반대다. 이 두 텍스트는 다섯 가지 기준에서 수용 양상이 모두 다르다. 따라서 한자뿐만 아니라 고유어에 부가된 방점이 1522년 무렵에 이미 음운론적 기능을 상실했다고 볼 수 있다. 이에 따르면 1522년 이후로 16세기 말엽의 교정청본 『사서언해四書諺解』에 이르기까지, 한자음의 방점 표기가 유지된 것은 규범적·관습적 표기가 그대로 유지된 것에 불과하다고 말할 수 있다.

위 (15)에서 볼 수 있듯이, 텍스트마다 한자음 성조의 수용 양상이 서로 다르다. 『월인석보』에서는 한어 중고음의 성조를 그대로 대입하다시피 했다. 그러나 『남명집』에서 성조를 악센트로 해석하는 변화가 나타나지만, 『육조단경』에서는 어말저조화를 거부하여 『월인석보』 상태로 회귀한다. 『별행록』에서는 한자음 성조가 음운론적 기능을 상실하게 되는데, 이 단계에 이르기까지 한자음 성조가 점진적으로 고유어의 악센트에 동화된다.

15-16세기의 방점 표기는 텍스트 전체에서 음의 높낮이 또는 장단을 시각적으로 드러낸 세계적 언어 기록이다. 초분절음소를 모든 텍스트에 걸쳐 표기한 것으로는 고대 그리스어가 있지만, 그 정교함으로 볼 때 세종의 방점 표기는 이에 못지않은 세계적 언어 유산이다.

1. 『구급간이방언해(救急簡易方諺解)』(1489)로 소급할 수도 있다.

2. 이 중에서도 『석보상절(釋譜詳節)』(1447)은 오자·오각이 많은 것으로 유명하다. 안병희, 「『석보상절』의 교정에 대하여」, 『국어학』 2(1974). 이 초창기 문헌의 한자음을 차익종, 「동국정운식 한자음 연구」(서울대학교 박사학위논문, 2014)와 이토 다카요시, 「초기 언해 문헌의 동국정운식 한자음 연구」, 『국어학』 70(2014)에서 자세히 다룬 바 있다.

3. 2점은 '덜다, 제거하다'의 뜻이다.

4. 森博達, 『古代の音韻と日本書紀の成立』(大修館書店, 1991); 이승재·강인선, 『상대 일본어의 음운체계, 만요가나의 차용음운론』(일조각, 2020).

5. 김완진, 『중세 국어 성조 연구』(국어학회, 1973/1979).

6. 현대의 중국 방언에서는 인접한 성조 상호 간의 상조 작용(tone sandhi)이 많이 일어나지만, 고대와 근대의 문헌 자료에서는 이것을 확인하기 어렵다.

7. 이와는 달리 분절음 차원에서는 이접구성이 아니라 연접구성(連接構成)일 때가 많다.

8. '상승 악센트'라는 용어를 사용하지는 않았지만, 이와 비슷하게 자료를 정리한 것으로 김주원, 「중세 국어 성조와 경상도 방언 성조의 비교 연구」, 『언어』 20:1(1995) 참고.

9. 김완진, 『중세 국어 성조 연구』에서는 1481년의 『두시언해(杜詩諺解)』와 1483년의 『금강경삼가해(金剛經三家解)』를 분석 대상으로 삼았다.

10. 안병희, 「중세어의 한글 자료에 대한 종합적인 고찰」, 『규장각』 3(1979).

11. 최명옥, 「중세 이전의 한국어는 성조언어였는가?」, 『국어학』 90(2019).

12. Samuel Robert Ramsey, *Accent and Morphology in Korean Dialects* (The Society of Korean Linguistics, 1978); 곽충구, 『함북 육진 방언의 음운론』(태학사, 1994).

13. 김주원, 「중세 국어 성조와 경상도 방언 성조의 비교 연구」, 『언어』 20:1(1995); 김주원, 「영남 방언 성조의 특성과 그 발달」, 『어문학』 69(2000).

14. 안병희, 「『별행록절요언해』에 대하여」, 『건국어문학』 9:10(1985).

뱀 의례와 한국 신화 네트워크

조현설

자연이 그러하듯이 문화는 접화接化를 통해 존재한다. 9세기 최치원崔致遠은 '난랑비鸞郎碑' 서문에서 이렇게 말한다.

> 나라에 현묘한 도가 있으니 이를 풍류라고 한다. 이 가르침을 세운 근원은 선사에 잘 설명되어 있다. 풍류도는 실로 그 안에 삼교를 포함하여 뭇 생명을 접화한다.[1]

최치원이 언명한 접화는 두 국면을 포함한다. 도불유道佛儒의 접화와 도불유를 접화한 풍류도에 의한 접화. 풍류도는 도불유 이전 신라에 이미 있던 도였다. 대륙 쪽에서 새로운 도가 수용되자 풍류도는 다른 문화와 접촉하면서 자신을 조정하지 않을 수 없었다. 그 결과 도불유를 내포한 신라의 풍류도는 이전과는 다른 풍류도가 된다. 최치원의 시대에는 이 새로운 풍류도가 뭇 생명들과 접촉하면서 그들의 문화 생태계에 변화를 촉발했다.

접촉하면 변화되고, 변화되어야 또 다른 접촉이 이루어진다. 접촉과 변화, 즉 접화는 둘이 아니다. 접화의 네트워크, 원효元曉의 언어를 빌리면 "한 마음의 두 문"[2]이다. 이는 한반도의 선지先知가 문화를 보는 거시적이지만 기본적인 시각이었다. 이를 통해 장기적 접화에 의해 이룩된 우리 뱀 의례와 신화의 추이를 살펴보는 일은 무의미하지 않을 것이다.

뱀신앙의 길잡이 〈토산여드렛당 본풀이〉

제주도 남쪽 바닷가 표선면 토산리에는 두 신당神堂이 있다. 해안 가까운 아랫마을에 있는 신당이 토산아랫당이고, 토산봉 쪽 윗마을에 있는 것이 토산웃당이다. 아랫당은 8·18·28일에 제사를 지내기 때문에 제주 말로 '여드렛당', 웃당은 7·17·27일에 제사를 지내므로 '일렛당'이라고도 한다.

그런데 두 당에서 모시는 신은 전혀 다른 존재다. 먼저 일렛당의 당신堂神은 둘이다. 구좌읍 송당리의 본향당신本鄕堂神인 백주또와 소로소천국 사이에서 태어나 버려진 일곱째 아들의 큰 부인인 용왕의 막내딸이 하나이고, 한라산 오백장군의 막내딸인 작은 부인이 둘이다. 처첩 사이라고 할 수 있는 두 여신은 다산과 풍요를 선물하고, 특히 안질이나 습진과 같은 피부병을 막아 내고 고쳐 주는 직능을 지니고 있다. 바닷가 주민들에게는 낀긴한 권능이다.

하지만 여드렛당의 당신은 전혀 다르다. 본적지는 전라도 나주 금성산이고, 나주 목사의 핍박을 받자 제주 성산읍 온평리로 들어와 토산아랫당에 정착한 뱀신이다. 웃당의 신은 인격을 지녔는데 아랫당의 신은 동물신이고, 그것도 토착신이 아니라 외래신이다. 그리고 이 여신은 토산리 여성이 출가할 때 모셔 가고 따라가는 신이다. 그래서 토산리의 뱀신앙은 신행길을 따라 동쪽으로는 표선면과 성산읍, 서쪽으로는 남원읍과 서귀포까지 퍼져 나갔다.

토산여드렛당의 뱀신앙을 잘 설명해 주는 것이 본풀이다. 〈토산여드렛당 본풀이〉는 아카마스 치조赤松智城와 아키바 다카시秋葉隆가 1930년대에 조사한 이래 현재까지 꾸준히 채록되고 있기 때문에 토산리 당신을 둘러싼 문화의 접촉과 변이 과정을 유추하기에 적합한 자료다. 더구나 뱀신앙과 신화의 변이 과정에 관여된 요소는 다층적이어서 지리적으로는 제주도의 내부와 외부, 종교적으로는 무교巫敎, 유교와 기독교, 성적으로는 남성과 여성, 역사적으로는 근대 이전과 이후에 걸쳐 있다. 십일면관세음의 시각으로 접화를 살피기에 더없이 좋은 텍스트라고 할 수 있다.

뱀신앙의 변화

서구 기독교 문화에서 뱀은 사탄의 이미지를 지니고 있다. 그리스 신화에서도 히드라, 티폰, 피톤 등은 뱀 이미지를 지닌 괴물이다. 그러나 비서구 문화권에서 뱀은 풍요와 다산을 상징하는 동물신 중 하나다. 19세기 말 북미 인디언의 뱀 의례를 관찰했던 독일 학자 아비 바르부르크Aby Warburg는 이런 기록을 남겼다.

> 놀라운 것은 이 춤 의식에 참여하는 인디언들이 어떤 동물보다도 위험한 방울뱀을 다루는 방식입니다. 폭력을 쓰지 않으면서도 방울뱀이 기꺼이 (혹은 자극만 하지 않는다면 맹수의 본성을 내보이지 않고) 며칠간의 의식에 참여하게 하는 것입니다. 유럽인들의 손에서라면 대참사로 이어졌을 의식입니다. (…) 여기서 뱀은 제물로 희생되는 것이 아니라 다시 땅으로 돌려보내져서, 앞서 언급한 파호처럼 인간을 대신해 비

를 부르는 중개자가 됩니다. 왈피의 뱀춤은 뱀들에게 중재를 강제하는 행위입니다.[3]

왈피족의 기우제에서 뱀은 의례의 일원으로 참여한다. 뱀은 희생의 제물이 아니라 비와 인간 사이의 중개자가 된다. 이들의 신화에 따르면 뱀은 날씨의 신, 씨족이 방랑을 시작하게 한 시조 동물이다. 이들에게 뱀은 사람과 구별되는 동물이 아니라 '뱀-사람snake-persons'이었다.

그러나 토산여드렛당의 뱀신은 왈피족의 뱀신과 문화적 조건이 달랐다. 1520-1521년 사이의 제주 체험을 기록한 김정金淨의 『제주풍토록濟州風土錄』은 '세속에서 뱀을 꺼려 신으로 받들기 때문에 보면 술을 바쳐 빌고 감히 죽이지 않는다'는 제주민의 태도와 '멀리서 보더라도 반드시 죽이고 뱀을 죽이지 못하는 것을 우습게 여기는' 필자 자신의 태도를 대비해 놓고 있다. 왈피족과 크게 다르지 않은 뱀신앙을 지녔던 제주민과 이를 음사淫祀로 보는 조선 사대부의 시각이 토산여드렛당의 배후에 포진하고 있다.

제주 뱀신앙에 지대한 관심을 가졌던 인류학자 아키바 다카시는 1931년 현장을 답사한다.[4] 그는 토산리를 비롯한 제주 전역의 뱀신앙 사례들을 기술하면서 "그 옛날 뱀을 죽인 김충암金冲庵을 '그는 이방인이라 이 같은 일을 할 수 있다'고 했던 섬사람이, 지금은 오히려 사귀蛇鬼를 믿고 있는 동남 부락 특히 토산리 사람들에 대해, 말하자면 차귀족遮歸族[5]으로 칭할 정도로 사귀가 씌인 이방인·이문화異文化라는 느낌을 갖기에 이르렀다."[6]라는 결론에 이른다. 본래 제주민 전체가 뱀신앙을 가지고 있었으나 대륙에서 용신龍神 신앙이 수입되면서 해촌 사람들을 중심으로 용신 신앙이 일반화되자 뱀신앙을 가진 산촌 쪽 사람들에 대해, 외지인 충암 김정金淨이 보여 준 태도와 같은 태도를 보인다고 지적한 것이다.

16세기 초 김정의 기록과 20세기 초 아키바의 보고는, 서로 처지는 다르지만 오랜 역사를 지닌 제주의 뱀신앙이 외래 문화와 접촉하면서 변화를 독촉받는 상황을 잘 보여 준다. 다양한 양상으로 전승되고 있는 〈토산여드렛당 본풀이〉는 이런 문화적 토양 위에서 발화된다.

〈토산여드렛당 본풀이〉 서사

〈토산여드렛당 본풀이〉는 당본풀이치고는 상당한 장편이고, 그만큼 깊은 서사적 곡절을 지녔다. 첫 굽이는 나주 금성산에서 벌어진 사건이다. 금성산의 당신과 목사의 대결이 그것이다. 무슨 연고인지 나주에 부임하는 목사마다 100일을 채우지 못하고 파직당하자 양 씨가 자원한다. 부임 도중 금성산을 지날 때 관속들이 말한다. '산에 영기靈氣가 있어 말에서 내리지 않으면 말이 발을 절게 된다'고! 양목사가 무시하자 말은 발을 절고, 동시에 머리카락이 쉰다섯 자나 되는 처녀가 나타난다. 목사가 신령이면 참모습을 보이라고 소리치자 위 아가리는 하늘에 붙고 아래 아가리는 땅에 붙은 '천지대맹이'[7]로 변신한다. 목사는 더럽다면서 포수를 불러 대맹이를 죽이고 불사른다. 무교의 신인 금성산 뱀신과 유교 국가가 파견한 목사의 대결에서 뱀신이 패배하는 이야기다. 양목사의 태도는 제주로 유배 갔던 김정의 태도와 다르지 않다.

이 신화적 사건의 배후를 짐작케 하는 기록이 있다. 조선 성종

대에 전라도 관찰사로 부임한 김종직金宗直의 상소다.

> 본도는 음사를 숭상하는데, 나주가 더욱 심합니다. 금성산에 나라에서 제사하는 사우祠宇 외에 사설私設한 신사神祠가 대여섯이나 되며 가까운 고을의 사녀士女가 구름처럼 모여서 유숙하는데, 혹은 그 배우자를 잃는 자도 있으니, 이는 풍속에 관계되는 바이므로 금하지 아니할 수 없습니다. 그러나 수령이 그 폐단을 비록 알면서도 금하지 아니하는 것은 신당神堂의 세稅를 거두기 때문입니다. 청컨대 그 세를 없애고 금하는 법을 엄하게 하소서.[8]

상소로 미루어 보면 금성산 굿의 규모가 대단했음을 알 수 있다. 사실 금성산신錦城山神은 국가적 제사의 대상이었다. 『고려사高麗史』의 "충렬왕 (…) 3년 2월 초하루 경신일에 대궐 안에서 왕이 친히 초제醮祭를 지냈다. 5월 임진일에 전번 탐라 전역戰役에 금성산신이 은근히 도와준 징험이 있었다 하여 그 지방 관리들에게 명령하여 해마다 쌀 다섯 석씩 보내 제를 지내게 하였다."와 같은 기사가 그 좌증이다. 그러나 조선 시대에는 사정이 달라졌다. 무속의 현장 곳곳에서 신구 문화가 충돌한다. 이 과정에서 금성산의 뱀신은 '조공로'를 따라 서울을 경유하여 아직 국시國是의 간섭이 덜한 제주로 입도한다.

〈토산여드렛당 본풀이〉의 둘째 굽이는 금성산 뱀신의 입도 사건이다. 불에 탄 뱀신은 금과 옥, 은으로 된 바둑돌로 변하여 종로 사거리에 떨어진다. 붓다의 진신사리가 붓다를 상징하듯이 바둑돌은 뱀신의 '사리'로 보인다. 그래서 서울로 진상 온 제주 토산리의 강씨 형방, 한씨 이방, 오씨 형방은 바둑돌을 취득한 뒤 진상도 잘 하고 보답도 잘 받는다. 바둑돌은 여의주와 같은 풍요와 증식의 상징이다. 그런데 귀로에 오른 이들이 쓸데없다며 바둑돌을 던져두자 바람구멍이 막혀 배가 움직이질 않는다. 굿을 하자 다시 바람이 불고 순항이 이뤄져 배가 성산읍 온평리에 도착한다. 버려졌던 바둑돌은 배 밑바닥에 자리잡더니 어느새 여인의 모습이 되어 상륙한다.

유사한 장면이 〈나주기민창 본풀이〉에도 보인다. 조천읍 선흘리의 순흥 안씨 일월조상신 신화인데, 제주의 기근을 해결하기 위해 안씨 선주가 나주 기민창饑民廠에서 곡식을 실어 올 때 대바구니를 든 처녀가 슬쩍 배에 오른다. 돌풍을 만나 밑창이 터진 안씨 선주의 배가 전복될 위기에 처하자 대바구니 처녀의 정체가 드러난다. 처녀는 똬리를 틀어 밑창을 막은 '대맹이'였다. 기민창의 곡식을 지키던 창고신이 곡식을 따라 제주로 오면서 배와 제주민을 구한 것이다. 〈나주기민창 본풀이〉에는 뱀신에 대한 박해가 나타나지 않지만, 뱀신의 기능은 〈토산여드렛당 본풀이〉와 다르지 않다. 뱀신은 생명을 증식시킨다.

그런데 〈나주기민창 본풀이〉와 달리 〈토산여드렛당 본풀이〉의 뱀신의 입도는 원만하지 않았다. 그것이 〈토산여드렛당 본풀이〉의 셋째 굽이다. 신이 신직을 수행하려면 거처가 있어야 하고 심방과 단골도 있어야 한다. 나주의 뱀신은 첫 상륙지인 온평리 본향당신 '맹호 부인'한테 '명함을 드린다'. 토착신 혹은 선주신에게 바치는 외래신의 신고식이다. 맹호 부인은 마을마다 차지한 신이 있으나 토산리는 비어 있으니 그리 가라고 지시한다. 문화적 충돌을 방지하기 위한 신당의 배치라고 해도 좋겠다.

그러나 충돌이 없을 수 없다. 온평리에서 토산리로 가려면 신산리-신풍리-하천리-세화리를 거쳐야 한다. 그중 하천리 당신 '개로육서또'가 수작을 건다. 사실 개로육서또는 천미천 동서에 있는 신풍리와 하천리의 경계에 있는 본향당의 당신인데, 구좌읍 김녕리 소재 궤네깃당의 당신 궤네깃또와 유사한 이미지를 지니고 있다. 송당 백주또의 셋째 아들로, 부모 눈에 거슬려 무쇠석함에 유폐되어 쫓겨나, 용왕의 막내딸과 결혼한 뒤 사위의 대식大食을 참지 못한 용왕한테 다시 쫓겨나 신풍리·하천리로 귀환, 본향당에 좌정한 영웅형 인물이다. 이런 개로육서또가 토산리로 가는 아기씨의 손목을 잡자 남녀구별법을 운운하며 자신의 더럽혀진 손목을 칼로 자른 뒤, 잘린 손목을 명주 수건으로 감고 토산리로 내려간다. 문화충돌의 결과가 만만치 않다. 신들의 결연과 분리는 '당가름'의 일반적 형식이지만, 분리는 대개 식성食性으로 표상되는 문화적 이질성에서 비롯된다. 그러나 나주 출신 뱀신의 경우 결연 자체에 실패한다.

그런데 진성기가 채록한 「박생옥 구연본」에서는 전혀 다른 쪽으로 사건이 전개된다. 토산리 메뚜기마루까지 따라온 개로육서또가 손목을 잡자 "양반이라고 하지만 상놈보다 못하다"며 손목을 깎아 던지고 해안가로 내려가 100일을 앉아 있었지만, 아무도 아기씨를 대접하지 않는다. 그때 말을 타고 가는 개로육서또가 보이자 '잘못했다'고 사과한 뒤 부부가 되었을 뿐만 아니라 본처인 당토부인과 화해의 술까지 나눈다. 현용준이 채록한 「한원평 구연본」에서 남녀신은 분리되지만 「박생옥 본」의 외래 여신은 처첩제까지 수용하면서 공존을 도모한다. 문화적 조정이 이뤄진 셈인데, 왜 이런 변이가 발생했는지 심히 의심스럽다. 조사된 자료 가운데 분리되는 경우가 4편, 공존하는 경우가 3편이다.[9] 분리와 공존 사이에 뭔가 곡절이 있다는 뜻이다. 숨은 뜻을 밝히려면 뱀신에 대한 제주민의 태도와 다음에 이어지는 새로운 사건을 연속적으로 살펴야 한다.

금성산 뱀신과 제주민의 최초 대면 시, 바둑돌을 잘 모시고 있을 때는 만사가 순조로웠으나 소홀히 대접했을 때는 그렇지 않았다. 이와 같은 관계가 변형되고 반복된다. 개로육서또와의 혼인 여부와 상관없이 토산리에 좌정한 뱀신을 아무도 모시지 않자 불행한 사건이 발생한다. 〈토산여드렛당 본풀이〉의 넷째 굽이는 여기서 시작된다. 구연본마다 조금씩 다르지만 나주에서 제주로 뱀신을 불러들인 제주의 세 이속吏屬 가운데 둘의 딸이 일을 당한다. 하나는 빨래하러 나갔다가 도적 혹은 왜적들한테 윤간당한 뒤 살해되고, 다른 하나는 시집을 갔다가 미치광이가 되어 백약이 무효인 상태에 처한다.

그런데 더 흥미로운 점은 이 불행을 초치한 존재가 토산한집, 곧 뱀신이라는 사실이다. "고천만리 비련 팔대선 / 저 바당에 떠시니, / 이젠 / 요왕부인이 말을 ᄒᆞ되, / '저 배는 모든 게 / 내 ᄎᆞ지이우다.'"[10]라고 말하면서 청부채로 부채질을 하여 왜선을 불러들인다. 여기서 박생옥 심방이 '요왕 부인'이라고 부르는 존재는, 다른 이본들의 참조하고 본풀이의 맥락을 고려하면 '토산알당'에 좌정한 금성산 뱀신이다.[11] 그렇다면 왜선을 불러들인 행위는 뱀신의 복수다. 뱀신은 자신을 거부하거나 무시하는 주민들에게는 무서운 복수의 신으로 출현하기도 한다. 토산리 처녀들과의 혼사를 꺼리는, 제주시로 진학한 학생들이 하숙집을 구하기도 어려웠다는 기휘忌諱 문화의 최초 출처는 여기인 셈이다.

이런 상황에서 죽었던 딸은 유언을 남기거나 굿을 통해 살아나서, 미쳤던 딸은 굿을 하자 이렇게 말한다.

> 나를 살리저 굿이민 쾌상櫃床 연갑硯匣 열고 보민 아바님 쳇初 서울 간 때 물멩지-明紬도 동에전 강멩지-明紬도 동에전 이시니, 마은대자四十伍尺 끈어놓아 이 내 간장肝臟 풀려줍서. 서른대자三十伍尺 끈어놓아 이 내 간장 풀려줍서. 수물대자 끊어놓아 이 내 간장 풀려줍서. 무친 간장 풀려줍서.[12]

말하자면 부친이 조공 갔을 때 가져와 묶어 둔 비단을 풀어 달라는 '공수'다. 공수대로 명주를 풀자 말라죽은 청백적흑황青白赤黑黃 '만주에미', 곧 구렁이가 나온다. 세 이속들이 주웠던 바둑돌의 정체가 바로 이들 구렁이였다. 입도했으나 오랫동안 방치되어 있었기 때문에 말라죽은 구렁이 형상이 된 것이다. 따라서 이 말라붙은 '이미지'는 나주 뱀신의 원한, 다시 말해 나주에서 축출당한 원한, 제주에서 거부당한 원한의 표상이다. 이 원한을 풀려면 당에 모시고 굿을 해야 한다. 그래서 〈토산여드렛당 본풀이〉는 당굿을 통해 뱀신을 환생시키고, 제물과 제일祭日 등 굿의 형식을 설명하는 뒤풀이로 마무리된다.

〈토산여드렛당 본풀이〉는 유가적 세계관이 전면화되면서 배척당한 조선의 뱀신앙이 제주로 이동하여 정착하는 문화 전이 과정의 어려움을 상징적으로 형상화해 놓았다. 본풀이의 메시지는 분명하다. 신을 잘 모시면 만사형통하고 무시하면 횡액을 면할 수 없다는 것이다. 제주민의 '실제적' 횡액은 두 방향에서 온다. 하나는 조공해야 하는 조정 쪽이고, 다른 하나는 왜적 혹은 외적 쪽이다. 둘 다 외부 권력이자 제주민의 고난처다. 〈토산여드렛당 본풀이〉는 외부 문화를 수용하고 내부화하여 외부 권력에 대응하려고 하는 제주의 문화 전략을 잘 드러낸다. 여드렛당신에 대한 의례를 통해 불가피한 현실에 대응하려고 하는 문화적 무의식의 표현이라고 해도 좋겠다.

현재의 토산여드렛당 의례

그런데 나주 뱀신의 토산당 좌정으로 문화 이동과 변이가 마무리된 것은 아니다. 토산당 의례와 본풀이는 논란 속에서 여전히 변모를 거듭하고 있기 때문이다.

토산웃당은 지금도 토산1리 마을회관에서 서쪽 방향, 감귤 과수원 사이에 조립식 판넬로 지은 집으로 살아 있다. 그러나 토산아랫당은 토산2리 노인복지회관 왼쪽, 4·3 유적지 안내판 뒤쪽에 자취만 남아 있다. '당동산'이라고 불렸던 곳은 현재 철봉과 돌로 만든 테이블이 놓여 있는 휴게 공간으로 변형되어 있다. 2021년 4월 15일, 마을회관 앞에서 전 이장 김성섭(남, 86세) 제보자에게 신당에 대해 물었더니 '뱀신을 모시는 신당은 토산리에는 없었다'고 부정했다. 이전에 토산알당이 있었다는 자료가 있다고 해도, 예전에 있었는지 모르겠지만 이제 그런 것은 없다고 잘라 말했다. 남성 제보자들은 뱀신에 대해 이야기하는 것 자체를 꺼리는, 상당히 경직된 분위기를 느낄 수 있다.

그림 1. 폐소된 토산아랫당 자리

이에 대해 허남춘 교수는 "근대 서구 사상이 유입된 이후 사악한 존재처럼 여겨지면서 배제의 대상이 되었다. (…) 뱀신을 모시는 여드렛당 계열의 시조인 토산당도 마찬가지로 자신의 정체성을 숨기려고 애쓴다. 마을 사람들도 토산兎山은 토끼가 뛰노는 곳이니 뱀 대신에 토끼를 마을의 상징물로 삼아야 한다고 생각한다."[13]고 했다. 그런데 근래 이소윤 박사가 토산당의 단골 여성들을 대상으로 조사한 바에 따르면 다소간의 온도 차가 있다. 토산 뱀 이야기를 안 좋게 본 지 오래되었는데, 조사자가 교회와 성당이 들어온 다음에 그런 것인지 묻자 단골 여성들은 '그 이전부터, 옛날부터 그랬다.'고 대답한다.[14] 어느 쪽이 실상에 더 부합할까?

뱀신에 대한 부정적 인식은 거시적으로 보면 뱀을 사악하게 여기는 서구 기독교 문화의 영향이 분명하다. 일제하의 미신타파운동이나 1970년부터 시작된 새마을운동의 영향도 무시할 수 없을 것이다. 그러나 토산리 여성들의 인식처럼, 뱀신에 대한 기휘는 '근대화' 이전으로 소급될 수 있다. 보이는 대로 뱀을 죽였던 15세기 유배자 김정의 태도나 1702년 제주 목사 이형상이 129개의 신당을 불태웠다는 기록을 참조하면, 비록 제주민들이 이들 외부 권력의 문화적 폭력을 부정적인 시선으로 바라보았다고 하더라도 영향을 받지 않을 수 없었을 것이다. 토산리 여성들이 뱀신앙을 소중히 여겨 출가 시 뱀신을 모셔 가는 행위를 점차 꺼리게 된 데도 조선 이래의 유가적 가부장 문화가 상당한 영향을 주었을 가능성이 높다는 뜻이다. 물론 이를 돌이킬 수 없는 상태로 밀고 간 힘은 '이식된 근대화'에서 비롯되었을 것이다.

그런데 토산리 마을에서 지워진 여드렛당의 종적을 찾던 중 토산리 어촌계장 오옥년(여, 75세) 제보자를 만났다. 제보자에 따르면 토산알당이 폐소될 때 토산한집을 모셔 바다에 띄워 보냈다고 한다. 그러자 찾아온 것이 마을의 불행한 일들이다. 말하자면 〈토산여드렛당 본풀이〉에 형상화된 사건이 재현된 것이다. 이후에 마을 여성들 중심으로 토산한집을 다시 모셔와 마을에서 떨어진 해변의 바위굴에 모셨다가 현재는 가건물(일주동로 6455번길, 소노캄제주 앞쪽 방파제 주차장 옆)을 지어 모시고 있다. 제보자는 굿날이 공개되는 것을 꺼릴 정도로 대단히 조심스러운 태도를 보였다. 토산한집에 대한 여전한 부정적 인식의 여파다.

종교학자 조너선 스미스Jonathan Z. Smith는 "본질적으로 성스럽거나 속된 것은 없다. 성과 속은 실체적substantial 범주가 아니라 상황적situational 범주이다. 성스러움sacrality은 무엇보다도 자리 잡기emplacement의 범주"[15]라고 했다. 토산여드렛당은 상황에 따라 폐소되었지만, 성소聖所 자체가 사라진 것은 아니다. 여성주의적 관점에서 보면 마을 공동체의 주도권을 쥐고 있는 남성들에 의해 파괴된 성소가 여성들에 의해 새로운 공간에 '자리 잡은' 것으로 보아도 좋겠다.

토산리 해안에 복구된 성소는 적어도 두 가지 문제를 환기한다. 하나는 일찍이 아키바 다카시가 제주의 뱀신앙에 대해 제시한 가설, 즉 '산촌의 뱀신과 해촌의 용신' 신앙이라는 이원적 구도의 재고 가능성이다. 제주 본풀이에서 바다는 용왕이 거주하는 공간으로 반복적으로 등장한다. 〈송당계 본풀이〉에 등장하는 궤네깃또나 개로육서또 등이 모두 용왕의 딸과 결연한 뒤 제주로 귀환하는 사례를 통해 용신 신앙을 확인할 수 있다. 그러나 토산리의 사례를 보면 토산에 가까운 일렛당(웃당)에는 용왕의 딸이 좌정하고, 해안에 가까운 여드렛당(알당)에는 나주 출신의 뱀신(토산한집)이 좌정했다. 게다가 토산한집은, 현재는 해안으로 이동하여 성소를 이루고 있다. 아키바 다카시의 구도와 반대로 배치되어 있는 셈이다. 따라서 근대 초기 일인 학자들이 애용하던 '북방계-남방계', '산촌-해(어)촌' 등의 '이원론'은 실상을 바탕으로 재구성될 필요가 있다.

다른 하나는 성소 이동의 동시대적 의미에 대한 것이다. 토산알당의 재배치는 단순한 성소 이동이 아니다. 토산알당의 '자리 옮기기'와 '자리 잡기'에는 이중의 의미가 착종되어 있는 것으로 보인다. 첫 번째는 뱀신앙의 밀교화, 다른 시각으로 보면 여성 문화의 게토화다. 현재 토산여드렛당의 굿은 어촌계 중심의 여성 단골들이 심방을 초청하여 비밀리에 치르고 있다. 근대성의 지속과 그 여파로 인한 뱀신앙 기휘 문화가 토산리 여성 문화를 마을공동체와 동떨어진 해안의 가설 비닐집 안에 가둬 두고 있는 형국이다. 토산알당은 '본향'에서 밀리고 밀려 고립된 성소, 젠더화된 성소로 존재한다고 해도 과언이 아니다. 두 번째는 여성공동체가 복구한 여드렛당 신앙이 지닌 애니미즘의 문제다. 근래 포스트휴머니즘에 의해 새롭게 평가되고 있는 애니미즘은 인간과 자연물을 둘로 보는 이원론이 아니라 동물을 포함하여 관계되어 있는 자연물을 모두 '사람persons'으로 보는 일원론적 세계관이다. 따라서 애니미스트는 '한 무리의 개체에 대한 공격은 밀접하게 관계되어 있는 모든 개체에 대한 공격'[16]으로 본다. 토산리 '여성단골공동체'의 뱀신(토산한집)에 대한 태도를, 뱀춤을 추고 방울뱀을 다루는 왈피족의 뱀신에 대한 태도와 동일한 것으로 볼 수는 없겠지만 뱀신에 대한 경외감만은 다르지 않다고 생각한다. 이는 뱀을 보는 족족 죽이고야 만다는 조선 사대부 김정의 태도와는 확연히 다른 인식이다. 근대의 화염을 넘어 내속內續되고 있는 토산여드렛당의 뱀신, 곧 자연에 대한 태

그림 2. 해안의 바위굴 신당 옆에 가건물로 지어진 토산한집당

도는 재평가되어야 한다.

현재 토산리 바닷가에 존속하고 있는 토산여드렛당은 '살아 있는 세계에 대한 존중의 세계관'을 통한 탈게토화Deghettoization, 탈젠더화Degenderization를 고대하고 있는지도 모르겠다.

한반도의 뱀신앙 네트워크

나주 금성산의 뱀신은 또 다른 네트워크를 가지고 있다. 제주가 남방 네트워크라면 이곳은 북방 네트워크다. 현재 서울 은평구 진관동에 있는 '서울 금성당'이 바로 그곳이다. 금성당은 조선 단종의 숙부인 금성대군을 주신으로 모신 마을당이다. 본래 현재의 진관외동 외에도 망원동과 월계동에 금성당이 있었다고 하지만 1970-1980년대의 도시개발 과정에서 현재의 금성당만 남았다고 한다. 금성군은 단종 복위 운동에 실패하면서 형인 수양대군에 의해 사사된 비극적 인물로, 무교적 세계관에 따르면 무신巫神이 되기에 충분한 인물이다.

그러나 본래 금성당신은 금성군이 아니었다. 잘 알려진 대로 고려 태조 왕건은 건국 과정에서 나주 지역 토착 세력의 지원을 크게 받는다. 그 결과 나주의 정치 세력이 중앙으로 진출할 기회를 얻었을 가능성이 충분하다. 예컨대 왕건의 둘째 왕후 장화는 나주의 다련군 오씨의 딸이었다. 주지하듯이 사람이 이동하면 의례도 함께 이동한다.

『고려사』에 기록된 고려 건국 신화에 따르면 왕건의 신성계보에 작제건이라는 명사수가 등장하는데 그는 당나라 숙종의 아들로 아버지를 찾아가려고 배를 탔다가 서해 용왕의 어려움을 해결해 주고 용녀 저민의와 결혼하여 개경으로 귀환한 인물이다. 작제건과 용녀 사이에서 태어난 인물이 왕건의 부친 용건이다. 왕건의 족보에는 용신, 곧 용신 신앙을 지닌 서해안 해상 세력과 그 문화가 들어와 있다. 이 세력이 나주 금성산의 의례 공동체와 모종의 관련이 있을 가능성을 무시할 수 없다. 홍태한 교수는 서울굿 〈부정청배〉 무가 사설에서 신을 호명할 때 "금성왕신 대신호구"(호구청배), "금성왕산 대신말명"(말명축원)이라고 하는데 호구나 말명이 여신임을 들어 금성당신도 본래 여신이었을 가능성이 있으며, 이 여신이 나주 금성산의 여신과 연관이 있을 것이라고 했다.[17] 충분히 가능성 있는 추론이다.

〈토산여드렛당 본풀이〉의 첫 장면에서 화형당한 금성산 뱀신은 바둑돌로 변신하여 다른 곳이 아닌 '서울(종로사거리)'에 떨어진다. 서사적 논리로는 조공 온 제주 이속들을 만나기 위한 행로였지만 다른 맥락도 있다. 의례적 맥락, 곧 제주의 조공인이든 상인이든 한양을 드나들 때 서울 금성당에서 항해의 안녕을 빌었다는 사실에 주목해야 한다. 이런 맥락을 고려한다면 나주 금성산 뱀신은 고려시대에 이미 서해안 루트를 따라 북진하여 개경 가까운 임진강 유역이나 한강 유역에 신당을 확보하고 있었고, 그런 연고로 뱀신은 의례의 루트를 따라 서울로 갔다가 제주로 입도한 것으로 봐야 하지 않을까? 뱃길이 서해안을 통해 제주에서 나주-서울로 이어졌듯이 뱀 의례와 관련 신화도 이 네트워크를 따라 남북으로 이동한 것이다.

서울 금성당은 본래 윗당과 아랫당으로 구성되어 있었으나 윗당은 폐소되었다. 금성당 기원 신화에 따르면 한강에 떠내려온 궤짝을 뱃사공이 건졌는데 그 안에 탱화 12점과 촛대가 있어 왕신(귀신)

으로 여겨 뚜껑을 덮어 버렸다고 한다. 그런데 궤짝이 소리를 내며 열리길 반복하여 뒷산에 가져다 두었고, 밤이 되자 뒷산에서 환한 불이 하늘로 올라갔다. 어쩔 수 없이 뱃사공이 주민들에게 그간의 사정을 설명해 준다. 그러자 주민들이 당집을 지어 왕신으로 모셨다는 이야기다.[18] 이 기원 신화에서 이야기하는 당이 어느 당인지는 불분명하다. 하지만 서사적 맥락을 볼 때 한강을 따라 들어온 왕신은 윗당의 금성당신이었을 수밖에 없다.

한데 이 기원 신화에는 벼슬아치들이 말을 타고 지나가다가는 말굽이 땅에 붙기 때문에 절을 해야 통과할 수 있었고, 조깃배들도 마찬가지였다는 후일담이 붙어 있다. 후일담을 생각하면 〈토산여드렛당 본풀이〉의 첫 장면에서, 신임 양목사의 하마下馬를 요구하며 등장했던 거대한 대맹이의 모습이 자연스레 겹쳐진다. 금성당 무신도巫神圖를 봉안하고 있는 이영덕 법사가 구술한 저 서울 금성당 기원 신화는 불교의 외피까지 쓰고 있지만, 윗당에서 모셨다는 왕신이 나주 금성산 의례 공동체의 이동을 따라온 뱀신이었을 가능성은 농후하다.

세조의 반정 이후 금성대군을 추념하려는 궁녀들이 금성당을 자주 드나들었을 가능성이 있다. 이후 서울 금성당의 중심에 금성대군이 자리잡으면서 윗당에서 아랫당이 갈라진다. 나아가 뱀신에 대한 기휘 문화의 확산으로 윗당을 찾는 단골들이 점차 사라지면서 윗당은 폐소의 길을 걸었을 것이다. 새로운 의례가 원原 의례를, 인물신이 동물신을 밀어낸 형국이다. 그러나 구전되고 있는 신화 네트워크가 여전히 살아 있어서, 거꾸로 뱀 의례의 행로를 가늠케 해 준다.

1. "國有玄妙之道, 日風流. 設敎之源, 備詳仙史. 實內包含三敎, 接化群生."

2. "此論之意, 旣其如是, 開則無量無邊之義爲宗, 則二門一心之法爲要."(元曉, 『大乘起信論疏』 卷1, 1457)

3. 아비 바르부르크, 『뱀의식: 북아메리카 푸에블로 인디언 구역의 이미지들』(김남시 옮김, 읻다, 2021), 128-129쪽.

4. 아키바 다카시는 런던대학과 파리대학에서 에밀 뒤르켐, 래드클리프 브라운, 말리노프스키 등의 인류학을 배운 인물로, 1926년 귀국과 동시에 경성제국대학교 법문학부 조교수로 부임, 1945년까지 근무했다.

5. 제주시 한경면 고산리의 차귀당은 차귀신, 곧 뱀신을 모시던 신당이다. 차귀족은 차귀신을 모시는 집단을 지칭하는 말이다.

6. 秋葉隆, 『朝鮮民俗誌』(심우성 옮김, 동문선, 1954/1993), 266쪽.

7. 큰 구렁이를 뜻하는 '대망(大蟒)'에서 비롯된 이름.

8. 『成宗實錄』 卷204, 성종 18년 6월 20일 무자 2번째 기사.

9. 이소윤, 「제주도 역사 전설과 그 본풀이에 나타난 기억서사의 형성원리 연구」(서울대학교 박사학위논문, 2021), 84쪽.

10. 진성기, 『제주도 무가본풀이 사전』(민속원, 2002), 477쪽.

11. 뱀신을 용왕 부인으로 호명한 것은 박생옥 심방의 착오로 판단된다.

12. 현용준, 『제주도무속자료사전』 개정판(각, 2007), 615쪽.

13. 허남춘, 「칠성과 부군(府君) 신앙, 뱀신앙」, 『비교민속학』 58(2015), 43쪽.

14. 이소윤, 「제주도 역사 전설과 그 본풀이에 나타난 기억서사의 형성원리 연구」, 72쪽.

15. 조너선 스미스, 『자리 잡기: 의례 내의 이론을 찾아서』(방원일 옮김, 이학사, 2009), 212쪽.

16. Graham Harvey, *Animism: Respecting the Living World* (Columbia University Press, 2006; C Hurst & Co Publishers Ltd, 2017), p. 113.

17. 홍태한, 「서울굿 신령 '금성'의 정체성 고찰」, 『실천민속학연구』 31(2018).

18. 홍태한, 「서울굿 신령 '금성'의 정체성 고찰」, 186쪽 참고.

동서 철학의 만남
— 19세기 말 일본의 서양철학 수용과 이해

양일모

동아시아로 온 서양철학

사람은 끊임없이 이동하고 새로운 세계를 경험하면서 살아간다. 인류의 문명은 이처럼 이동하는 인간을 통해 다른 지역으로 전달된다. 문명의 교류에는 사람뿐 아니라 재화와 지식의 이동까지도 포함된다. 인간이 자연을 통해 만들어 낸 물건을 재화라고 한다면, 지식은 세계에 대한 개인 혹은 집단의 인식 체계를 의미한다. 문명의 교류 과정에서 지식이란 어떤 지역의 언어와 문화, 사상과 문학, 철학과 종교 등을 포함하는 넓은 의미에서의 인식 체계다.

동양의 비단을 유럽으로 전달하기 위해 만들어진 길을 뜻하는 실크로드라는 단어가 표상하듯이, 동서양 문명의 교류는 이미 기원전부터 진행되어 왔다. 실크로드는 재화를 교역하는 통로였다. 재화의 교환 과정에 이어 지식의 교류는 1세기 후반 이후에 비로소 본격적으로 시작되었다. 동아시아의 문명 교류를 잘 보여 주는 사건은 인도불교가 동아시아로 전파되면서 동아시아에 불교 문명이 탄생한 것이다. 서역의 승려들은 불교와 관련된 서적을 중국에 전했으며, 당나라의 현장 혹은 신라의 혜초는 직접 인도로 가서 불교를 공부했다. 붓다의 가르침은 인도에서 발생했지만, 동아시아 각 지역은 인도불교를 수용하면서 독특한 불교 문명을 형성했다.

불교 문명과의 만남 이후 동아시아가 교류한 또 다른 문명은 16세기를 전후해 유럽에서 건너온 기독교였다. 마테오 리치Matteo Ricci가 천주교 교리를 설명하기 위해 1603년 간행한 『천주실의天主實義』는 세계를 지배하는 절대적 존재로서 신을 상정한다는 점에서 동아시아의 사상적 토대와는 근본적으로 이질적인 요소를 담고 있었다. 마테오 리치는 기독교의 신을 설명하기 위해 '실체'와 '속성' 등 그리스철학의 기본 개념을 활용했다. 이렇듯 예수회Jesuit 선교사들의 저작을 통해 아리스토텔레스를 비롯한 서양철학이 동아시아에 소개되기 시작했다.

서양철학에 관한 정보가 일본에 처음 전파된 것도 이 무렵이었다. 예수회는 인도를 거쳐 동남아시아를 경유하여 중국과 일본으로 선교를 확대해 갔다. 프란치스코 하비에르Francis Xavier는 1542년 인도의 고아에 파견되어 선교 활동을 펼치다가 1549년 일본의 가고시마에 도착했다. 하비에르가 일본을 떠난 이후에도 선교사들의 활동은 계속되었다. 1580년 예수회의 고등교육기관이 규슈 지역의 오이타에 설립되었고, 철학과 신학을 중심으로 하는 교육이 실시되었다. 일본어가 로마자로 표기된 『성인 순교자 소전 *Sanctos no Gosagveo no Vchi Nvqigaqi*』(1591)에는 '필로소포philosopho' 혹은 '필로소피아philosophia'라는 단어가 사용되었으며, 이는 일본에서 '필로소피'가 언급된 최초의 사례라 할 수 있다.[1] 그렇지만 당시에 논의된 철학은 신학을 보조하는 중세철학이었으며, 일본의 지식인에게 끼친 영향 또한 한정적이었다.

일본에서 서양철학을 본격적으로 수용한 시기는 19세기 중엽 이후 동서양의 지적 교류가 활발해진 후부터였다. philosophy에 대해 '철학哲學, tetsugaku'이라는 번역어가 등장한 시기도 1870년 이후다. 이때부터 '철학'이라는 신조어가 탄생하고, philosophy가 '철학'이라는 이름으로 일본의 지적 공간에서 새로운 사유 세계를 형성해 가기 시작했다.

philosophy와의 만남

국방 근대화와 philosophy

일본은 동아시아에서 가장 먼저 유럽으로 유학생을 파견했다. 서양 열강이 아시아로 밀려오는 상황에서 일본이 유럽에 유학생을 파견할 계획을 세운 것은 군함과 대포를 제조하여 군사력을 증강하려는 목적에서 비롯되었다. 즉, 군사력 증강을 위해 과학기술과 관련된 외국 서적을 이해하고, 외교적 업무를 수행하기 위해 외국어와 인문·사회·과학에 대한 지식을 갖춘 엘리트를 배출하기 위함이었다. 근대 일본에서 서양철학 수용의 선구자라 할 수 있는 니시 아마네西周는 이러한 동아시아의 국방 근대화 노선에서 탄생한 지식인이었다.

니시는 1862년 네덜란드에서 공부했고, 유럽에 유학한 최초의 일본인이다. 유학을 떠나기 전까지는 당시 일반적인 지식인들과 마찬가지로 유교를 공부하다가, 1853년 미국의 페리 함대가 일본에 나타난 이후 서양을 이해하기 위해 난학蘭學(에도 시대에 네덜란드를 통해 일본에 수용된 학문)을 공부했다. 이후 도쿠가와 이에야스德川家

康의 에도 막부가 1856년 네덜란드어뿐만 아니라 영어, 프랑스어, 독일어를 가르치고 서양 학문을 폭넓게 번역하는 기관으로 번서조소를 설립하자, 그는 영어 교수로 참여했다. 도쿠가와 막부는 군함을 발주하는 한편 해군을 양성하는 군함조련소뿐만 아니라 외국 문헌을 번역하는 번서조소에서도 유학생을 선발하여 서양의 기술과 지식을 배우게 했다. 니시는 이 기회를 활용해 네덜란드로 유학을 떠났다.

니시는 쓰다 마미치津田真道와 함께 2년여에 걸쳐 레이덴대학의 시몬 피세링Simon Vissering 교수에게 자연법, 국제법, 국법학, 경제학, 통계학 등을 직접 배웠다.[2] 도쿠가와 막부의 외국 유학 정책은 기본적으로 서양의 힘에 대항하기 위한 것이었으며, 1차 목표는 조선과 항해를 중심으로 하는 군사력, 그리고 법과 경제를 중심으로 하는 실용적 지식의 습득이었다. 니시는 주로 사회과학을 배웠고 철학을 배운 흔적은 없다. 피세링 교수가 독일의 역사학파와 대항하는 자유주의적 고전경제학파에 속하며 콩트와 밀의 실증주의의 영향을 받았다는 점을 고려하면,[3] 니시에게 간접적으로 영향을 미쳤다고 볼 수도 있을 것이다. 그는 유학 기간 중 철학 공부를 독학으로 하기도 했다.

philosophy와 성리학

니시 아마네는 유럽으로 출발하기 전부터 philosophy에 관해 어느 정도 알고 있었다. 그는 출국하기 전에 친구 마츠오카 린지로松岡鏻次郎에게 보낸 편지에서 서양의 학술, 특히 philosophy에 대한 관심을 다음과 같이 드러냈다.

> 내가 최근에 조금 살펴본 서양의 성리학 또는 경제학 등은 실로 놀랄 만큼 공명정대한 주장이며, 종래에 배운 중국의 학설과는 자못 단서를 달리한다. 그렇지만 저들의 예수교는 지금 서양에서 일반적으로 신봉하고 있으나 불교와 별로 다르지 않으며 매우 천박하여 취할 점이 없다. 다만 필로소피의 학문으로 성명의 이치를 말하는 주장은 중국의 정주학보다 뛰어나고, 공정하고 순리에 맞는 자연의 도리에 근거하여 경제의 근본을 세우는 것은 중국의 왕정王政보다 우수하며, 미국과 영국의 제도와 문물은 뜻밖에도 요순의 선양 제도나 주공과 소공의 공화정보다 낫다.[4]

이 편지에는 19세기 말 서양을 동경하는 일본 지식인의 모습이 잘 나타나 있다. 17세기 이래로 도쿠가와 막부는 200여 년간 유럽과의 교류를 거부하고 기독교 선교를 금지하는 쇄국 정책을 펼쳐 왔지만, 미일수호통상조약(1858)이 체결된 이래로 서양에 대한 인식이 조금씩 변하기 시작했다. 니시는 기독교에 대해서는 상당히 부정적이었으나, 서양의 철학, 경제학 등의 학문과 제도에 대해서는 높게 평가했다.

니시가 사용한 '서양의 성리학'이라는 표현은 서양철학에 대한 일본 지식인의 초기적 이해를 상징적으로 보여 준다. 외국의 개념이나 사물에 대한 초기 번역은 번역자가 익숙하게 사용하던 언어와 그것이 전파된 장소를 함께 표기하는 것이다. 예를 들면, 서양의 liquor에 대해 서양을 의미하는 '양洋' 자를 붙여 '양주'라고 번역하는 방식이다. 마시고 취하는 음료라는 점에서 원어와 번역어 사이에 공통점이 있지만, 맛이나 제조 방식을 따져 보면 이들은 상당히 다르다. philosophy를 '서양의 성리학'으로 표현한 것도 이와 마찬가지다.

서양의 술을 '양주'라고 표현했다 해서 동서양의 술맛이 같다는 것은 아니다. 니시는 philosophy를 '서양의 성리학'이라는 유교적 언어로 표현하면서 philosophy와 성리학 사이의 유사성에 주목했다. 그러나 양자를 동일한 것으로 보지 않았고, 오히려 philosophy가 송대의 신유학인 정주학程朱學에서 제시한 이기심성론보다 우수하다고 판단했다. 나아가 philosophy에 근거한 경제학 등 서양의 학술과 제도는 유교적 왕도정치나 요순의 통치보다 뛰어난 것으로 이해했다. 그는 자신의 지적 토대인 유교를 바탕으로 서양을 이해하면서도 그 지적 토대를 넘어설 수 있는 계기로서 서양의 학문에 기대를 품었다.

니시는 네덜란드의 로테르담 항구에 상륙하기 직전 배 안에서 레이덴대학의 유학생 담당자에게 다음과 같은 편지를 보냈다.

> 유럽의 여러 나라와의 관계라는 점에서도, 일본 국내의 행정을 위해서도, 시설의 개량을 시행하기 위해서도 보다 필요한 학문이 있을 것입니다. 그것은 통계학, 법률학, 경제학, 정치학 및 외교학 등의 영역에서 추구해야 할 것이지만, 이러한 학문은 일본에 아직 알려져 있지 않습니다. 따라서 우리의 의도는 이것을 모두 배우는 것입니다. (…) 그 밖에도 나는 Philosophie 혹은 Wijsbegeerte('철학'의 네덜란드어 표기)라는 학문 영역도 공부하고 싶습니다. 일본의 법률에서 금지되어 있는 신학神學과는 달리, 이러한 학문은 데카르트, 로크, 헤겔, 칸트 등이 주장한 것입니다. 이 학문을 배우는 것은 매우 어렵겠지만, 저는

> 이러한 학문에 대한 연구가 일본 문화를 향상하는 데 유용한 점이 적지 않을 것이라 생각합니다.[5]

이 편지를 보면 니시 아마네는 이미 데카르트를 비롯한 서양 근대 철학자들의 이름을 알고 있었다. 그가 유럽으로 오기 전에 일본에는 서양철학에 관한 초보적 지식이 유입되어 있었지만, 그는 일본 사회의 변혁을 위해 사회과학 분야를 공부하면서 아울러 철학을 더 깊이 탐구해 보려고 했다.

philosophy의 번역

philosophy와 이학理學

서양 학문 중 난학은 비교적 체계적으로 일본에 알려졌다. 18세기 말 혹은 19세기 초에 간행된 네덜란드어-일본어 사전을 살펴보면, philosophy에 대한 번역어로 '홍유鴻儒', '구리학究理學' 등 유교적 언어가 사용되었고, 점차 '이학理學'으로 통일되어 19세기 중엽까지 사용되었다.[6] '이학'이라는 용어는 오늘날 중국 철학에 송명이학이라는 전문 분야가 있듯이 중국에서 송대 이후 이기론을 중심으로 수양론과 심성론, 정치사상과 우주론을 전개한 학적 체계를 말한다. 일본에서 간행된 초기의 영어 사전에도 '이학'이라는 번역이 계속해서 사용되었다. 『영화자휘英和字彙』(1873)를 살펴보면 Philosophy는 '이학理學, 이과理科, 이론理論', Natural philosophy는 '궁리학窮理學, 박물이학博物理學', Intellectual philosophy는 '지학智學', Moral philosophy는 '윤리학, 수신학'으로 번역되었다.[7]

한학자이면서 영어에도 능통했던 나카무라 마사나오中村正直는 존 스튜어트 밀의 『자유론*On Liberty*』을 『자유지리自由之理』(1871)로 번역하면서 philosophy에 대해 '이학'이라는 용어를 선택했다. 즉, "수신교修身教의 대가인 플라톤, 이학의 대가인 아리스토텔레스"[8]라고 설명하고, Socratic philosophy를 "소크라테스의 이론理論"[9]으로 번역했다. 루소의 사회계약론을 일본에 소개한 나카에 초민中江兆民 또한 '이학'이란 번역어를 선호했다. 그는 푸이에A. Fouillée의 『철학사*Histoire de philosophie*』를 한문으로 번역하면서 『이학연혁사理學沿革史』(1886)라는 제목을 달았다. 또한 철학개론에 해당하는 『이학구현理學鉤玄』(1885)을 간행하기도 했다.

필로소퍼와 현자

니시 아마네는 philosophy를 처음에는 '서양의 성리지학'으로 이해하고 '필로소피'로 표기했지만, philosophy에 대한 적절한 번역을 계속 궁리했다. 그는 쓰다 마미치가 쓴 「성리론性理論」의 발문에서 philosophy를 '희철학希哲學' 혹은 '서철西哲'이라고 번역했다.

> 서양 학문이 일본에 전래된 지 이미 100여 년이 지났다. 물리格物, 화학舍密(네덜란드어 chemie의 음역), 지리, 기계 등의 학술에 관해서는 간혹 높은 수준에 이른 자가 있지만, 희철학希哲學 분야에서는 그런 사람을 본 적이 없다. 그래서 세상 사람들이 서양인은 '기氣'를 논하는 것이 제법이지만 '이理'에 관한 논의는 수준이 낮다고 말하게 되었다. 이 분야에서 견식을 갖춘 것은 단지 나의 친구 쓰다 마미치에게서 시작되었다. 지금 이 글은 자못 기축을 드러내고 있으니, 서철을 압도하고도

남음이 있다. 훗날 서양에 유학하고 난 뒤에는 상당히 큰 견식을 갖추어 오묘한 이치를 드러낼 것이다.[10]

쓰다 마미치의 「성리론」은 네덜란드에 유학하기 전에 쓰여진 글이다. 이 글은 '성性'과 '정情', '이理'와 '기氣' 등 성리학의 언어를 사용하면서 우주론과 인성론를 전개하고 인도人道의 완성과 도덕적 세계를 구현하고자 하는 점에서 상당히 유교적인 성격을 지니고 있다고 할 수 있다. 세계를 기의 변화로 설명하면서 불교의 윤회설을 비판하고, 기독교의 신과 천당지옥설을 부정하는 점에서 중국 사상의 우위를 주장하는 듯하다. 그렇지만 세계에 충만한 기를 에테르ether로 표현하고, 에테르의 응집을 전기電氣로 설명하며 또 가스瓦斯, 지구地球 등 서양에서 유입된 외래어를 사용하는 것을 보면, 그가 서양의 과학 지식을 어느 정도 수용하고 있었다고 할 수 있다. 한편 그는 성리학이 비판한 기예技藝, 기송記誦, 사장詞章 등을 긍정적으로 평가하며 농업과 상공업의 중요성을 인정하고, 경제와 정치, 법률뿐만 아니라 천문, 지리, 수학, 박물학 등 자연과학의 필요성을 주장했다. 그럼에도 불구하고 인간의 도덕적 본성을 계발하여 도덕적 세계를 꿈꾸고 있다는 점에서 그가 유교적 틀을 벗어났다고 하기는 어렵다.

니시는 서양의 지식을 수용하여 성리학적 세계관을 보강하는 쓰다의 「성리론」에 대해 철학적 작품이라고 평가했다. 이때 니시가 사용한 언어가 바로 '희철학'이다. 니시는 서양에는 과학기술뿐만 아니라 철학과 같은 원리에 관한 학문이 있는데, 이를 학습하여 일본인이 이 분야에서도 서양의 학자들을 능가해야 한다고 주장한 것이다. 그는 쓰다가 바로 이러한 역할을 담당하고 있다고 보았다.

니시는 쓰다의 작품을 '희철학' 혹은 '서철'이라고 이해했지만, 왜 이 용어를 사용했는지 분명히 밝히지 않았다. 니시의 용어법을 이해하기 위해서는「성리론」의 마지막 부분에 주목할 필요가 있다.

> 천하에 참된 진리를 널리 펼치고 우주에 실한 원리를 크게 밝혀 조화의 공업에 참여하여 인도의 대성에 이르게 하는 것은 수백 세를 거듭하고 수십 명의 성인聖人을 기다려야만 기대할 수 있다. 지금 학문을 돈독히 하고 깊이 생각하여 입으로 말하고 책으로 기록하고 애써 이러한 대업에 참여하고 국가와 천하의 업무를 밝히기 위해 노력하는 것은 우리들 도道에 뜻을 두고 성聖을 바라는 자들의 일이다.[11]

쓰다 마미치는 세상에 대도大道를 구현하는 것을 "도道에 뜻을 두고 성聖을 바라는" 지식인의 포부로 간주했다. 도에 뜻을 둔다는 말은 『논어』에 나오는 구절로서 북송 시대에 성립된 도학道學의 주장이며, 성을 바라는 것은 북송의 사상가인 주돈이周敦頤의 문장, 즉 "성인은 하늘을 희구하고, 현인은 성인을 희구하고, 선비는 현인을 희구한다."[12]에서 유래한 구절이다. 쓰다는 자신의 학문을 송대 지식인에 빗대어 현인과 성인을 희구하는 작업으로 간주했고, 니시는 쓰다의 학문을 philosophy로 규정한 것이다.

니시가 유럽으로 출발하기 전에 작성된 것으로 추정되는「서양철학사 강의 단편」은 '철학'이라는 번역이 주돈이의 언어에서 비롯했다는 것을 잘 보여 준다.

저 소크라테스는 겸손하여 필로소퍼라고 말했는데, 이 말의 의미는 현덕을 좋아하는 사람이며, 희현希賢의 의미와 같은 것으로 생각된다. 이 필로소퍼야말로 희철학의 시조라고 할 수 있는 대인大人이며, 저 나라에서는 우리 공자님과 맞먹을 정도다.[13]

니시와 쓰다는 철학자의 역할을 현덕을 희구하고 나아가 성인을 희구하는 것으로 보았다고 할 수 있다. 쓰다는 『천외독어天外獨語』에서 '구성학求聖學'이라는 용어를 사용하면서 깨달음을 구하는 배움을 '필로소피'로 규정했다.[14] 필로소피를 '성인' 혹은 '현인'이 되기 위한 학문으로 이해했다는 것은 19세기 말 일본 지식인의 사상적 토대가 성리학이었다는 것을 말해 준다. 즉 당시 일본 지식인들은 자신들의 지적 토대를 형성하는 성리학적 언어로 필로소피를 번역했다고 할 수 있다.

'철학'과 '이학'의 분리

니시 아마네는 네덜란드에서 귀국하여 번서조소의 후신인 개성소에서 피세링이 저술한 국제법 관련 저서를 번역하는 한편, 필로소피에 관해서도 계속 공부했다. 1870년에 작성된 것으로 보이는 『개제문開題門』에는 탈레스에서 존 스튜어트 밀까지 서양철학의 역사가 간략하게 소개되어 있다. 서양철학에 대한 인식이 심화되었지만, 이 책에는 "동쪽 땅에서는 유儒라 하고 서양에서는 필로소피斐鹵蘇比라고 하는데, 모두 자연의 원리天道를 밝히고 인륜의 법칙人極을 세운다는 점에서 실로 동일하다."[15]라는 설명이 서두에 나온다. 자연의 원리와 인간 사회의 규범을 밝힌다는 측면에서 유학과 필로소피는 여전히 동일선상에서 비교되고 있었다.

'철학'이라는 번역어가 등장한 최초의 자료는 니시 아마네의 「아무개에게 답하는 편지」(1870)다.

> 대체로 공맹의 도는 서양의 '철학'과 비교해 보면 대동소이하며, 동서양이 서로 따라하지도 않았는데 부절을 맞춘 것과 같다. 이는 원래 원리에 근거하여 전개하는 것이므로 온 세계와 고금에 같지 않을 수 없다.[16]

니시는 '희철학'에서 '희' 자를 빼고 '철학'이라 표현한 것에 대해 별다른 설명을 붙이지 않았다. 그렇지만 그는 1870년 이후로 '철학'이라는 번역어를 즐겨 사용했다. 그가 '철학'이라는 번역어를 사용한 공식 출판 자료는 『백일신론百一新論』(1874)이다.

> 심리에 징험하고 천도와 인도를 규명하여, 이를 겸하여 교教의 방법을 세우는 것을 필로소피, 번역하자면 '철학'이라 말하며, 서양에서도 옛날부터 이러한 논의가 있어 왔다.[17]

philosophy에 대한 이해는 philosophy를 번역하는 과정과 밀접하게 연관되어 있다. 니시의 이해에 따르면 philosophy, 곧 철학으로 번역되는 학문은 자연의 원리와 인간 사회의 규범을 연구하는 것으로서 종래의 유교와 동일한 주제를 다룬다. 동아시아의 유교뿐만 아니라 동서고금을 막론하고 인간과 자연에 대한 근본적 성찰이라는 점에서 철학의 보편성에 주목한 것이다.

메이지 시대 초기에는 philosophy를 가리키는 다양한 번역어가 등장했다. 처음에는 '필로소피'라는 음역이 생겨났다가 차차 '철학'뿐만 아니라 '이학理學', '이론理論', '도학道學', '궁리학窮理學', '성리학性理學', '성학聖學', '경학經學'[18] 등 유교적 언어가 번역어로 등장했다. 당시 일본의 지식인이 서양의 철학을 수용하는 데 동원할 수 있었던 주요한 지적 토대는 도쿠가와 시대 이래로 정착한 유교적 사상과 언어였다. 니시는 '철학'이라는 번역을 채택하면서 다음과 같이 설명했다.

> 철학의 원어는 영국의 philosophy, 프랑스의 philosophie이다. 그리스어의 '필로스(사랑하는 것)'와 '소포스賢'라는 뜻으로부터 전래하여 현명함을 사랑하는 것이라는 뜻이며, 그 학문을 필로소피라고 한다. 주돈이가 말하는 "사士는 현자를 바란다"는 뜻이며, 후세에 습관적으로 '이理'를 강구하는 학문을 가리킨다. '이학理學', '이론理論' 등으로 번역하면 직역이라고 할 수 있지만, 그 밖에 혼동할 점이 많기 때문에 이제 '철학'이라 번역하여 동양의 유학과 구분한다.[19]

19세기 말까지 일본에서 philosophy를 뜻하는 번역어로서는 여전히 '이학'의 흐름이 강했다. 니시 아마네는 성리학의 전고를 끌어와 '철학'이라는 번역어를 주장했지만, 한편으로 유학적 사유와 서양적 전통의 철학함을 구별하고자 했다. 니시가 이학, 이론 등의 번역어가 혼동될 점이 많다고 지적한 것은 '이학'이 philosophy의 번역어로 등장했지만 점차 physics 혹은 science 일반을 의미하게 되었기 때문이다. 당시 철학 용어의 일본어 번역을 총체적으로 정리한 이노우에 데쓰지로井上哲次郎의 『철학자휘哲學字彙』(1881)를 살펴보면, science 항목에는 '이학, 과학'이 있고, philosophy 항목에는 '철학'만 나와 있다.[20] 『철학자휘』는 도쿄대학 출신자들이 주도적으로 편집하고 도쿄대학에서 초판이 간행되었기 때문에, 당시 일본의 학계에 상당한 영향력을 지니고 있었다. 『철학자휘』의 간행으로 인해 philosophy의 번역어로서 '철학'은 학문적 영역에서 권위를 가지게 되었다. 한편 1877년 도쿄대학에서 법학, 이학, 문학, 의학 등 네 학부가 열리면서 문학부에 철학과를 설립한 것은 이학과 철학이 각각 science와 philosophy에 대응하는 언어로 정착할 수 있는 사회적 계기를 마련해 준 것이라 할 수 있다.

철학적 탐구의 출발

철학사와 철학개론 서적의 등장

1880년대 이후 일본에서는 서양철학에 대한 탐구가 본격적으로 시작된다. 앞에서 언급했듯이, 『철학자휘』와 같은 철학 용어 사전이 출판된 것은 서양철학의 주요 개념에 대한 번역을 통일하고자 하는 취지가 강하지만, 한편으로 철학 용어 사전을 만들 수 있을 만큼 학문적 역량이 성숙해졌다고 할 수 있다. '철학'이라는 번역어가 정착되고 철학사 관련 저술이 소개되기 시작했다. 니시 아마네는 『생성발온生性發蘊』(1873)에서 탈레스에서 헤겔까지 설명하고, 루이스의 『철학사*A Biographical History of Philosophy*』(1845)를 번역하면서 당대 철학으로 콩트의 실증주의까지 소개했다.[21]

니시의 철학사적 작품 이후로도 편역 혹은 번역 등의 형식으로 철학사가 출간되었다. 『근대철학종통사近代哲學宗統史』는 프랑스 철학자 빅토르 쿠쟁Victor Cousin의 원서를 미국 학자가 영어로 번역한 영역본을 다시 일본어로 중역한 것이다.[22] 앞에서 나카에 초민이 프랑스에서 간행된 철학사 서적을 번역했다고 언급했지만, 당시 서양의 철학 원전에 대한 관심은 이에 그치지 않고 영국, 독일, 그리고 미국 서적까지 폭넓었다.[23] 특정 국가의 철학에 관심을 집중했다기보다는 철학이라는 학문 자체에 대한 관심이 증가하고 있었다고 할 수 있다. 도쿄대학 철학과에서 철학 강의가 시작되면서 강의록[24]과 철학개론 서적도 출판되기 시작했다.

동양철학의 탄생

1880년대 이후부터 일본에서 서양철학에 대한 관심이 점차 높아졌고, 한편으로는 유교와 불교, 도교 등 그동안 동아시아에서 형성되어 온 학문 체계도 서양에서 유래된 근대적 학문 분과의 하나인 철학 영역에서 다루어지기 시작했다. 유교를 비롯한 동아시아의 학문이 서양철학과 같은 방식으로 분류되고 연구될 수 있는지에 대한 논의가 전개되기도 전에 동아시아의 학문이 철학 영역으로 포괄된 것이다. 도쿄대학은 철학과를 설립했고 '인도 및 지나 철학印度及支那哲學'이라는 과목을 개설했다. 서양철학에 이어 '동양철학'이라는 용어도 사용되기 시작했다. 1888년 도리오 고야타鳥尾小彌太는 유럽을 시찰한 뒤 유럽의 oriental philosophy를 '동양철학'으로 번역해야 한다면서 '동양철학회'를 설립했고, 학회의 기관지로 『동양철학회총서』를 발행했다.[25]

철학이라는 이름 아래 서양철학뿐만 아니라 동양철학도 자리 잡아야 한다는 것이 당시 학계의 일반적 분위기였다. 이노우에 엔료井上円了는 『철학요령哲學要領』에서 지나철학, 인도철학, 서양철학을 다 같이 다루고 있다.[26] 이 책에서 서양철학이 차지하는 분량은 많지만, 차례를 보면 동양철학, 중국철학, 인도철학이 먼저 서술되어 있고 서양철학은 뒷부분에서 다루어지고 있다. 그는 철학을 "사상과 도리를 규명하는 학문"[27]으로 정의하면서 동서양의 철학을 본질적으로 구분하지는 않았다. 동서 철학을 동일하게 탐구한 사람은 이노우에 엔료만이 아니었다. 이는 도쿠가와 막부 말기에서 메이지 시대 초기에 태어난 세대가 어린 시절부터 유교적 전통을 체험하면서 유교적 교양을 통해 서양철학을 수용하고 이해했기 때문이라고 볼 수도 있다.[28]

이노우에 엔료는 서양철학을 공부하면서 서양철학의 틀 안에서 동양철학을 정립하고자 했다. 한편 유교와 같은 동양의 전통 학문에 충실하면서 당시 유행한 철학이라는 외피를 전통 학문에 덧씌우는 방식으로 전통 사상을 정리하고자 하는 시도도 나타났다. 일본에서 간행된 최초의 중국 철학사 저작이라고 할 수 있는 우치다 슈헤이内田周平의 『지나철학사支那哲學史』(1888)는 '철학사'라는 명칭을 사용하고 있지만, 실제로는 유가, 도가, 음양가, 법가의 순으로 제자백가를 다루는 학술사의 성격을 크게 벗어나지 않았다. 이처럼 19세기 말 일본에서는 '철학'이라는 번역어가 정착되고, 철학사와 철학개론 서적을 통해 서양철학에 관한 탐구가 시작되었으며, 서양철학이라는 근대적 학문의 파장 속에서 동양철학이 성립되었다. 이 과정에서 동양철학을 서양철학의 틀 속에서 정립하려는 방향이 제시되었고, 한편으로 동양철학의 모습을 간직한 채 서양철학의 외피를 이용하는 방식도 등장했다.

‘이理’의 명맥

외래 문물을 수용하는 것은 타자에 대한 이해이며, 타자에 대한 이해는 번역이라는 사유의 장치를 필요로 한다. 유럽에서 기원한 philosophy의 수용 또한 번역이라는 필터가 필요했다. 메이지 시기에 일본은 동서양의 힘의 불균형 속에서 서양이 가진 부강의 비밀을 배우고자 했다. 당시 지식인들은 서양이 사회를 유지하고 운영하는 사회과학을 배우고자 했고, 나아가 군사력과 사회과학의 배후에 있는 philosophy에도 주목했다.

니시 아마네는 어린 시절에는 유교적 소양을 습득하고 젊은 시절에는 시대적 조류에 조응하여 난학과 양학(서양학)을 공부하고 유럽에 유학할 수 있었다는 점에서 과도기적 인물이라 할 수 있다. 그는 서양의 philosophy에 남다른 관심을 가졌으며, philosophy를 가리키는 ‘철학’이라는 번역어를 제시했다. ‘철학’은 송대 성리학자의 문헌에서 연원한 유교적 언어이지만, 근대 일본에서 philosophy에 대한 번역으로 성립한 근대적 언어이기도 하다.

메이지 시기에 일본에서 서양철학을 수용하고 이해하기 위해서는 지적 토대가 필요했다. 니시와 같이 philosophy를 학습한 1세대는 이미 유교적 지식을 갖추고 있었고 유교적 지식, 특히 성리학적 토대를 활용하여 philosophy를 이해하고자 했다. 외래 사상이나 문화를 수용하고 이해하기 위해서 자신들이 사용해 왔던 언어를 사용하는 것은 외래 사상을 수용하는 초기 단계에서 흔히 발생하는 일이다. 19세기 중엽 이후 일본의 지식인이 philosophy를 이해하는 과정 역시 이러한 문화의 번역 과정에서 예외는 아니었다. 그렇다고 해서 당대 지식인들이 philosophy와 유교를 동일시한 것은 아니다. philosophy와 철학은 양자가 등가적인가 하는 물음을 내재하고 있었다.

초기에는 philosophy의 번역어로 '철학'이 아닌 '이학'이 선호되었다. 그렇지만 '이학'은 자연과학의 언어로 정착되면서 philosophy의 영역에서 멀어졌다. 1880년대 이후부터 철학 학술 단체가 만들어지고 철학을 전문적으로 다루는 학술 잡지가 간행되었다. 서양철학을 알려주는 학습용으로 '철학사'와 '철학개론'이라는 제목을 단 서적이 간행되기 시작했다. 동아시아에서 역사적으로 기능해 온 유교, 불교, 도교는 철학 영역에 포섭되면서 동양철학으로 변신했다. 아시아의 각 지역 명칭을 단 인도철학, 중국철학, 한국철학, 일본철학도 새롭게 모습을 드러냈다.

송대 이후 중국과 한국, 일본에서 전개된 성리학 혹은 이학이 철학으로 변신하면서, 세계의 근본 원리를 의미하는 '이理'는 철학의 영역에서 사라지는 듯했다. 그렇지만 '이理'는 철학의 영역 안에 놓인 논리학, 윤리학, 심리학에 스며들어 명맥을 이어 가고자 했다. '이理'의 근대적 전환이라고 할 수 있는 '원리'와 '진리'는 유교적 이념이 아니라, 서양철학의 논리에 근거하여 새롭게 정의되어야 하는 운명에 직면하게 되었다.

1. 藤田正勝, 「日本における哲学の受容」, 飯田隆 外, 『岩波講座哲学』 14(岩波書店, 2009).

2. 「伍科学習關係文書」, 『西周全集』 第2巻(宗高書房, 1960), 138쪽.

3. 小坂國繼, 『明治哲学の研究 – 西周と津田眞道』(岩波書店, 2013), 12쪽.

4. 「西洋哲学に対する関心を述べた松岡鱗次郎宛の書翰」(1862. 5. 15), 大久保利謙 編, 『西周全集』 第1巻(宗高書房, 1962), 8쪽.

5. 이는 네덜란드어로 된 편지이며, 번역은 다음의 문헌에 따랐다. 高坂史朗, 「新しい正解を求めて – 西周とオランダとの出会い」, 島根県立大学西周研究会 編, 『西周と日本の近代』(ぺりかん社, 2005), 62-64쪽.

6. 遠藤智夫, 「'哲学'の訳語考」, 『英学史研究』 1994권 26호(1993).

7. 柴田昌吉·子安峻 編, 『英和字彙』(日就社, 1873), 838쪽.

8. 中村正直, 『自由之理』 第2巻(木平譲, 1871).

9. 中村正直, 『自由之理』 第2巻.

10. 大久保利謙 編, 『西周全集』 第1巻, 13쪽.

11. 大久保利謙 外編, 『津田眞道全集』 上册(みすず書房, 2001), 17-21쪽.

12. 『通書』 「志學」.

13. 「西洋哲学史の講義断片」, 『西周全集』 第1巻, 16-17쪽.

14. 「天外獨語」, 『津田眞道全集』 上册, 73쪽.

15. 「開題門」, 『西周全集』 第1巻, 19쪽.

16. 「復某氏書」, 『西周全集』 第1巻, 305쪽.

17. 「百一新論」, 『西周全集』 第1巻, 289쪽.

18. '철학'은 영어의 philosophy이며, 나는 이것을 '경학'으로 번역하는 것이 적당하다는 것을 알았고, 이에 동의하는 사람들도 적지 않았지만, 오늘날 관용적으로 사용되고 있기 때문에 '철학'이라는 용어를 사용한다. 竹越與三郎 譯, 『近代哲学宗統史』(丸善, 1884), 2쪽.

19. 「生成發蘊」, 『西周全集』 第1巻, 31쪽.

20. 井上哲次郎, 有賀長雄 增補, 『哲学字彙』(東洋館, 1884), 66쪽, 82쪽.

21. 허지향, 「니시 아마네, 『생성발온』」,

『개념과 소통』 22(2018).

22. Victor Cousin, 『近代哲学宗統史』(竹越與三郎 重譯, 丸善, 1884).

23. 영국인 저서에 대한 번역으로는 D. Hume, 『政治哲学論集』 第1·2巻(土居言太郎 譯, 日本出版會社, 1884); H. Spencer, 『哲学原理』(山口松伍郎 譯, 加藤正七, 1884). 독일인 저서로서는 J. A Wentzke, 『哲学階梯』(今井恒郎 譯補, 群英閣, 1887). 미국인 저서로서는 Francis Bowen, 『近世哲学』(有賀長雄 譯, 弘道書院, 1884).

24. 井上哲次郎·有賀長雄, 『西洋哲学講義』 全6巻(阪上半七, 1883-1885).

25. 양일모, 「한학에서 철학으로: 20세기 전환기 일본의 유교 연구」, 『한국학연구』 49(2018).

26. 井上円了, 『哲学要領』(哲学書院, 1886).

27. 井上円了, 『哲学要領』, 2쪽.

28. 渡辺和靖, 『明治思想史—儒教的伝統と近代認識論』(ペリカン社, 1978), 20쪽.

재즈, 미국 흑인 하위문화의 탈국가적 상상력

김성엽

전 세계적으로 인기를 누리는 음악 장르는 많지만, 재즈처럼 오래도록 세계 여러 곳에 퍼져 독자적인 지역 재즈 문화를 숱하게 양산해 온 예술 형식은 많지 않을 것이다. 재즈가 이처럼 손쉽게 국경을 넘어 곳곳에서 다양하고 새로운 음악적 표현의 밑거름 역할을 할 수 있게 된 데에는, 미국 흑인들의 하위문화로 출발하여 끊임없이 확산·변형되면서 갖춘 역사적 특질이 중요하게 작용했다. 여기에서는 특히 문화의 유통 방식 및 그 저변에 있는 대안적 공동체 의식이 재즈의 본질을 규정하는 요소라는 인식 위에, 이런 특질이 갖추어진 역사적 배경을 폭넓게 조망하려 한다. 더불어 재즈의 탈국가적인 성격에도 불구하고 한편에서는 재즈를 왜 계속 '미국의 문화'로 규정하려 하는지, 미국 현대사의 굴곡 속에서 한 세기 넘게 존속되고 변모해 온 재즈의 전통은 국가 정체성과 탈국가적 상상 어느 쪽에 더 기대어 있는지 반추해 본다.

재즈의 뿌리—아프리칸 디아스포라의 문화 유통 방식

재즈가 활발한 문화 유통의 역사 속에서 탄생했다는 점은 여러 대륙을 넘나드는 긴 아프리칸 디아스포라African Diaspora의 역사에 비추어 볼 때 이미 여실히 드러난다. 길게 보면 유럽-아프리카 간의 인적·문화적 교류는 이미 중세 시대부터 이베리아반도와 북아프리카를 중심으로 본격화되었다고 할 수 있지만, 재즈를 비롯한 미국 흑인 문화의 탄생에 직접적 계기가 된 것은 유럽의 팽창과 이후 이어진 대서양 노예제였다. 아프리카인들이 노예로서, 때로는 선원이나 도시 노동자, 도망친 노예로서 세계 여러 곳으로 흩어져 나간 가운데, 특히 서인도제도와 아메리카 대륙을 무대로 아프리카 여러 지역의 문화가 처음으로 서로 조우하기도 하고, 유럽 문화 및 원주민 문화와도 교배하며 초유의 다원적 문화 교류가 이루어졌다. 그 가운데에서도 재즈의 본원지라 할 수 있는 미국 뉴올리언스는 18세기 말 이후 스페인, 프랑스, 서인도제도, 영미권의 문화적 영향이 공존하는 가장 다원적 공간이었다. 이런 배경을 고려하면 재즈가 본래부터 경계를 자유로이 넘나드는 탈국가적 성격을 띠게 된 이유를 쉽게 이해할 수 있다.[1]

그러나 미국 흑인들의 경계를 초월한 문화 유통은 국가나 문화권 사이의 교류에 국한되지 않았다. 1808년 미연방의 노예 수입 금지 이후 미국 흑인들이 국외의 아프리칸 디아스포라와 직접 교류할 기회는 대폭 줄어들었지만, 문화적 교류 근저의 미시적 소통이라는 측면에 주목한다면, 어떤 의미에서는 이전 못지않게 탈국가적 성격의 문화 유통이 지속되었다. 노예든 자유 신분이든 흑인들은 19세기 미국 사회에서 좀처럼 이동과 소통의 자유를 누리지 못한 채 사회·문화적 고립을 강요받았는데,[2] 이런 제약 속에서도 지역 공동체들 사이의 비공식적인 연결망을 통해 음악, 춤, 민담 등을 활발히 교류하며 발전시켰다.[3] 인접한 농장 사이를 왕래하는 것조차 억압당했던 미국 흑인들의 사회적 현실은 실상 국경 못지않게 넘기 힘든 '경계'에 둘러싸인 것과 같았기에, 미국의 테두리 안에 국한되었다 해도 19세기 미국 흑인들의 문화 유통은 깊은 의미에서 경계를 넘나드는 성격을 내재했다고 할 수 있다.[4]

이 과정에서 미국 흑인들의 하위문화는 '창작 의도'나 '원본'을 순수하게 보전하기보다 창작자와 감상자, 전달자와 수용자의 경계를 허물며 문화를 자유롭게 차용하고 변형시키는 주변부 구비문화의 성격을 띠게 되었다. 이미 완성된 창작물을 그대로 소비하는 것이 아니라 누군가 다른 곳에서 전해 들은 노래, 춤, 이야기를 공동체 단위로 새롭게 구현하며 재창조하는 과정이 매번 계속되었기에, 흑인들의 하위문화에서는 자연히 즉흥성과 현장감, 시연적performative 호소력이 전면에 강조되었다.[5] 이처럼 어떤 문화 콘텐츠든 지역 공동체 단위에서 자신들만의 것으로 만들어 향유하려는 문화적 태도는 흑인들 사이의 교류뿐 아니라 이질적 문화를 흡수하는 방식에도 똑같이 적용되었다. 농장 노예들의 노동요, 도시 슬럼가 흑인들의 통속적 유흥 음악, 미국 백인들의 군악, 유럽의 고전음악, 서아프리카 및 서인도제도의 춤과 리듬 등 여러 문화 재료들이 독창적인 방식으로 배합된 재즈 음악은, 본질적으로는 억압적인 사회 현실 속에서 미국 흑인들이 키워 온 고유의 문화적 태도 때문에 탄생할 수 있었다.[6]

다양한 문화에 대해 유연한 태도를 지녔다 해서, 미국 흑인들이 어떤 문화적 영향도 모두 적극적으로 수용하려 한 것은 아니다. 그보다는 수용 과정과 재창조 과정이 구분되지 않은 채 공연자, 감상자 할 것 없이 모두가 그 과정에 참여하는 특성 때문에 여러 사람들에게 깊은 호소력을 가진 노래나 이야기들만이 계속해서 재연되고 전파되게 마련이었다. 그렇기에 19세기 미국 흑인들 사이에 널리 유통된 노래, 춤, 이야기 등은 사회적 억압 속에 흑인들이 널리 공유한 의식과 정서를 특히 깊이 반영한 것이라 해석할 수 있다. 문화사가들이 강조하듯, 문화를 통해 표출된 당대 미국 흑인들의 의식에는 물리적 생존과 더불어 심리적·영적 생존에 대한 강렬한 열망이 담겨 있었다.[7] 자신이 속한 국가가 앞장서 자신들을 문명사회 바깥의 존재이자 예속 노동력으로만 취급하며 끊임없이 생존을 위협하고 존재 의미를 폄훼하려 들었기에, 흑인들은 미국의 주류 가치를 전면 거부해 가며 자신들만의 방식으로 삶의 의미를 찾아내야만 했다. 물론 법, 정치체제, 사회구조에 걸쳐 전방위적으로 고착화된 19세기 미국 인종 질서의 제약을 벗어던지기란 거의 불가능했기에, 흑인들은 체제 전복적subversive인 상상을 통해서라도 자녀들에게 자존감과 생존의 이유를 가르쳐야 했다. 바로 그런 이유로 흑인들에게는 자신들의 의식을 진정성 있게 반영한 노래, 춤, 이야기가 매우 큰 의미를 지녔다. 그리고 미국 사회 안에서 이런 문화를 계속 창조하고 유통시키는 행위는 국가의 당위성에 저항하고 국가가 규정하는 규범 바깥의 것을 지향하는 탈국가적 상상을 전제로 해야만 가능한 것이었다.[8]

재즈의 탄생—주류 문화와의 불편한 동거

재즈를 정의하는 방식만큼이나 재즈의 기원에 대한 해석도 다양하지만, 대체로 20세기 초에 뉴올리언스, 이어서 시카고, 뉴욕, 캔자

스시티 등에서 재즈가 태동했다고 보는 시각이 지배적이다. 이 시기는 미국 흑인들이 노예해방 및 도시화, 산업화를 등에 업고 전술한 사회적 제약 중 이동·소통의 제약에서 조금씩 벗어나던 때였다. 20세기 초에는 특히 대량생산-소비체제 및 대중매체와 엔터테인먼트가 발전하면서 흑인들에게도 문화 유통의 새로운 가능성이 열리기 시작했고, 재즈는 이런 가운데 전국적, 나아가 세계적인 인기를 누리는 음악 문화로 발돋움할 수 있었다.

재즈는 이런 새로운 환경에서 탄생했지만, 초기 재즈 음악에는 오랜 기간 형성된 미국 흑인 문화의 역사적 특질들이 그대로 담겨 있다. 우선 강한 즉흥성, '부름과 응답call and response'으로 대표되는 현장에서의 교감, 같은 곡도 매번 조금씩 다른 엇박을 주며 연주하는 '당김음syncopation' 등 재즈 특유의 형식적 요소들은 명백히 19세기 미국 흑인 문화 전반의 특질에서 발전된 것이다. 이 글의 맥락에서 더욱 중요하게는, 재즈는 원본과 원작자에 큰 의미를 두기보다 재창조 과정, 특히 공연자가 현장에서 시연하는 방식을 중시하는 태도를 바탕에 깔고 있다.[9] 문화의 유통과 창작을 바라보는 이런 태도는 재즈가 단순히 널리 소비되기만 하는 것이 아니라, 여러 문화권의 다양한 사람들에 의해 계속해서 모방 및 재창조되며 여러 갈래로 뻗어 나가고 확산된 추동력이라 할 수 있다.

물론 재즈 음악이 독창성을 중시하지 않는 것은 아니다. 다만 재즈 연주자들이 전통적으로 강조하는 창의성에는 '사운드', '스타일' 등으로 표현되는 독자적 목소리가 큰 비중을 차지한다. 누구보다 독창적이고 뛰어난 연주력을 갖추려는 재즈 연주자들의 전설적 경쟁심에 대해 일각에서는 '미국식 개인주의'의 표현이라고 해석하기도 한다. 하지만 재즈에서 독창성이란 공유된 문화적 태도에 대한 이해 위에 공동체적 정서와 의식에 호소할 수 있는 능력이라 보고, 이를 더 중시해 왔다. 이는 19세기 미국 흑인 문화에서 '이야기꾼'이 가졌던 위상과 일맥상통한다. 모두 참여하여 노래와 춤을 새롭게 만들어 가는 문화이지만, 그 안에서도 마을마다 출중한 노래꾼, 춤꾼, 이야기꾼이 있기 마련이다. 이들은 공동체 내에서 모두 공감하는 이야기를 흥미롭고 호소력 있게 전달할 수 있는 독자적 목소리가 있느냐에 따라 능력을 인정받았다. 재즈가 발전하면서 연주자들의 기교와 이론적 깊이는 점차 전문화되었지만, 재즈 연주자들은 기본적으로 미국 흑인들 및 아프리칸 디아스포라라는 역사적 경험에서 나온 독자적 의식과 감각에 새로운 목소리를 입혀 소통하는 데 능한 사람들이었다.[10] 재즈 연주의 이런 본질을 문필가 랠프 엘리슨Ralph Ellison은 다음과 같이 표현한 바 있다.

> 각각의 솔로 또는 즉흥 연주는 (마치 화가의 캔버스처럼) 연주자가 개인으로서, 집단의 일원으로서, 그리고 긴 전통을 이어 가는 한 연결고리로서 자신의 정체성을 규정하는 순간이다. 재즈는 이처럼 전통적 소재에 즉흥적 변주를 입히는 데서 그 생명력을 얻기에, 재즈 연주자는 늘 자신의 정체성을 찾으면서 동시에 잃는 과정을 되풀이해야만 한다.[11]

재즈가 대중 엔터테인먼트의 일부로 널리 유통된 후에도 미국 주류 사회와 구별되는 흑인들의 독자적 의식을 오래도록 반영한 데에는 쉽게 지워지지 않은 미국 사회의 인종주의가 한몫했다. 제

1차 세계대전 이후 특히 많은 흑인 음악가가 경제적 기회를 좇아 대도시로 이주하여 다양한 갈래의 재즈 음악을 꽃피웠는데, 이들이 음악 활동으로 돈을 벌 수 있는 공간은 대개 범죄조직이 운영하는 유흥업소였다. 때문에 법의 보호를 받는 안정적인 경제생활을 기대하기는 힘들었다. 도시 정부와 경찰은 음성적인 유흥업과 음주를 단속한다는 명분하에 언제든 흑인들에게만 특히 엄정한 규제와 처벌의 잣대를 들이댈 수 있었고, 심지어 자의적 폭력을 행사하기도 했다. 필라델피아시 경찰에게 구타당하여 심각한 뇌 손상을 입은 버드 파월Bud Powell이나, 뉴욕시와 경찰이 관장하는 유흥업소 고용허가증cabaret card을 부당하게 빼앗겨 수년간 공연 활동을 하지 못한 텔로니어스 몽크Thelonious Monk의 경험은 이런 상황을 잘 말해 준다. 이처럼 불안정한 사회적 입지는 흑인 음악가들이 백인 고용주와 대등하게 협상하여 정당한 보수를 받아내기 힘들게 만들었다. 때문에 많은 재즈 음악가는 유명세에도 불구하고 당대의 여타 도시 흑인들과 마찬가지로 궁핍한 생활에서 벗어나지 못했다.[12]

한편 라디오와 음반·영화의 발명, 자동차와 교통망 확충 등 기술적 변화 역시 재즈의 확산에 큰 도움을 주었지만, 정작 창작자인 흑인 음악가들에게는 많은 혜택이 돌아가지 않았다. 특히 좋은 수입원 중 하나인 주류 매체 출연 기회는 20세기 중엽까지도 폴 화이트먼Paul Whiteman 같은 백인 음악가들에게만 열려 있었고, 또 백인들이 자본과 영업 기회를 독점하는 사회에서 흑인 음악가들은 음원을 녹음하고 방송에 내보내거나 시장에 유통시키는 모든 과정을 철저히 백인 사업가들에게 의존해야 했기 때문이다. 사업가들이 흑인 음악인들의 이런 처지를 어떻게 악용했는지를 잘 보여 주는 사례로 매니저 어빙 밀스Irving Mills의 경우를 들 수 있다. 그는 20세기 초에 음악인들을 전문적으로 관리하며 재즈를 수익 사업으로 키우는 데 남다른 수완을 발휘한 인물이다. 듀크 엘링턴Duke Ellington, 패츠 월러Fats Waller 등이 전국적인 유명세를 얻는 데 도움을 주었으나 동시에 그들의 창작 활동에서 나온 대부분의 수입을 매니저 명목으로 가져갔다. 심지어 월러의 대표적인 히트곡 〈Ain't Misbehavin'〉에 대한 저작권료까지 전부 챙겼다.[13]

나아가 미국의 주류 사회는 재즈를 즐기면서도 그 창작자들을 비하하는 태도를 오랫동안 견지했다. 재즈가 태동한 20세기 전환기는 미국인들이 자국의 문명사적 사명을 서양중심주의 및 인종적 제국주의와 깊이 결부하여 인식하던 시기였는데, 이런 태도는 음악을 비롯한 문화 자체를 바라보는 시각에도 고스란히 반영되었다. 역사학자 로런스 레빈Lawrence W. Levine이 지적하듯, 이 시기에 엘리트층을 중심으로 서양 고전음악에 대한 관심과 투자가 고조된 것은 유럽 열강에 비추어 미국의 문화 정체성을 재정립하려는 욕망과 관계가 깊었다. 즉, 당시 엘리트들은 미국이 유럽에 비견할 만한 훌륭한 오케스트라와 공연장, 오페라하우스 등을 갖춤으로써 문명세계의 첨단에 이르렀다는 뚜렷한 징표를 확보했다고 생각했다.[14]

물론 유럽의 문화를 그대로 모방하기보다 미국의 개방적인 분위기와 사회·문화적 다양성을 반영하여 '미국식'으로 재창조하는 데 대한 관심도 적지 않았다. 그러나 어디까지나 고급문화에 대한 유럽의 잣대를 견지하면서 미국에 존재하는 다양한 유럽계 이주민들의 문화를 융화하려는 차원에서였다. 미국을 '용광로melting pot'에 비유한 극작가 이스라엘 쟁윌Israel Zangwill의 동명 작품은 당대 미국인들의 이런 문화적 태도를 잘 보여 준다. 미국으로 이주한 러시아 유대인 작곡가가 사회·문화적 격차를 극복하고 성공적으로 정착하는 과정을 그린 이 작품은 주인공이 미국 백인 여성과 결혼하고 그의 교향곡이 미국에서 초연되어 관객들로부터 호평을 받으면서 행복하게 마무리된다. 당시 쟁월과 같은 미국인에게 고전음악으로 대변되는 유럽의 고급문화는 다양한 출신의 유럽계 이주민들이 모여 새로운 미국적 정체성을 만들어 나가는 과정에서 매개이자 준거로 삼아야 할 것이었다.[15]

반면 재즈로 대변되는 흑인들의 하위문화는 다원적인 미국 사회를 하나로 묶는 발전적 가치들의 대척점에 있었다. 작곡자가 정교하게 구성한 작품을 연주자들이 한 음 한 음 충실히 재현하면 관객은 경외심으로 감상에 빠지는 서양 고전음악이 절제와 합리성, 질서를 강조하는 당시 서양인들의 문명 관념을 대변한다면, 즉흥적이고 파열음과 엇박이 난무하며 작곡자, 연주자, 관객이 구분 없이 서로 자유롭게 소통하는 재즈는 본능적이고 야만적인 세계를 대표하는 것으로 비추어졌다. '아프리카 정글'에서 건너온 음악이라는 식의 재즈에 대한 흔한 묘사는 흑인 문화를 바라보는 당시 주류 사회의 태도를 잘 보여 준다.[16] 재즈 음악가 디지 길레스피Dizzy Gillespie가 1957년 한 인터뷰에서 한탄했듯, 인종주의로 얼룩진 미국 사회의 이런 편향적 시선은 오래도록 쉽게 바뀌지 않았다.

> 미국인들은 재즈를 예술로 받아들이기를 늘 거부해 왔다. (…) 미국인들은 여전히 재즈를 저속한 음악, 즉 머리가 아니라 발로 듣는 음악, 또는 어린아이들과 마약중독자들을 위한 음악으로 바라볼 뿐, 진지한

음악, 즉 콘서트홀에서 연주되고 연구되어야 할 음악으로 보지 않는다.[17]

재즈는 주류 사회의 소비품으로 수용된 후에도 여전히 미국의 문화적 정체성 바깥의 것으로 치부되었다. 더구나 흑인들에 대한 사회적 차별이 지속되었기에, 재즈 음악가들은 자연히 국가에 귀속되지 않은 대안적인 문화적 공동체를 계속해서 추구했다. 예술음악으로서의 재즈를 본격적으로 꽃피웠다고 간주되는 비밥bebop 스타일은 이런 사회·문화적 배경에서 탄생했다. 비밥은 이전까지의 재즈는 물론 기존의 어떤 음악과도 확연히 다른 화음 구성과 전개 방식을 취했고, 일견 생경하고 난해하기 그지없지만 나름의 분명한 논리와 예술적 감각을 근저에 깔고 있었다. 로빈 켈리Robin Kelley, 에릭 로트Eric Lott 등의 학자들은 비밥의 이런 특성이 흑인 문화를 여전히 배제하고 원시적이라 치부하는 미국 주류 사회에 대한 대항의 의미를 담고 있다고 말한다. 즉, 비밥 연주자들은 미국이 지향하는 서양중심주의적인 가치와 거리를 두면서도 서양의 음악 문화 못지않게 고차원적이고 현대적이며 세련된 문화를 의식적으로 창출해 내려 했다는 것이다.[18]

길게 보면 이런 움직임은 늦어도 1930년대부터 대도시의 젊은 흑인 음악인들 사이에서 나타나기 시작했다. 이들은 음악적 실험이 자유롭게 허용되는 소규모 유흥업소의 심야 시간대 공연을 함께하며 비주류 음악인들만의 끈끈한 공동체를 형성했는데, 당대의 '미국적' 가치와 차별화된 흑인 문화만의 뿌리 깊은 의식, 그리고 이를 보다 현대적 감성으로 새롭게 표현하려는 욕구는 그들을 하나로 묶어 주었다. 흑인 문화 연구자 아미리 바라카Amiri Baraka가 자신의 경험을 회고하며 설명하듯, 당대의 젊은 흑인들에게 "비밥은 전혀 다른 방식으로 존재하고 삶을 영위하며 현실을 인식할" 수 있음을 보여 주었다.[19] 비밥을 비롯한 '현대 재즈'는 이처럼 도시 사회의 주변부에 머물면서 주류 사회가 허용하지 않는, 아름답고 조화로운 세계를 상상하고 갈구한 흑인들의 문화적 산물로서, 19세기 흑인 문화와 마찬가지로 미국의 국가 정체성에 대항하는 탈국가적 의식을 깊이 담고 있다.[20]

재즈의 확장—미국의 문화 혹은 탈국가적 문화

재즈에 대한 미국 사회의 태도는 20세기 중엽에 이르러서 확연히 바뀌기 시작했다. 여기에는 제2차 세계대전과 그 뒤 이어진 냉전 시기의 국제정치 질서가 중요하게 작용했다. 미국이 자유민주주의의 수호자를 자처하며 공산주의 및 전체주의 제어라는 명목하에 전 세계 내정에 깊이 개입하는 상황에서, 미국 사회의 오랜 인종적 불평등과 억압은 소련 등 경쟁국의 손쉬운 공격 대상이었다. 이에 미국 정부는 이런 이념적 공격이 아프리카나 아시아의 신생 독립국들에 미칠 영향을 깊이 우려했다.[21] 미국에 대한 부정적인 국제적 인식을 상쇄하려는 다각적 노력의 하나로, 미국 정부에서는 흑인 문화인 재즈를 '미국 문화'로 추켜세우며 세계에 선전하기 시작했다. 정부는 재즈 공연 및 교육 기관을 적극적으로 지원하기 시작했고, 재즈를 소개하는 라디오 프로그램을 제작하여 여러 나라에 수출 및 방송했다.[22] 미국이 패권국으로 부상하면서 제작한 방송 프로그램 〈미국의 목소리Voice of America〉는 미국적 가치와 이념의 우월함을 해외에 알리는 정치 선전의 의도를 강하게 담고 있었다. 1955년부터 재즈 비평가 윌리스 코노버Willis Conover가 운영하는 재즈 프로그램이 상설화된 것도 재즈의 달라진 위상을 잘 보여준다. 재즈는 인종차별적인 제국주의 국가라는 이미지를 상쇄하려는 정치적 목적에 의해 비로소 미국의 문화적 정체성 일부로 자리매김하게 된 것이다.[23]

더불어 미국 국무부는 1955년부터 〈재즈 사절단Jazz Ambassadors〉이라는 야심찬 프로그램을 기획하여, 여러 유명 재즈 음악가를 세계 곳곳에 보내 순회공연을 펼쳤다. 미국 내 방송에서는 여전히 흑인과 백인 음악인이 무대에 동시에 서는 것을 금기시했는데, 국무부는 〈재즈 사절단〉을 위해 일부러 다인종으로 구성된 밴드를 장려했다. 또한 정부의 정치적 의도를 깊이 반영하여 음악가들을 특히 공산권 국가들과 신생 독립국에 집중적으로 보냈다. 가령 1960년 콩고가 벨기에로부터 독립했을 때 미국 국무부는 곧바로 대표적인 재즈 음악가 루이 암스트롱Louis Armstrong을 〈재즈 사절단〉의 한 명으로 콩고 카탕가 지역에 보냈다. 암스트롱은 알지 못했지만, 이는 카탕가의 풍부한 자원에 대한 미국의 개입 가능성과 방식을 타진하기 위해 국무부와 CIA가 긴밀히 협조하여 세운 작전 중 하나였다. 물론 이처럼 아주 직접적인 기밀 작전과 연결된 경우는 예외적이었지만, 〈재즈 사절단〉의 주요 목적은 명백히 신생 독립국들이 공산권으로 넘어가지 않고 '자유세계'의 일원으로서 미국의 정치·경제적 패권 아래 놓이도록 하는 것이었다.[24] 오래도록 하위문화, 주변부 문화 또는 '문화의 반대 지점'에 있는 저속한 엔터테인먼트로 취급되던 재즈는 이런 과정을 통해 비로소 미국의 대표적인 음악 문화로 발돋움했고, 처음으로 국가의 힘을 등에 업고 세계로 뻗어 나갈 수 있었다.

이런 변화를 놓고 재즈 음악가들과 팬들의 태도는 엇갈려 왔다. 일부는 미국이 백인우월주의를 극복하고 진정한 민주주의를 향해 꾸준히 진보해 왔다는 믿음 위에, 재즈의 역사는 미국 흑인들이 온갖 역경을 극복하며 진정한 미국인으로 받아들여진 과정을 대변하는 것으로 채색한다.[25] 트럼펫 연주자 윈턴 마살리스Wynton Marsalis, 비평가 스탠리 크라우치Stanley Crouch 등은 1980년대부터 이런 시각으로 재즈의 '신고전주의' 조류를 주도했다. 재즈 전통을 미국적 가치와 긴밀히 연결 지으려는 이들의 접근은 미국 대중의 국가주의적 세계관 및 1970년대 이후 미국 사회의 보수화 경향과 맞물려 재즈에 대한 일반의 인식에 지대한 영향을 미쳐 왔다. 특히 마살리스는 국제적인 명성을 가진 링컨재즈센터Jazz at Lincoln Center의 음악감독을 역임하고, 유명 다큐멘터리 제작자 켄 번즈Ken Burns의 10부작 〈재즈〉에 자신의 목소리와 시각을 깊이 반영하여 재즈가 '미국의 고전음악'이라는 인식을 널리 확산시키고 있다.[26]

마살리스의 시각에 동조하는 재즈 음악가와 청취자도 적지 않지만, 비판의 목소리도 만만치 않다. 특히 새로운 음악적 실험과 즉흥적 창작을 강조하는 음악인일수록 미국 주류 사회의 정체성 안에 재즈를 가두려는 시도를 비판적으로 바라보는 경향이 강하다. 이들이 보기에 재즈는 역사적으로 미국의 주류 문화가 아닌 아프리칸 디아스포라 문화에 뿌리를 두고 탄생했으며, 아프리칸 디아스포라의 대안적 세계관과 의식이 정치적으로 탈국가적인 반식민주의, 반인종주의를 배태한 것과 같은 선상에서 늘 백인우월주의 국가에 대립하는 흑인들의 전복적 세계관을 대변해 왔다.[27] 또한 인종주의와 제국주의가 미국만의 것이 아닌 만큼이나, 재즈의 전복적·탈국가적 상상력 또한 세계 여러 곳의 억압받는 집단들이 수용하여 자기들만의 것으로 만들 수 있다고 본다. 이들이 보기에 수용자의 필요와 감성에 따라 손쉽게 변형 및 재창조될 수 있는 재즈의 유연함은 바로 미국 흑인들이 처한 현실의 고립을 집단적 상상으로나마 초월하려는 노력의 산물이라 할 수 있다. 그렇기에 재즈는 특정 국가의 문화적 전통에 구애받지 않고 비슷한 현실에 처한 사람들이라면 누구나 자신의 방식으로 감응하며 새로운 표현의 발판으로 삼을 수 있는 강한 탈국가적 확장성을 지니게 된 것이다.[28]

특히 1960년대부터 널리 확산된 블랙내셔널리즘Black Nationalism과 범아프리카주의 의식을 공유하며 예술적 표현에 반영하려는 재즈 음악인들은, 재즈의 탈국가적 정치성을 강조하며 미국 바깥의 다양한 하위문화 및 흑인 이외 소수 집단들의 저항문화와 연대하고 교류하려는 노력을 지속해 왔다.[29] 이런 취지에 공감하는 재즈 음악인들은 실제로 오늘날 세계 전역에서 각자 독자적인 목소리로 재즈의 지평을 넓혀 나가고 있으며, 다만 재즈 세계 안에서조차 비주류 취급을 받으며 대개 대중의 관심으로부터는 벗어나 있다. 하지만 재즈의 뿌리인 흑인 하위문화가 주변부에서 오래도록 대안적 방식으로 연대하고 소통하며 생존 및 확장해 온 것처럼, 오늘날의 급진적인 비주류 재즈 음악가들 역시 국민주의, 자본주의에 의존하지 않는 탈국가적 문화 유통망을 계속 넓혀 나가고 있다.[30]

재즈의 전복적이고 탈국가적인 상상력은 프레드 호Fred Ho 같은 아시아계 미국인 음악가들의 활동을 통해 저항적인 아시안 아메리칸 문화 운동에도 깊은 영향을 미쳤다. 재즈의 역사적 의의에 대한 호의 말을 인용하며 이 글을 마무리 짓는다.

> '재즈' 혹은 미국 흑인 음악은 미국 안에서만이 아니라, 세계사적 차원에서 20세기의 혁명 음악이다. (…) 미국 사회에서 억압받아 온 소수 집단들의 투쟁은 (…) 단순히 다문화주의에 호소하거나 주류 문화에 편입하려는 기도가 아니라, 백인우월주의와 유럽중심주의의 제도화된 권력 전체를 해체하려는 움직임이다. 이 투쟁이 성공했을 때 비로소 '재즈'를 미국의 음악이라 할 수 있게 될 것이다.[31]

1. Thomas Fiehrer, "From Quadrille to Stomp: The Creole Origins of Jazz," *Popular Music*, vol. 10, no. 1 (1991), pp. 21-38; Lawrence Gushee, "The Nineteenth-Century Origins of Jazz," *Black Music Research Journal*, vol. 14, no. 1 (1994), pp. 1-24; Ted Gioia, *The History of Jazz*, 3rd Edition (Oxford University Press, 2021), pp. 1-12.

2. Elizabeth S. Pryor, *Colored Travelers: Mobility and the Fight for Citizenship Before the Civil War* (University of North Carolina Press, 2016).

3. Lawrence W. Levine, *Black Culture and Black Consciousness: Afro-American Folk Thought from Slavery to Freedom* (Oxford University Press, 1978).

4. Walter Johnson, *River of Dark Dreams: Slavery and Empire in the Cotton Kingdom* (Belknap Press of Harvard University Press, 2013), Chs. 5 & 6; Anthony E. Kaye, "Neighborhoods and Nat Turner: The Making of a Slave Rebel and the Unmaking of a Slave Rebellion," *Journal of the Early Republic*, vol. 27, no. 4 (2007), pp. 705-720.

5. Levine, *Black Culture and Black Consciousness*, pp. 1-18.

6. Joshua Vincent & Lydia Lindsey, "Jazz is African Diasporic Music: Reconfiguring the Uniquely American Definition of Jazz," *Journal of Pan African Studies*, vol. 10, no. 5 (2017), pp. 156-189.

7. Levine, *Black Culture and Black Consciousness*, pp. 19-65; Paul Gilroy, *The Black Atlantic: Modernity and Double Consciousness* (Harvard University Press, 1993), pp. 36-40.

8. LeRoi Jones, *Blues People: The Negro Experience in White America and the Music that Developed from It* (William Morrow, 1963); Gilroy, *The Black Atlantic*, pp. 73-76.

9. Gioia, *The History of Jazz*, pp. 29-124.

10. Travis A. Jackson, "Jazz Performance as Ritual: The Blues Aesthetic and the African Diaspora," Igrid Monson (ed.), *The African Diaspora: A Musical Perspective* (Routledge, 2000), Ch. 2, 특히 pp. 26-30, 65-66.

11. Ralph Ellison, *Shadow and Act*

(Random House, 1964), p. 234.

12. Gerald Horne, *Jazz and Justice: Racism and the Political Economy of the Music* (Monthly Review Press, 2019), pp. 141, 217, 235.

13. Horne, *Jazz and Justice*, p. 63; Harvey G. Cohen, "The Marketing of Duke Ellington: Setting the Strategy for an African American Maestro," *Journal of African American History*, vol. 89, no. 4 (2004), pp. 291-315.

14. Lawrence W. Levine, *Highbrow/Lowbrow: The Emergence of Cultural Hierarchy in America* (Harvard University Press, 1999).

15. Joe Kraus, "How The Melting Pot Stirred America: The Reception of Zangwill's Play and Theater's Role in the American Assimilation Experience," *MELUS*, vol. 24, no. 3 (1999), pp. 3-19.

16. Lawrence Levine, "Jazz and American Culture," *Journal of American Folklore*, vol. 102, no. 403 (1989), pp. 6-22; Berndt Ostendorf, "Minstrelsy & Early Jazz," *Massachusetts Review*, vol. 20, no. 3 (1979), pp. 574-602; Denis-Constant Martin, "Can Jazz Be Rid of the Racial Imagination? Creolization, Racial Discourses, and Semiology of Music," *Black Music Research Journal*, vol. 28, no. 2 (2008), pp. 105-123, 특히 pp. 112-114.

17. Penny M. Von Eschen, *Satchmo Blows Up the World: Jazz Ambassadors Play the Cold War* (Harvard University Press, 2006), p. 42.

18. Eric Lott, "Double V, Double-Time: Bebop's Politics of Style," Krin Gabbard (ed.), *Jazz among the Discourses* (Duke University Press, 1995), pp. 243-255; Robin D. G. Kelley, "New Monastery: Monk and the Jazz Avant-Garde," *Black Music Research Journal*, vol. 19, no. 2 (1999), pp. 135-168.

19. Amiri Baraka, *The Autobiography of LeRoi Jones* (Freundlich Books, 1983), p. 88.

20. Jones, *Blues People*; Paul Lopes, "Pierre Bourdieu's Fields of Cultural Production: A Case Study of Modern Jazz," Nichola Brown & Imre Szeman (eds.), *Pierre Bourdieu: Fieldwork in Culture* (Rowman and Littlefield, 2000), pp. 165-185.

21. Mary L. Dudziak, *Cold War*

Civil Rights: Race and the Image of American Democracy, 2nd Edition (Princeton University Press, 2011); Mary L. Dudziak, "Josephine Baker, Racial Protest, and the Cold War," *Journal of American History*, vol. 81, no. 2 (1994), pp. 543-570.

22. Vincent & Lindsey, "Jazz is African Diasporic Music," p. 157; Alice Goldfarb Marquis, "Jazz Goes to College: Has Academic Status Served the Art?," *Popular Music and Society*, vol. 22, no. 2 (1998), pp. 117-124.

23. Von Eschen, *Satchmo Blows Up the World*, pp. 13-18.

24. Von Eschen, *Satchmo Blows Up the World*, pp. 13-18.

25. Robin D. G. Kelley, *Africa Speaks, America Answers: Modern Jazz in Revolutionary Times* (Harvard University Press, 2012), pp. 3-4.

26. Clive Davis, "Has Jazz Gone Classical?," *Wilson Quarterly*, vol. 21, no. 2 (1997), pp. 56-63; Charles Hersch, "America without Dissonance: Ken Burns's 'Jazz'," *Polity*, vol. 34, no. 1 (2001), pp. 107-116; Robin D. G. Kelley, "In a Mist: Thoughts on Ken Burns's Jazz," *Institute for Studies in American Music Newsletter*, vol. 30, no. 2 (2001), pp. 8-10.

27. Robert K. McMichael, "We Insist-Freedom Now!: Black Moral Authority, Jazz, and the Changeable Shape of Whiteness," *American Music*, vol. 16, no. 4 (1998), pp. 375-416.

28. Martin, "Can Jazz Be Rid of the Racial Imagination?," pp. 107, 110; Christopher Ballantine, "Music and Emancipation: The Social Role of Black Jazz and Vaudeville in South Africa between the 1920s and the Early 1940s," *Journal of Southern African Studies*, vol. 17, no. 1 (1991), pp. 129-152; Berndt Ostendorf, "Subversive Reeducation? Jazz as a Liberating Force in Germany and Europe," Bernard Vincent (ed.), *Revue Française d'Etudes Américaines* (2001), pp. 53-71.

29. Kelley, *Africa Speaks, America Answers*; Ingrid Monson, *Freedom Sounds: Civil Rights Calls Out to Jazz and Africa* (Oxford University Press, 2007); Fred Ho, "Asian American Music and Empowerment: Is There Such a Thing as 'Asian American Jazz?'," Diane C. Fujino (ed.), *Wicked Theory, Naked Practice: A Fred Ho*

Reader (University of Minnesota Press, 2009), pp. 211-217.

30. 이런 성향의 음악인들에 대해 현재 가장 활발한 대화가 오가는 인터넷 공간으로는 Free Jazz Collective(www.freejazzblog.org)를 보라.

31. Fred Ho, "What Makes 'Jazz' the Revolutionary Music of the 20th Century, and Will It Be Revolutionary for the 21st Century?," *African American Review*, vol. 29, no. 2 (1995), pp. 283-290.

종교 문화의 교류와 재해석

중국에서 인도불교의 수용과 변용
— 식과 여래장 개념의 융합을 중심으로

안성두

문화전파는 여러 차원에서 진행된다. 청동기나 철제, 금은 등의 주조나 도자기와 종이 등의 생산에서도 관련된 물적 토대와 그것을 생산하는 기술이 갖추어졌을 때 다른 문화에서도 이와 비슷하게 모방하고 생산하는 데에 큰 지장이 없을 것이다. 그렇지만 문화 전달에서 하나의 고등 문화의 관념 체계가 다른 고등 문화의 관념 체계에서 수용되고 해당 문화의 인지 체계로 변용되는 것은 그리 간단한 문제가 아니다. 그 이유는 이런 관념적인 의미 체계가 새로운 문화 속에 자리잡기 위해서는 여러 세기에 걸친 문화의 전달과 수용, 그리고 다양한 변용 과정이 필요하기 때문이다.

이런 점에서 근대 이후 서구 문화의 전달과 수용은 지구적 차원에서 수행된 첫 번째 전체적 문화변용의 사례일 것이다. 그러나 인류문화사에서 이런 성공적인 전파 과정을 보여 주는 첫 번째 사례로서는 인도에서 시작된 불교 문화가 중국으로 전달된 경우를 제시할 수 있다. 위에서 '성공적'이라고 말한 이유는 그 과정 속에 어떤 폭력성이나 제국주의적 요소도 나타나지 않았기 때문이다.

인도불교와 중국불교

인도 문화와 중국 문화가 고등 문화라는 사실에 누구도 이의를 제기하지 않겠지만, 두 문화의 성격은 매우 다르고 여러 점에서 차이가 나타난다. 가장 두드러진 차이라면 인도 문화에서는 윤회輪廻와 업業 관념을 전제하면서 생명의 문제를 의식의 문제 중심으로 해명하려고 시도한 반면, 중국 문화에서는 윤회나 업에 대응하는 관념이 존재하지 않거나 거의 아무런 역할도 하지 못한다는 점이다. 더구나 인도불교는 우파니샤드의 윤회와 업 관념을 수용하고 이를 불교적 맥락으로 변용해서 이해했고, 더구나 의식意識과 심心의 문제는 윤회 개념과 밀접히 연관되어 발전된 것이다. 따라서 불교가 중국에 전래되었을 때의 상황을 이해하기 위해서는 먼저 인도에서 의식과 윤회 관념의 연결점이 무엇이며, 또 인도불교의 전달자들이 전혀 다른 문화적 맥락을 가진 중국에서 그 관계를 어떻게 표현했는지, 또 당시 중국인들이 이런 인도불교의 관념을 어떻게 받아들였는지를 보는 것이 필요하다.

의식과 윤회

의식과 윤회 관념의 연결은 인도불교의 핵심 논점 중 하나다. 여기서 '의식'이라는 용어는 사실 불교 전통에서 식識, vijñāna을 가리키는 용어로, '식'은 모든 살아 있는 존재sattva를 살아 있는 존재로 만드는 가장 기본적인 요소로서의 지각성sentience을 의미하며, 이런 지각성 때문에 유정은 여타의 무정물과 구별되는 것이다. 이것이 불교에서 식의 일차적 의미이지만 동시에 초기 불교에서 식은 수受·상相·행行·식識이라는 비물질적 온蘊의 하나로서 대상에 대한 인지적 앎을 가리키는 의미로도 자주 사용된다. 이러한 인지적 앎은 붉은 장미에 대한 나의 지각처럼 현재 의식의 표층에서 진행되는 과정이다. 이렇게 이해할 때, 우리는 '식'이라는 가장 핵심적인 단어에 전혀 다른 두 가지 의미가 포함되어 있음을 보게 된다. 하나는 윤회 과정에서 유정을 살아 있게 하는 요소로서, 그리고 다른 하나는 현재 찰나의 지각 작용으로서의 의미다.

그리고 이런 식의 이해를 더욱 어렵게 만드는 것은 바로 불교의 무아설無我說이다. 초기 불교에서 '무아'란 바로 우파니샤드적 의미에서 영원불변한 자아ātman의 비존재를 가리킨다. 자아는 없지만 의식 작용은 존재한다고 주장하는 불교의 무아설이 불교 안팎에서 많은 오해와 비판을 불러왔음을 짐작할 수 있지만, 여기서는 깊이 들어가지는 않겠다. 다만 의식 작용과 자아 개념의 분리가 가진 이해의 어려움이 인도불교에서뿐 아니라 중국불교계에서 한층 더 심했을 것이라는 점은 당연할 것이다.

'식'의 의미

초기 불교 이래 '식'의 두 가지 의미는 인도불교에서 아비달마 시대에 이르기까지 불교학파 내부에서의 지속적인 논의를 통해 체계적으로 형성될 수 있었지만, 그럼에도 월드론Williams S. Waldron이 '아비달마의 문제점abhidharmic problematic'이라 명명한, 양자 사이의 근본적인 긴장 관계는 해소되지 않은 채 남아 있었다.[1] 그리고 인도불전이 바로 이 시기에 한역되기 시작했다. 따라서 당시 중국의 불교도들은 불교사상의 핵심인 '식'의 의미와 그와 관련된 무아설을 제대로 이해하기 어려웠다. 더군다나 텍스트의 역사성은 배제된 채 텍스트의 의미에 의해 불교사상을 이해해야 한다는 것과, 인도 불전의 풍부한 심리학적 용어들에 대한 번역의 어려움도 있었다.

'식'의 이해와 관련하여 위에서 언급한 두 측면의 차이를 이해하기 위해서는 먼저 아비달마 문헌에서 설해진 식의 통시적 구조와 공시적 구조의 차이를 알아야 한다. 가장 강력한 아비달마 학파인 설일체유부說一切有部는 한 찰나의 식이 어떤 구조하에서 하나의 지각으로 작동하는지를 보여 주는 데 초점을 맞추고 있고, 이는 5위 75법으로 대변되는 이 학파의 다르마dharma 이론에서 분명히 드러난다. 하지만 아비달마 문헌은 거의 400년 이후에나 제대로 번역되었고, 그 이전에 번역된 아비달마 문헌도 다양한 심리학 용어의 사용 때문에 당시 중국인이 이해하기는 어려운 텍스트였을 것이다.

반면에 '식의 역사성'이라고 말할 수 있는 '윤회적 식'의 문제는 아비달마의 논서에서는 비록 불교사상의 체계 구성 측면에서 이차적인 것이지만, 당시 중국인들에게는 중국 사상과는 다른 가장 특징적 불교 교설로 인식되었을 것이다. 왜냐하면 선진유학의 문헌들에서 사후의 문제는 괴력난신의 일종으로서 금기시되었거나, 아니면 『장자』가 보여 주듯이 완전히 배제되지는 않았더라도 이를 학문적 담론의 주제로 다루는 것은 회피된 것 같다. 하지만 인도 불전에서 윤회는 당연한 사실로 전제되었고, 어떤 의미에서 식은 윤회의 주체로서 간주되었기 때문이다. 이런 점에서 위진 시대의 불교도들이 이러한 윤회적 식의 측면에 초점을 맞추면서 이를 중국인이 이해할 수 있는 새로운 용어로 표현하고자 한 것은 당연하다.

신불멸론

이러한 역할을 수행한 불교 용어가 바로 '신불멸론神不滅論'이다. 불전이 처음으로 한역된 2세기경 문헌에는 이 용어가 나오지 않지만, 3세기부터 진晉 초기에 이르기까지 영혼의 윤회와 재생, 불멸성에 대해 말하는 번역 문헌이 다수 존재했다.[2] 이 용어를 문자대로 이해한다면, 당시 중국불교도들은 영혼의 불멸을 붓다 교설의 핵심으로 간주했다고 보인다. 하지만 여기서 신神의 의미는 윤회에서 지속하는 정신적·심리적 존재라는 의미로서, 래디히Michael Radich는 신불멸이 '영혼의 불멸성'이라기보다는 '죽음 이후에도 존속하는 어떤 정신적 요소'를 가리킨다고 지적한다.[3] 그렇다면 신불멸론이란 쥐르허Eric Zürcher가 주장하듯이 불교의 무아설과 상충되는 것으로, 당시 불교도들이 윤회와 무아에 대한 불교 교설을 제대로 이해할 수 없었기 때문에 생겨난, 유신견有身見(오온으로 구성된 존재가 실재한다는 견해)의 기이한 형태나 아집의 형태[4]가 아니라, 초기 불교에서 통시적 차원에서 윤회하는 식을 달리 부른 것으로 이해된다. 신불멸론에 반대하여 초기에 유학자들이 제기한 신멸론神滅論도 윤회 개념의 부정이라는 맥락에서 훨씬 잘 이해될 수 있을 것이다.

이 용어는 6세기까지 중요하게 사용되었다고 지적되지만, 그럼에도 이 개념이 함축하는 의미는 결코 동일하지 않았을 것이다. 앞서 래디히가 말했듯이, 신불멸이 죽음 이후에도 존속하는 어떤 정신적 요소를 의미한다고 해도, 그런 존속하는 요소에 대한 이해는 4-5세기 종병宗炳(375-443)의 등장 이전과 이후에 달라질 수밖에 없었기 때문이다. 그 달라진 이해의 배후에는 5세기 이후 중국불교에 나타난 불전에 대한 본격적 연구[5]와 이에 부응하는 새로운 인도

불전의 소개와 번역이 있었다고 생각된다.

신불멸 개념의 의미 변화에 커다란 영향을 준 두 요소가 불성과 유식唯識의 알라야식ālaya-vijñāna 개념이라고 보이지만, 그런 영향 관계가 직접적인 텍스트의 영향인지 아니면 심의 본성에 대한 탐구에서 산출된 독자적 이해인지의 여부는 괄호 속에 넣자. 다만 이를 위해 여산 혜원慧遠(334-416)의 제자이기도 했던 종병의 신명神明에 대한 논의를 간략히 다루고자 하며, 출발점으로서 래디히의 연구를 비판적으로 검토하고자 한다.

래디히는 종병의 『명불론明佛論』에서 윤회하는 실체와 식의 관계가 분명해졌다고 평가하면서, 여기서 식은 윤회 과정을 지속시키는 것으로서 12지연기十二支緣起에서 제3지인 식이라고 지적한다.[6] 이 식의 기능은 사고 작용의 영위(사영지식思營之識)지만, 이러한 식은 깨달은 자들에게 없고, 그들은 단지 신神을 갖추고 있을 뿐이라고 설명하면서, 해탈은 제행과 식이 그치고 신명이 성취되는 것이라고 한다.[7] 종병은 초기 불교 이래 식에 대한 두 가지 설명을 12지연기설에서의 식지에서 읽으면서, 신명이란 일상적 심이나 식의 작용과는 구별되는 것이라고 본다. 그리고 이러한 식의 작용의 소멸이 오직 신만이 존재하는 허명지본虛明之本의 인식으로 이끌며, 심 작용이 그치고 식이 중지했을 때 그러한 신명神明의 온전함이 나타난다고 간주하는 것이다. 다시 말해 상주하는 신명을 단지 윤회적 맥락에서 식의 지속성을 나타내는 것이 아니라 초월적인 심의 본질로서 궁극적인 것으로 이해하는 것이다.

종병은 식과 깨달음에 대한 접근 사이의 관계를 단지 번뇌의 제거 관점에서 거울의 때에 비유하여 설명하는데, 이 비유를 앞의 설명과 관련시키면 식이란 맑은 거울을 더럽히는 때와 같고, 이 식이 제거된 상태인 신명은 본래 맑은 거울이다. 래디히는 종병이 이 식을 윤회의 주체로서 간주하는 동시에 이를 불성과 관련시켜 논의하는 것처럼 보인다고 하면서, 그 근거로 종병이 '손지우손 필지무위損之又損 必至無爲'라고 『노자』 48장의 어구를 조금 바꿔, 이런 방식으로 식은 마침내 불멸지본不滅之本을 명료하게 할 수 있다는 설명을 인용하고 있다.[8] 이런 종병의 신명 개념은 '자성청정심 객진번뇌염自性淸淨心 客塵煩惱染'을 설하는 여래장 내지 불성사상의 관점에서 충분히 설명될 수 있지만, 과연 종병의 이해가 불성사상의 영향에 기인한 것인지는 불분명하다.

종병은 (가) 사영지식思營之識과 윤회식은 어떤 관계에 있는지, (나) 어떻게 이 식의 소멸이 단지 신명만이 홀로 빛나는 상태(唯神獨映)로 이끄는지에 대해 언급하지 않는다. (가)는 월드론이 '아비달마의 문제점'이라고 했던 지각 작용으로서의 식과 윤회에서 존속하는 것으로서의 식의 두 가지 차이로서, 이 문제점은 유식학의 알라야식 개념에 의해 비로소 체계적인 해결이 가능해진다.[9] 여기서 종병은 식의 작용識用이란 말로 사영지식을 가리키고 있다고 보이지만, 초기 중국불교에서 신불멸 개념이 함축하는 것이 윤회에서의 지속하는 식의 문제임을 고려할 때, 그런 찰나적 지각 작용과 윤회식 관계의 논의가 필요할 것이나 이를 다루지 않은 것으로 보인다.

(나)에서 일상적 의식 작용의 중지는 일손지학日損之學의 맥락에서 단지 욕망의 소멸로서 언급되지만, 이는 적어도 인도불교의 맥락에서 초월적인 심의 본질의 존재를 설명하기에 분명한 근거가

되지 못한다. 또한 당시 중국불교의 맥락에서도 충분한 설명은 아니었다고 생각된다. 욕망의 소멸에 의해 심의 온전한 본성이 현현한다는 사고는 당시 번역된 불전의 관점에서는 조금 낯선 관념이었을 것이다. 왜냐하면 이러한 현현 관념은 적어도 심의 온전한 본성으로서의 신명이 일상적 의식 작용의 근저에 존재하고 있다는 의미를 함축하지만, 적어도 인도불교에서 이러한 잠재적 의식의 존재는 알라야식의 존재 증명 이후에나 가능했기 때문이다. 이는 5세기 이후 『성실론成實論』과 『열반경涅槃經』 연구의 영향을 받은 양무제의 『신명성불의神明成佛義』에서도 마찬가지다. 여기서 "식이 붓다의 상태를 증득하는 문제 및 불성의 문제와 밀접히 연결되어 있고", "심이 모든 작용의 근본으로서 본래 동일하지만 작용이 다르다"는 인식이 나타나며, 이것이 신명으로 간주되고 있음을 보이지만,[10] 여기서도 심이 작용할 때 근본심이 어디에 또 어떤 양태로 존재할 수 있는지에 대한 의문은 다루어지지 않는다.[11]

나아가 알라야식과 여래장의 공존 내지 통합의 문제는 중국에서 진제眞諦, Paramārtha(499-569)의 아말라식 개념을 매개로 하여 비로소 해명이 가능한 교설로 등장하며, 『대승기신론』의 성립에 의해 비로소 통합적인 설명 체계로 발전하고 있다고 생각된다. 따라서 종병의 설명은 6세기 섭론학파 등장 이후의 관점에서 보면 딱히 틀린 설명은 아니었겠지만, 진제 이전까지의 교학의 상황에서는 설명되어야 할 점이 많은 해석이었을 것이다.

위에서 설명한 대로 래디히는 종병의 신명 개념이 이전 시기의 해석과 다른 측면을 갖고 있음을 보여 주었지만, 나는 종병과 관련된 그의 해석에서 두 가지 측면이 재고되어야 한다고 생각한다. 하나는 신불멸론에서 여래장tathāgatagarbha까지 중국불교의 사상사적 전개에서 양자의 연관성을 당연시하고 있다는 점이다. 여기서 당연시라고 한 이유는 신불멸의 관념과 불성의 관념이 분명 식의 지속성의 맥락을 보여 주고 있고, 이런 점에서 서로 연결될 수 있다는 사실도 인정되지만, 그러나 양자가 적어도 교학의 관점에서는 매끈하게 연결될 수는 없다고 보이기 때문이다. 왜냐하면 신불멸론이 초월적인 심의 본성이라는 의미를 나타낸다면, 이 경우에 그것은 래디히의 말[12]처럼 "죽음 이후에도 존속하는 어떤 정신적 요소"를 가리킨다기보다는 오히려 그가 이 개념의 잘못된 이해로 간주했던 '영혼의 불멸성'에 가깝다고 보기 때문이다. 나아가 이를 불성이라고 하는 본연적인 심의 본성 또는 상주하는 순수한 정신적 요소와 연결시킬 수 있지만, 윤회적 식과 심 내부의 토대로서의 불멸하는 불성을 죽음 이후에도 존속하는 요소와 연결시키기 위해서는 어떤 사상적 매개가 필요하다고 보인다. 인도불교에서도 불성 관념이 실제적인 승원의 수행도로서 소개되지 않은 점도 이러한 연결점이 명확하지 않았기 때문일 것이다. 초기 불교 이래 교설의 전제로서 남아 있는 찰나설이나 한 찰나에 하나의 식만이 생겨날 수 있다는 전통적인 교학의 관점에서 식 작용의 중지 이후에 나타나는 잠재적이고 내재적인 불성 관념은 수용되기 어려웠을 것이다. 교학 연구의 발전과 함께 당시 중국불교에서도 양자가 직접 연결될 수 있다고 간주되지는 않았을 것이다.

다른 하나는, 내용상 앞의 문제와 관련된 것이지만, 래디히는 앞에서 언급했던 신불멸론이나 불성 관념을 아말라식amala-vijñāna 이론의 선구적 역할을 한 것으로 간주한다. 일상적 식의 작용의 중지가 상주하는 신명의 인식으로 이끌고, 이를 여래장과 관련시킴으로써, 래디히는 신명 개념과 여래장 사이를 연결시킨다. 분명히 진제는 아말라식이 자성청정심 개념을 통해 심의 본성으로서의 여래장과 연결될 수 있다는 점을 보여 주지만, 나는 여기서 래디히가 하나의 중요한 포인트를 놓치고 있다고 생각한다. 바로 아말라식이 비록 청정한 식이지만 알라야식처럼 하나의 잠재적이고 심층적인 식이라는 근본적 성격을 갖고 있다는 점이다. 다시 말해, 아말라식 개념은 유식학파에 의해 알라야식이 창안된 이후 식의 잠재성에 대한 새로운 인식 위에서 여래장 등의 관련된 관념들을 통합하려는 시도로서 창안된 것으로 간주될 수 있다는 것이다. 식의 심층성이나 이와 연관된 잠재적인 형태의 식이 한 찰나에 표층적 식과 동시에 생겨날 수 있다는 사고방식이 알라야식 이론에 의해 확립되지 않았다면, 이는 결코 가능하지 않았을 것이다. 이런 점에서 나는 알라야식 이론이야말로 불교사상사 전체에서 하나의 패러다임 변화로 기능했다고 생각하며, 이를 고려할 때에만 왜 진제의 유식설이 당시 동아시아 불교사상에 그렇게 충격을 주었는지를 비로소 이해될 수 있다고 생각한다. 그러한 식의 잠재성을 연결 통로로 삼으면, 이제까지 단지 동일하다고 주장된 여래장과 식이라는 두 관념이 불교 교학 체계 내에서 통합적으로 해석될 여지가 발견되기 때문이다.

이러한 진제의 해석은 분명 당대 인도불교의 한 흐름을 반영한 것일 것이다. 하지만 인도 유식에서 그의 해석은 방계적 위치를 차지하고 있었을 뿐이며, 이에 대한 자료도 흔적밖에 남아 있지 않다.

동아시아에서 여래장 개념은 이제 그의 해석을 매개로 하여 하나의 중심적 사유로 발전하기 시작했다고 생각된다. 따라서 동아시아 불교의 특색을 이해하기 위해서는 진제의 아말라식 개념의 특징은 무엇이며, 이 개념이 어떻게 여래장 개념을 포섭해 가는지를 보는 것이 필요할 것이다.

이하에서는 인도불교의 중심 주제인 심과 의식의 문제가 중국불교에서 어떻게 수용되고 재해석되었는지 살펴볼 것이다. 또한 그 과정에서 중국불교의 '새로운' 해석은 어디에서 찾을 수 있는가를 살펴보고, 신불멸론에 대한 해석과 그것이 함축하고 있는 문제점들이 어떻게 의식되고 극복될 수 있었는지를 진제의 경우를 통해 다루려고 한다.

진제의 아말라식 개념의 특징과 사상사적 영향

중국불교에 대한 진제의 기여

이제까지 신불멸론으로 대변되는 중국불교의 심을 이해하고자 그 특징을 살펴보았다. 이제 진제 당시의 인도불교에서 심이 어떻게 파악되었는지를 간단히 보고, 여기에서 진제가 기여한 부분도 함께 들여다보자.

인도불교에서 심의 이해를 시대순으로 정리하면 크게 세 유형으로 나눌 수 있다. (가) 아비달마 학파, 특히 설일체유부의 심의 이해, (나) 여래장계 문헌의 심의 이해, (다) 유식학파의 알라야식이다.

그중에서 (가)는 앞에서 말했듯이 5위75법이라는, 공시적인 식의 구조를 설명하려는 것이다. 여기서는 어떤 조건하에서 한 찰나의 인지과정이 일어나는지를 분석하는 데 초점이 맞추어져 있지만, 식의 윤회적 측면에 대한 설명은 약화되었다. 다시 말해, 식이 어떤 방식으로 윤회하는가의 문제가 함축한 식의 시간성과 잠재성의 문제는 크게 다루어지지 않았다.

반면 (나)에서는 일상 의식과 구별되는 여래장의 내재성이 문제가 된다. 그것은 염오된 심 내에 존재하기 때문에 공여래장空如來藏과 불공여래장不空如來藏 또는 유구有垢진여samalā tathatā와 무구無垢진여nirmalā tathatā의 구별이 요구되었다.[13] 그렇지만 여래장의 존재성을 주장할 때 가장 큰 문제는 내재성을 어떻게 이해해야 하는가에 있다. 그것이 심의 본질로서 존재한다면, 심을 염오시키는 일상 의식과 어떻게 동시에 공존할 수 있는가의 문제다. 왜냐하면 한 찰나에 하나의 식만이 존재할 수 있다는 아비달마의 규정에서 볼 때, 청정한 여래장과 염오된 6식의 공존은 해결될 수 없기 때문이다. 그리고 이런 규정은 실제로 아비달마의 스콜라적 사유의 소산이 아니라 의식 작용의 통일성을 설명하기 위해서는 당연히 요구되어야 하는 것이기도 하다. 하지만 『승만경』의 편찬자는 이런 요구가 아비달마의 규정과 모순된다는 사실을 분명히 의식하고 있었고, 따라서 그 대립된 공존은 논리에 의해 증명될 것이 아니라 이해될 수 없는 여래의 인식 대상이라고 선언한다.[14]

(다)에서 알라야식의 도입은 바로 이런 사상사적 맥락을 고려할 때 매우 의미 있다. 유식사상 초기에 속하는 『해심밀경解深密經』에서 이미 알라야식은 일체종자를 가진 잠재적 유형의 식으로 간주되었고 더구나 그런 잠재적 식은 표층적인 6종의 식과 동시에 생겨난다고 주장되고 있다.[15] 잠재적 식과 표층적 식이 동시에 생기는 문제는

알라야식의 존재 논증에서도 중요한 역할을 하기 때문에[16] 이 문제의 해결은 교학의 관점에서 중요한 과제였을 것이다.

이와 같이 당시 인도불교에서 제시된 심/의식에 대한 세 가지 견해에서 (가)가 주류적 해석인데 비해, (나)는 적어도 인도불교 내에서는 크게 발전한 해석 체계는 아니었다. 반면 (다)의 알라야식 이론은 유식학파의 발전과 더불어 점차 인도 대승불교의 주류를 형성하게 되었고, 특히 후대 유식학파 내부에서 (나)의 여래장 관념과의 결합이 점차 시도되고 있다. 이는 『보성론寶性論』의 시도는 예외로 하더라도, 『중변분별론中邊分別論』이나 『대승장엄경론大乘莊嚴經論』에서 여래장을 연상시키는 용어의 사용, 그리고 『능가경楞伽經』에서 여래장과 알라야식의 병렬을 통해 확인할 수 있다.[17] 어떤 면에서 당시 여래장 관념이 인도 승원의 교학 해석에까지 영향을 끼쳤다는 사실은 안혜安慧, Sthiramati(500-570)의 『중변분별론석中邊分別論釋』[18]에서 구체적으로 확인할 수 있다.[19] 이를 통해 우리는 유식사상과 여래장 개념의 통합이 당시 인도 유식학파의 일부에서도 시도되고 있었다는 사실을 확인할 수 있다. 물론 그러한 경향이 유식학 내부에서 어느 정도의 강도로 이루어졌는지는 다른 문제일 것이다. 이런 통합의 경향을 보여 주는 대표적인 인물이 진제로서, 특히 그의 활동이 중국에서 이루어졌기 때문에 그의 사유는 이후 중국불교의 전개에 커다란 영향을 끼쳤다.

진제의 아말라식

진제의 아말라식(무구식無垢識) 개념은 바로 이러한 사상적 맥락에서 등장했다. 진제는 『섭대승론석攝大乘論釋』에서 이미 인도불교 내부에서 동일한 문장이 유식학의 관점이나 여래장의 관점에 따라 상이하게 해석될 수 있음 보여 주고 있지만,[20] 여래장도 대승의 관점에서 결국 심과 독립해 존재하는 것이 아니기 때문에, 그것이 비록 다른 맥락에서 제기된 것이라고 해도 이를 심과 관련해 통합적으로 설명해야 할 필요가 있었을 것이다.

이런 점에서 나는 진제의 아말라식 개념은 알라야식의 잠재성의 측면에 의해 여래장의 내재성을 설명하고 그럼으로써 이를 유식체계 내로 포섭하려는 시도라고 생각한다. 이러한 그의 관점은 『삼무성론三無性論』이나 『십팔공론十八空論』과 같은 그의 독자적인 「해설문헌」에 분명히 나타난다. 여기서 그가 창안한 아말라식 개념에 대한 설명이 나타나기에 그가 어떤 의미에서 이 개념을 창안하고 사용했는지가 드러난다.[21]

진제는 아말라식의 논변에서 먼저 (1) 유식의 관점에서 삼성설에 의거해 이를 해석하고, 이어 (2) 자성청정심 개념을 매개로 해서 아말라식과 여래장 개념을 연관시키려고 한다. 아래 도식에서 (1)은 아말라식의 오른편에, (2)는 그 왼편에 표시되어 있다.

여래장 ← 자성청정심 = 아말라식 = 무변이 진여

(1) 아말라식은 『삼무성론』과 『전식론轉識論』에서 삼성설을 사용하여 논의되고 있다. 유식사상에서 처음으로 등장한 삼성설은 진제의 용어로 분별성parikalpita-svabhāva과 의타성依他性, paratantra-svabhāva, 진실성parinişpanna-svabhāva이다.[22] 『전식론』은 유식唯識, vijñaptimātratā의 의미를 (가) 인식 대상만이 사라진 상태, (나) 인식

대상과 그것을 인식하는 식이 모두 소멸한 상태(境識俱泯)로 구분하면서[23] 그중에서 아말라식은 (나)의 의미로 바로 '진실성'이라고 말한다.[24] 이런 구분은 『십팔공론』에서 방편유식과 정관유식의 구분에 대응한다는 점에서 진제의 일관된 관점으로 보인다.[25]

그런데 유식의 의미와 관련하여 『삼무성론』에서 상세한 설명이 보인다. 여기서 유식으로서의 진여는 비전도와 무변이의 두 종으로 구분된다. 먼저 비전도 진여는 12처의 존재를 인정하면서 거기서 단지 인식 대상의 제거가 성취된 오직 난식亂識, bhrāntivijñāna의 존재만이 인정된 상태를 가리킨다. 반면 무변이 진여는 아말라식으로 규정되는데, 위의 『전식론』의 경식구민境識俱泯처럼 아말라식은 인식 대상과 식 양자를 제거한 진정한 진여의 상태로서, 특히 '구경유일정식究竟唯一淨識'이라는 용어를 사용하여 표현되고 있다.[26]

'정식淨識'은 여기서 '난식亂識'과 대비되는 맥락에서 사용된 용어로서 '궁극적인 청정한 표상뿐(*anuttarā pariśuddhavijñaptimātratā)'으로 해석될 수 있다고 보며, 그런 한에서 유식사상의 맥락에 충실히 서 있다고 보인다. 하지만 진제가 아말라식을 '유일정식'이라는 용어로 규정했을 때, 그가 의도를 했든 아니든 여래장과의 연관성이 부각되었으며, 실제 진제는 『십팔공론』에서 이런 해석의 가능성을 열어 두고 있다.

(2) 아말라식을 자성청정심으로 명시하는 진제의 저작은 『십팔공론』이다.[27] "아말라식이 바로 자성청정심이다. 다만 우연한 때로 인해 염오되었기 때문에 [법계는] 부정不淨하고, 우연한 때가 없어졌기에 청정하다고 확립하는 것"이라는 진제의 설명은 『중변분별론』에서 공성의 증득을 설명하는 항목[28]과 일정 부분 대응한다. 『십팔

공론』의 또 다른 곳에서도 '아마라阿摩羅'라는 술어가 청정심과 함께 사용되며, 바로 인식 대상과 식 양자를 여윈 것으로[29] 설명하고 있다. 위에서 말했듯이 『십팔공론』이 의거한 텍스트는 『중변분별론』이며, 거기서 자성청정심은 공성과 관련해 언급된 것이기 때문에 우리는 아말라식이 원본 맥락에서 공성을 가리키고 여래장과는 무관하다고 생각할 수도 있다. 그렇다고 해도 『십팔공론』이라는 텍스트의 이름이 보여 주는 것처럼, 유식학파에서 공성의 여러 측면이 구별되어 사용되기 때문에 그 의미를 분석적으로 이해할 필요가 있으며, 혹시 여래장 개념이 공성과 관련해 논의된 경우는 없는지도 살펴보아야 한다.

실제 『십팔공론』에 여섯 번째 자성공prakṛti-śūnyatā을 불성佛性과 관련시키는 설명이 나온다.[30] 이 구절은 매우 난해하기에 정확히 해석하기에는 어려움이 많지만, 여기서 불성이 여래장의 의미임은 분명하다.[31] 설명을 요약하면 불성이 제법의 자성인 이유는 무시이래 윤회에서 무심無心과 유심有心의 두 상태가 자연적으로 원인이 없듯이, 불성도 자연적으로 원인이 없지만 바로 그렇기에 자연적으로 존재하며, 그리고 그 존재 때문에 6내처, 즉 안처에서부터 의처까지 대상 인식을 행하는 내부 기관이 해탈을 추구한다. 불성이 없다면 해탈이라는 결과도 없을 것이기 때문이다.

진제의 설명에서는 무심과 유심이 무엇을 의미하는지는 분명치 않지만, 『중변분별론석』은 자성을 종성의 맥락에서 설명하며,[32] 또한 무심과 유심도 "무시 이래 윤회에서 어떤 [종성은] 지각을 갖고 있고cetana, 어떤 [종성은] 지각을 갖지 않은 것acetana"으로 설명한다.[33] 이를 고려하면 진제의 설명은 불성이 본성적으로 모든 의식을 가진 존재에게 내재하고, 불성의 존재로 인해 종성을 가진 자는 해탈을 추구하며, 해탈하게 된다는 의미로 이해될 수 있다. 그리고 이를 바로 자성공으로 규정함에 의해 진제는 불성이 자성청정심처럼 하나의 해탈을 위한 존재론적 근거이지만 그것이 은폐되어 있다는 사실을 말하는 것이다.

이상으로 우리는 진제의 아말라식 개념이 한편으로는 유식의 삼성설을 통해 진여의 불변이성으로 해석되며, 다른 한편으로는 자성청정심 개념을 통해 불성과 연결될 수 있음을 보았다. 필자는 사상사적으로 양자를 연결할 수 있는 통로는 바로 식의 잠재성에서 찾을 수 있다고 생각한다. 삼성설에서도 언어의 습기는 식의 흐름 속에 잠재된 것으로 이해되며, 또 자성청정심이 그것과 대구對句를 이루는 객진번뇌염과 함께 전형적인 은현隱現 구조하에서 논의되고 있다면, 양자는 그 사상사적 출발점이나 동기와는 별도로 모두 식에 내재된 잠재적인 것으로서 파악된다는 공통점이 있다. 이 잠재성은 일상 지각의 표층성과 대비되지만, 그럼에도 양자가 동시에 한 찰나의 식으로서 공존하고 상호 작용할 수 있음을 알라야식은 보여 주었다. 다시 말해 알라야식은 앞에서 언급했듯이 『승만경』에서 해결될 수 없는 것으로 간주된 청정성과 염오성의 두 가지 법의 공존을 논리적으로 해명할 수 있는 이론적 기초를 제공했고, 이에 의거해서 알라야식과 여래장의 공존의 가능성을 확립하기까지는 그다지 많은 우회로가 요구되지 않았을 것이다. 그리고 진제는 실제로 이런 이론적 탐색을 아말라식이라는 새로운 식의 창안을 통해 시도했던 것이다.

여래장과 알라야식의 관계

진제의 이러한 시도는 분명 인도불교의 경향을 반영하지만, 동시에 당시 중국불교계의 요구를 충족시키는 것이었다. 5세기 이후 『성실론』과 『열반경』 등의 새로운 인도 불전의 번역은 성실종과 열반종 등의 형태로 불교사상에 대한 심화된 이해를 촉발시켰다. 하지만 이들 텍스트 자체는 인도불교에서는 서로 다른 역사적 발전의 결과였고, 심의 궁극적인 성격에 대한 해석은 서로 융합되기 어려울 정도로 다른 것이다. 하지만 중국불교에서는 이런 역사성은 무시된 채 텍스트 간의 설명상 차이에서 나오는 내적 모순의 해결이 일차적 과제였다. 그리고 그 시도는 여래장 사상의 영향 아래 여래장을 은폐된 청정심으로, 그리고 염오된 심을 표층적 의식작용으로 간주하는 방식으로 이루어졌다고 보인다.

하지만 문제는 그 양자가 어떻게 하나의 심 내에서 통합적인 방식으로 작용하는가를 설명하는 것이었다. 여기에 『십지경론』의 번역으로 성립되었다고 평가받는 지론종에 의한 알라야식 개념의 도입은 이 양자의 성격과 작용을 이론적으로 설명하는 데 기여했다. 이런 점에서 "지론종의 사상은 인도에서 새롭게 전해진 세친世親계 유식唯識사상을 종래의 열반학 및 성실학과 결합하려는 과정에서 성립된 것으로, 당시 불교계의 상황 속에서만 태어날 수 있었다." 라는 이부키 아츠시의 평가는 적절하지만, 여전히 여래장과 알라야식의 관계가 어떤지에 대해서는 의견이 갈렸다고 보인다.[34]

소위 지론종 남도파와 북도파의 분열로 이끈 라트나마티勒那摩提와 보리류지의 대립은 이를 보여 주는 일종의 상징이라고 생각된다. 심의 잠재적 층위에서 존재할 수밖에 없는 청정한 여래장과 알라야식의 관계를 교학의 용어로 완전히 체계 내로 통합하는 것은 당시 지론종 사상가에게는 어려운 과제였다. 그런 점에서 지론종 남도파를 대표하는 정영사淨影寺 혜원의 글에서 알라야식이라는 동일한 단어가 때로는 염오식으로, 때로는 청정식으로[35] 모순되게 사용되었는지도 설명할 수 있다.

이렇게 볼 때 여러 불교사상을 종합적으로 이해하려는 당시 중국불교의 시도에서 왜 진제의 아말라식 개념이 그토록 환영받았는지를 이해할 수 있다. 이것이 당시의 시대정신인 여래장과 알라야식의 통합을 위한 체계적 시도에서 심에 대한 통합적 이해를 가능케 하는 새로운 용어이자 이론으로서 기능했기 때문일 것이다.

맺음말

이상에서 우리는 심 내지 의식의 본성이 무엇인가에 대한 인도불교의 철학적이고 심리학적인 논의가 중국에 전래된 이후 중국에서 어떻게 이해되고 수용되었는지를 중국불교의 신불멸론과 진제의 아말라식의 경우를 통해 보았다. 필자는 래디히의 논의[36]를 비판적으로 검토하면서, 두 개념은 동일한 차원에서 심의 문제를 논의하는 것으로 보면 안 된다는 데에서 출발했다. 신불멸론이 윤회 과정에서 존속하는 식의 존재를 말한다면, 이는 불교사상의 맥락에서 재생식이나 이숙식, 그리고 이런 기능을 포함하고 있는 유식학의 알라야식 개념과 연결시킬 수 있겠지만, 아말라식은 '죽음 이후에도 존속하는 어떤 정신적 요소'의 설명과는 관련이 없다고 보이기 때문이다. 오히려 이 개념은 청정한 요소와 염오된 요소가 어떻게 심에 공존할 수 있는지를 설명하려는 목적에서 나온 것이며, 그런

한에서 진제와 섭론종이 중국불교사상에 준 깊은 영향이 설명된다.

물론 래디히가 보여 주듯이 영혼 불멸에 대한 양무제의 이해에 불성 개념의 흔적이 보이는 것도 사실이다. 이는 불교의 형이상학적 구제론이 불교에 영향받은 지식인들에게 커다란 영향을 끼쳤고, 나아가 그들이 자신의 이해를 전통적 신불멸론의 관념의 맥락과 연결시키려고 했음을 보여 준다는 점에서 불교사상 내부의 추상적인 담론보다 오히려 지성사적 관점에서 현실적인 가치와 의의를 보여 준다고 판단되지만, 양자의 논의는 구별되어야 한다. 후대에 원효는『열반종요』에서 불성에 대한 6사師의 해석을 제시하면서 4-6의 해석을 앞에서 언급된 신불멸론과 알라야식, 그리고 아말라식에 대한 해석으로 제시하지만,[37] 역설적으로 원효의 해석은 이러한 개념들의 차이를 더욱 드러낸다.

결론적으로 아말라식이라는 새로운 용어법 아래 함축된 식과 여래장의 통합은 이후 의식작용 또는 심 내부에 본연적으로 존재하는 불성의 관념으로 이해되어 동아시아 전체에 커다란 영향을 미쳤다.

1. Williams S. Waldron, *The Buddhist Unconscious: The Ālaya-vijñāna in the Context of Indian Buddhist Thought* (Routledge, 2003), p. 55. Abhidharmic problematic이란 초기 불교 이래 전개된 불교의 식의 이론에서 식의 지속성과 식의 찰나성 사이의 긴장 관계를 말한다. 식의 지속성에 의거해서 윤회와 업, 번뇌의 지속적 작용이 설명될 수 있는 반면, 찰나성의 교설은 식의 지각 작용이 단지 한 찰나에 생겨나고 사라진다는 점을 강조한다.

2. Sangyop Lee, *The Soteriology of the Soul: The Shen bumi Discourse in Early Medieval Chinese Buddhism* (PhD Dissertation of Stanford University, 2021), p. 46, fn. 84는 Kawano를 인용하여 동진 시대까지 번역된 문헌에서 윤회와 영혼의 불멸을 설하는 45개의 경이 있었고, Jungnok Park, *How Buddhism Acquired a Soul on the Way to China* (Equinox, 2011), pp. 225-231을 인용하면서 중국 불전 속에 약 100종의 경이 있었다고 지적한다.

3. Michael Radich, "Ideas about 'Consciousness' in Fifth and Sixth Century Chinese Buddhist Debates on the Survival of Death by the Spirit, and the Chinese Background to *Amalavijñāna," Chen-kuo Lin & Michael Radich (eds.), *A Distant Mirror: Articulating Indic ideas in Sixth and Seventh Century Chinese Buddhism* (Hamburg University Press, 2014), p. 473.

4. 에릭 쥐르허, 『불교의 중국 정복』(최연식 옮김, 씨아이알, 2010), 18-19쪽과 253-254쪽.

5. 400년 이후 구마라집(鳩摩羅什, Kumarājīva)에 의한 용수(龍樹)와 그의 제자 제바(提婆)의 저작 번역은 중국 내에서 불교 연구를 위한 새로운 원천과 자극제가 되었다.
특히 『대승열반경』이 번역되고, 구마라집의 제자인 도생(道生)의 『열반경(涅槃經)』 연구를 통해 열반종이 형성된 것은 중국에서 본격적으로 불전 연구가 시작되었음을 보여 주며, 이는 실제로 중국불교에서 학파가 형성되도록 이끌었다.

6. Lin & Radich, *A Distant Mirror*, p. 476.

7. 『弘明集』 T52: 11a12-18. "夫聖神玄照而無思營之識者, 由心與物絶唯神而已. 故虛明之本, 終始常住, 不可凋矣. 今心與物交不一於神, (…) 皆心用乃識必用, 用妙接識識妙續. 如火之炎炎相即而成爓耳. 今以惡空息心, 心用止而情識歇, 則神明全矣."

8. Lin & Radich, *A Distant Mirror*, p. 478.

9. Waldron, *The Buddhist Unconscious*, p. 55.

10. 『弘明集』 T52: 54b19-21; Lin & Radich, *A Distant Mirror*, p. 483.

11. Lin & Radich, *A Distant Mirror*, p. 483은 『신명성불의』의 사상적 배경으로서 『열반경』과 『승만경(勝鬘經)』을 들고 있다. 『열반경』의 영향은 열반의 상주를 말하는 데에서 나타나는데, 심적(沈積)의 주석에서 이것이 붓다의 상태를 얻기 위한 정인(正因)인 신식(神識)으로 제시되고 있으며, 그리고 후자는 『승만경』의 영향이란 "一本者, 卽無明神明也"(T52: 54b21)에 대한 주석에서 『승만경』의 고유한 술어인 무명주지를 통해 이를 해설하는 데에서 잘 드러난다. 하지만 여기서 『승만경』이 제시한 중요한 문제의식인, 어떻게 염오된 심과 청정한 심이 동시에 한 찰나에 존재할 수 있는가 하는 점은 다루어지지 않고 있다. 나는 그 이유가 양무제나 심적이 비록 불교 지식인이었지만 교학의 문제에 관심이 없었기 때문이라 생각한다. 비록 심적이 『성실론』을 인용하지만 그들에게 이런 아비달마의 주제의식은 낯선 것이었다. 하지만 나는 이 『승만경』의 질문이야말로 가장 중요한 아비달마의 교학의 전제에 대한 도전이라고 생각하며, 이 질문에 대한 만족스러운 해결책은 알라야식 개념에 의해 비로소 적절하게 주어질 수 있었을 것이라 생각된다.

12. Lin & Radich, *A Distant Mirror*, p. 473.

13. 전자는 『승만경』의 표현이고, 후자는 『보성론(寶性論)』의 표현이다.

14. 『승만경』 T12: 222b23-26. "此性清淨如來藏而客塵煩惱上煩惱所染, 不思議如來境界. 何以故? 刹那善心非煩惱所染, 刹那不善心亦非煩惱所染. 煩惱不觸心, 心不觸煩惱."

15. Saṃdhinirmocana-sūtra (ed. E. Lamotte), V.3-4.

16. 이미 『해심밀경』에서 알라야식과 6식의 동시생기가 주장된 이래 『유가론(瑜伽論)』 「섭결택분(攝決擇分)」을 위시한 유식 문헌의 알라야식 존재 논증에서 두 종류 식의 동시생기와 상호 조건은 알라야식의 존재와 그 작용을 논증하는 데 중요한 의미를 가진다. 이에 대해서는 Hakamaya(袴谷憲昭), 「Viniścayasaṃgrahaṇīにおけるア-ラヤ識の規定」, 『東洋文庫研究紀要』 79(1979); Waldron, *The Buddhist Unconscious: The Ālaya-vijñāna in the Context of Indian Buddhist Thought*, pp. 96-99, 112-117 참고.

17. 안성두, 「초기 유식문헌과 『보성론』에 공통된 인용문과 비유」, 『불성·여래장 사상의 형성 수용과 변용』(씨아이알, 2017)에서는 초기 유식 문헌과

여래장 사상을 대표하는 『보성론』에서 공통적으로 인용된 문장들을 다루면서 동일한 문장에 대한 두 사상의 해석상 차이가 대비된다.

18. Madhyāntavibhāga-Ṭīkā (Ed. S. Yamaguchi, 1934), 55, 19-56, 6.

19. 안성두, 「진제의 『十八空論』에 나타난 공성의 분류의 특징」, 『불교연구』 51 (2019), 100-102쪽 참고.

20. T31: 156c28-157a14. 하나의 예를 들면 『아비달마대승경』의 유명한 "無始以來界(anādikāloko dhātu)"가 『보성론』(RGV I.152)에서는 여래장으로, 그리고 『섭대승론』(MSg I.1)에서는 알라야식으로 해석되고 있다는 것은 잘 알려져 있는데, 진제는 『攝大乘論釋』(T31: 156c28-157a14)에서 이 게송을 해석하면서 알라야식과 여래장을 병기해서 제시하고 있다. 동일한 구절에 대한 유식과 여래장 문헌에서의 각기 다른 해석에 대해서는 안성두, 「초기 유식문헌과 『보성론』에 공통된 인용문과 비유」 참고.

21. 이 문제는 안성두의 다음 논문에 나타난 일련의 주제다. 「『삼무성론』에 나타난 진제의 삼성설 해석의 특징(II): 유식문헌의 인용과 그 해석상의 차이를 중심으로」, 『인도철학』 42(2014); 「眞諦(Paramārtha)의 삼성설 해석과 阿摩羅識(amala-vijñāna)」, 『불교연구』 42(2015), 「초기 유식문헌과 『보성론』에 공통된 인용문과 비유」, 『불성·여래장 사상의 형성 수용과 변용』(씨아이알, 2017); 「진제의 『十八空論』에 나타난 공성의 분류의 특징」, 『불교연구』 51(2019). 진제에 대한 상세한 논의는 여기에 미루고, 이하에서는 사상사적 맥락에서 진제의 기여를 설명하는 데 초점을 맞출 것이다.

22. 보다 잘 알려진 현장의 용어로는 遍計所執性, 依他起性, 圓成實性이다. 삼성은 보통 삼상과 혼용되어 사용되기도 한다.

23. 삼성설의 맥락에서 인식 대상과 식의 제거는 각기 분별성과 의타성에 해당되는 것으로 해석되며, 아말라식은 양자가 제거된 진실성으로 이해된다. 여기서 의타성도 제거되는 것으로 본다는 점에서 Sponberg의 용어로 말하면, 중추적 모델(pivotal model)이 아니라 발전적 모델(progressive model)이다.

24. 『轉識論』 T31: 62c15-20.

25. T31: 864a22-28.

26. 『三無性論』 T31: 871c27-872a15.

27. 『十八空論』 T31: 863b18-21. "問 若爾 既無自性不淨 亦應無有自性淨, 云何分判法界 非淨非不淨? 答 阿摩羅識是自性清淨心. 但為客塵所污 故名不淨,

為客塵盡 故立為淨."

28. MAV I.22cd. prabhāsvaratvāc cittasya kleśasyāgantukatvataḥ. (see Madhyāntavibhāga-Bhāṣya. Ed. G. Nagao. 1964).

29. 『十八空論』 864a24-28. "二明正觀唯識, 遣蕩生死 虛妄識心及以境界 一皆淨盡 唯有阿摩羅清淨心也."

30. T31: 862a22ff.

31. 흥미로운 것은 『중변분별론』에 대한 Sthiramati의 주석(MAVT 55,19-56,6)에서 자성공을 여래장의 맥락에서 설하는 어떤 사람의 견해가 언급된다는 점이다. 이에 대한 논의는 안성두, 「진제의 『十八空論』에 나타난 공성의 분류의 특징」, 『불교연구』 51(2019), 97쪽 참고.

32. MAVT 55,19ff.

33. Madhyāntavibhāga-Ṭīkā (Ed. S. Yamaguchi, 1934) 55,19ff의 이 구절은 Sthiramati가 유식학 내부에서 종성을 알라야식으로 설명하는 사람이 있다는 것을 보여 주는 중요한 논거다. 이에 대한 상세한 논의는 안성두, 「진제의 『十八空論』에 나타난 공성의 분류의 특징」, 『불교연구』 51(2019), 99쪽 참고.

34. 이부키 아츠시, 『중국 선의 역사』(최연식 옮김, 씨아이알, 2011), 31쪽.

35. 이에 대해서는 오다케 스스무, 「지론종(地論宗)의 유식설(唯識說)」, 금강대학교 불교문화연구소 편, 『지론사상의 형성과 변용』(씨아이알, 2010); Makoto Yoshimura(吉村誠), 「眞諦の阿摩羅識說と摂論学派の九識說」, 『印度學佛教學研究』 56:1(2007) 참고.

36. Michael Radich, "The Doctrine of *Amalavijñāna in Paramārtha [499-569] and Later Authors to Approximately 800 C.E.," *Zinbun* 41(2008); Lin & Radich, *A Distant Mirror*.

37. 『涅槃宗要』 T38: 249a26-b12. 원효는 네 번째 양무제의 해석은 심에 신령(神靈)한 의미가 있다는 것으로 그 심신(心神)이 목석 등과 달리 깨달음이라는 결과를 낳는 것이며, 다섯 번째 알라야식의 법이(法爾) 종자를 불성의 체로 보는 것은 무시 이래 자연적으로 획득된 6근의 종자의 특별함 때문이며, 여섯 번째 진여를 이해하는 성질로서 아말라식을 불성 자체로 보는 것은 불성이 승의공이고 승의공은 바로 지혜이기 때문이라고 해설한다.

명청대 동서 교류
— 『초성학요』와 「월리역지」를 중심으로

서원모

16세기 중반부터 시작된 가톨릭교회, 특히 예수회의 중국 선교에서는 종교 서적뿐만 아니라 천문학과 지리, 수학을 포함한 과학과 철학 서적이 한문으로 번역되고, 중국의 역사와 문화가 서양으로 소개되면서 방대한 동서 교류 문헌을 산출했다. 이 시대의 동서교류는 중국보다는 서양 주도로 이루어졌고, 중국인이 번역과 저술과 논쟁에 참여하긴 했지만, 서양 선교사가 압도적으로 문화 유통의 주역이었다는 특징을 지니고 있다. 여기서는 한역 서학서를 중심으로 명청대 동서 교류를 분석하고자 한다.

한역 서학서는 서양 지식을 한문으로 번역 소개하는 특징을 지니고 있지만, 서양 문헌을 원본 그대로 번역하는 경우는 드물고, 원본의 구조를 바꾸고 여러 문헌을 통합하여 새로운 문헌을 만들어 내는 등 다양한 변용과 재창조 과정을 보여 준다. 한역 서학서의 방대한 규모는 당시 작성된 도서 목록을 통해서도 엿볼 수 있다. 바티칸 도서관에 소장된 1680-1700년도의 도서 목록을 보면, 그때까지 예수회가 출간한 한문 서적 목록을 '천주성교서목'과 '역법격물궁리서목'으로 나누어 제시하는데, 전자는 123종, 216권이며, 후자는 89종, 268권에 이른다.[1] 여기서는 이러한 한역 서학서의 특징을 이해하기 위해 종교와 과학 두 분야의 대표적인 문헌을 하나씩 살펴보자.

종교 문헌—『초성학요』

종교 분야에서는 토마스 아퀴나스의 『신학대전Summa Theologicae』을 번역한 『초성학요超性學要』를 고찰한다. 『초성학요』는 1654년부터 1680년 사이에 루도비코 불리오Ludovico Buglio, 利類思(1606-1682)에 의해 순차적으로 번역되어 간행되었고, 육체의 부활론은 마갈량이스Gabriel de Magalhães, 安文思(1610-1677)에 의해 옮겨졌다.

불리오는 시칠리아 출생으로 열여섯 살에 예수회에 입회했다. 그는 로마 콜레기움에서 공부하고 3년 동안 인문학 교수로 강의했다. 이후 1635년 마카오에 도착하고 1637년 장쑤성에 들어와 선교했으며, 1682년 베이징에서 생애를 마쳤다.[2]

그림 1. 『초성학요』 표지

토마스 아퀴나스는 이성적 피조물의 원리와 목적으로서의 하나님에 대한 인식을 전수하고자 『신학대전』을 썼으며, 이를 위해 하나님에 관해(제1부), 이성적 피조물의 하나님께로 향하는 운동에 관해(제2부), 우리를 하나님에게로 이끄는 길이신 예수 그리스도를 인간 측면에서 다룰 것(제3부)이라고 밝힌다.[3] 『초성학요』에는 『신학대전』의 제1부와 제3부가 번역 소개되어 있고, 제2부는 번역에서 제외되었다. 아마 2부는

3부 가운데 분량이 가장 많고, 여기서 다루는 윤리학적 문제들이 전통적인 중국의 윤리와 대립할 수도 있었기 때문이라고 여겨진다.

불리오는 『신학대전』의 본문을 번역하기 전에 범례를 작성하여 『신학대전』의 의미와 성격과 주요 용어를 소개한다.[4] 『초성학요』에서 '초성학超性學'은 테올로기아*theologia*(陡祿日亞로 음역해 표기함)를 번역한 말로, 다른 학문과는 달리 인간의 본성을 초월하는 것을 다루고 천주께서 친히 보여 주신 것에서 출발하는 학문을 뜻한다. '요要'는 라틴어 *Summa*를 번역한 말로 '요약'을 뜻하지만, 실제 『신학대전』의 내용은 방대하다고 말한다. 이어서 경전의 말씀經言, 교부들의 가르침聖言, 아리스토텔레스의 가르침亞利言, 이 세 가지를 『초성학요』의 출처로 제시한다.

그 다음에는 『신학대전』을 이해하기 위한 기본 개념을 풀이하는데, 이 개념들은 서양철학 개념이 어떻게 한문으로 번역되었는지를 요약해서 보여 준다. 이 개념어는 일부 『천주실의天主實義』에서 발견되고, 다수는 포르피리오스의 『범주론 입문』과 아리스토텔레스의 『범주론』을 번역한 『명리탐名理探』에서 사용되었다. 대표적인 개념어를 소개하면 다음과 같다.

- 사물의 4원인(物所以然): 作者(작용인), 模者(형상인), 質者(질료인), 爲者(목적인)
- 사물의 종류: 自立(실체), 依賴(속성)
- 10범주(十倫府): 自立(실체), 幾何(양), 互視(관계), 如何(질), 作爲(능동), 底受(수동), 何時(시간), 何所(장소), 體勢(자세), 得用(가짐)
- 보편술어 다섯 가지(伍公稱): 宗(genus), 類(species), 殊(differentia,

차이), 獨(propria, 고유성질), 依(accidentia, 우연성질)

- 삼단논법(推辨之論三端): 首列(대전제), 次列(소전제), 收列(결론)
- 지성(靈性知德): 作明悪(능동지성), 受明悪(수동지성)

이렇게 볼 때 『명리탐』은 『신학대전』의 번역, 곧 『초성학요』의 저술을 위한 기초 작업이라고 말할 수 있다. 『초성학요』는 철학적 논증에서 한 걸음 더 나아가 그리스도교 신학의 최고의 정수를 중국인에게 소개하려는 시도이며, 한역 서학서를 저술하는 예수회 선교사의 주요한 목표라고 말할 수 있다.

『초성학요』는 불리오가 중국 전교 상황에 맞게 『신학대전』의 본문을 변용해 번역했다는 것을 보여 준다. 이것은 『신학대전』의 최하 단위인 각 절의 구조에서 두드러지게 나타난다. 『신학대전』은 '반론'을 먼저 서술한 다음 성경이나 교부 등 '권위'를 인용하고, 교수의 대답을 제시하고 반론을 하나씩 반박한다면, 『초성학요』는 먼저 권위經曰를 인용하고 대답疏을 제시한 다음, 반론駁과 반론해결正을 짝으로 서술한다(그림 2).

『신학대전』은 유럽의 중세 대학의 토론 문제 구조가 반영되어 있다. 불리오는 중국인 독자들이 이러한 토론 문화에 익숙하지 않은 점을 고려하여, 먼저 정답의 근거가 되는 권위를 인용하고 정답을 제시한 다음, 정답에 반대되는 논거를 주장하는 반론과 이 반론에 대한 해결을 함께 묶어 제시했다고 보인다.

이러한 각 절의 구조 변화를 제외하면 『초성학요』는 『신학대전』의 본문을 대체로 충실히 번역해 놓았다고 할 수 있다. 다만 중국인 독자들이 이해하기 쉽도록 단어, 어구와 문장을 생략하거나 덧붙

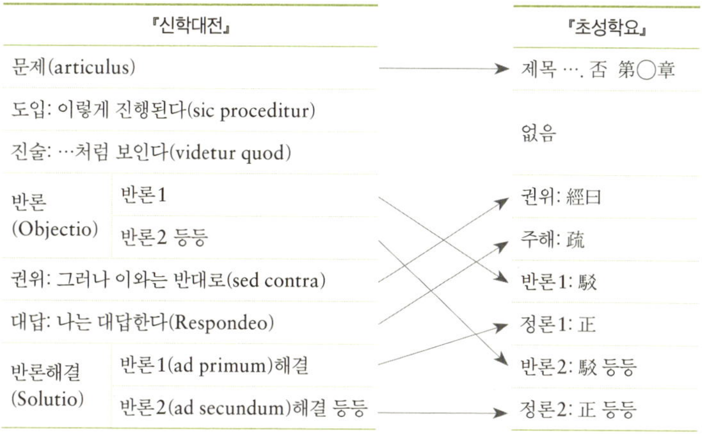

그림 2. 『신학대전』과 『초성학요』의 절 구조 비교

이거나 변용한 것을 발견할 수 있다. 때로 『초성학요』에는 도덕적이고 윤리적인 해석이나 중국 전교 상황에서 발전된 논의가 추가되어 있기도 한다. 이러한 변용과 추가의 사례를 '신 존재 증명'에서 살펴보기로 하자.[5]

신은 무한한 선이므로 신이 존재한다면 어떠한 악도 발견되지 않을 것이다. 따라서 신이 존재하지 않는다는 반론에 대해 토마스는 신은 최고선이기 때문에 악에서도 선을 내실 수 있다는 아우구스티누스의 말을 인용하면서, "악한 것들이 존재하도록 허용하고, 악한 것들에서 선한 것들을 이끌어 내는 것을 신의 무한한 선에 속한다."라고 진술한다.[6] 반면 불리오는 아우구스티누스의 어구를 인용한 다음, 악인이 세상에 있는 것은 첫째, 그가 새로워지기를 기다리고, 둘째, 선한 사람을 연마하는 구실을 만들어 그 과오를 바로잡고 그 덕을 늘리기 위해서라고 풀이한다. 불리오는 악의 존재와 하나님의 선에 대한 신학적인 진술을 악인이 존재하는 이유에 대한 인간학적인 진술로 바꾸었다.

또 다른 반론에 대한 답변에서 자연적인 것은 자연이라는 원리로 환원되고, 의도에 의해 이루어지는 것은 인간의 이성과 의지라는 원리로 환원되므로 하나님의 존재를 설정할 필요가 없다는 것에 대해, 토마스는 자연에서 이루어지는 것들도 어떤 목적을 위해 작용하고, 어떤 의도에서 이루어지는 것들도 더 높은 원인으로 환원되므로 이 모든 일은 제1원인으로 신에게서 비롯된다고 강조한다. 불리오는 모든 사물을 영靈이 있는 것과 영이 없는 것으로 나누고, 전자는 '이理'로 돌아가고 후자는 본성性으로 돌아간다고 말한다. 그리고 본성과 '이理'는 스스로 존재하는 사물이 아니므로 사물의 처음이 될 수 없으며, 사물의 근원은 오직 천주라고 논증한다.

이 맥락에서 불리오는 다음과 같이 '이理'가 실체가 될 수 없다는 『천주실의』의 논증을 가져온다.[7]

> 『천주실의』 상권 제2편: 중국 문인들과 학자들이 '이(理)'를 따져서 말할 때에 사람 마음에 있거나 사물에 있거나 두 가지 경우가 있다고 말합니다. 사물의 실정이 사람의 마음속에 있는 '이'와 합치하면 사물은 비로소 참으로 실재한다고 말합니다. 사람의 마음이 저 사물에 있는 '이'를 끝까지 파고들어 다 알아낼 수 있으면, 그것을 격물이라고 말합니다. 이 두 가지 경우에 의거한다면 '이'는 진실로 속성이니, 어찌 사물의 근원이 될 수 있겠습니까? 두 경우 모두 사물보다 나중에 있으니, 나중 것이 어찌 먼저 것의 근원이 되겠습니까?

> 『초성학요』: ‘이(理)’도 또한 마찬가지입니다. ‘이’는 스스로 존재하는 사물이 아니며, 신령한 본성의 도구이며, 사물을 끝까지 파고들어 연구하는 요인입니다. ‘이’가 사람의 성품에 있든 사물에 있든, ‘이’는 사물에 있습니다. ‘이’가 사물에 있고 사람의 마음과 합치하면, 사물은 참으로 실재합니다. 사람의 마음이 저 사물에 있는 ‘이’를 끝까지 파고들면 그것을 격물이라고 말합니다. 이로써 ‘이’가 사물에 있든 마음에 있든, 모두 속성에 속하고 변화에 속하며, 사물의 나중에 있다는 것을 압니다. 어찌 사물의 근원이 될 수 있겠습니까?

이것은 불리오가 중국 전교 상황에서 만들어진 논증을 『초성학요』 본문에 넣었다는 것을 잘 보여 준다.

『초성학요』의 ‘신 존재 증명’은 선교사들이 중국 문화와 소통하기 위해 원문 텍스트에 대해 자유로운 입장을 지녔다는 것을 알려 준다. 불리오는 『신학대전』의 기본적인 서술 구조를 변용했고 자유로이 해설과 주해를 추가했으며, 심지어 중국에서 발전된 호교적 논의도 본문 안에 포함했다. 이러한 현지화의 시도가 한역 서학서의 전반적인 특징이라고 말할 수 있다. 이러한 현지화는 소통과 교육이란 관점에서 이해되어야 한다. 불리오를 비롯한 예수회 선교사들은 그리스도교의 진리를 조금이라도 변용하는 것을 인정하지 않았다. 그들은 아리스토텔레스 철학과 아퀴나스 신학을 철저히 교육받았으며, 이에 기초해 동아시아의 문화와 종교를 비판하고 그리스도교의 교리를 전하려고 했다. 이성적 차원에서 그리스도교 진리를 소통할 때, 서양의 원문 텍스트의 어구에 매이지 않고 자유롭게 편집하고 번역했으며, 심지어 중국 고전들도 광범하게 활용했다. 하지만 이러한 시도는 기본적으로 소통과 교육의 차원에서 행해졌다는 것을 기억해야 한다.

또한 『초성학요』는 당시 선교사들이 아리스토텔레스 철학에 기초한 최고 수준의 신학서를 번역하려고 시도했다는 것을 잘 보여 준다. 불리오는 『신학대전』뿐만 아니라 『로마 미사경본*Missale Romanum*』과 『로마 성무일도서*Breviarium Romanum*』 등 전례서도 번역했기 때문에, 이 시대에 이르면 성경을 제외하곤 예배와 신앙생활과 사목을 위한 주요 종교 문헌들의 번역이 완료되었다고 말할 수 있다. 『초성학요』는 『천주실의』와 비교할 때 그 영향력이 미미했다. 하지만 당시 선교사들이 향후 중국인 사제와 지도자를 양성하기 위해 유럽 수준의 신학 교육을 염두에 두고 있었음을 시사한다.

과학 문헌 —「월리역지」

이제 과학 문헌 중에서 달 이론을 다룬 「월리역지月離曆指」를 살펴보자. 「월리역지」는 명말 서광계徐光啓 등이 서양 선교사의 도움으로 편찬한, 서양 천문학에 기초한 역법서 『숭정역서崇禎曆書』의 일부다. 1610년 11월 1일 일식 계산이 어긋나면서 서양 천문학을 도입하자는 상소가 시작되었는데, 1629년 5월 1일 일식 추보에서 서광계의 계산법이 가장 잘 맞아 그해 9월 서양 역법 연구를 위한 역국이 설치되었다. 이후 서광계와 이천경이 황제에게 다섯 차례 진상하여 총 137권으로 완성된 총서가 『숭정역서』이다. 하지만 『숭정역서』는 청의 침공으로 명대에는 사용되지 못하다가 1644년 북경 점령 이후 아담 샬Adam Schall von Bell이 『서양신법역서西洋新法曆書』라는

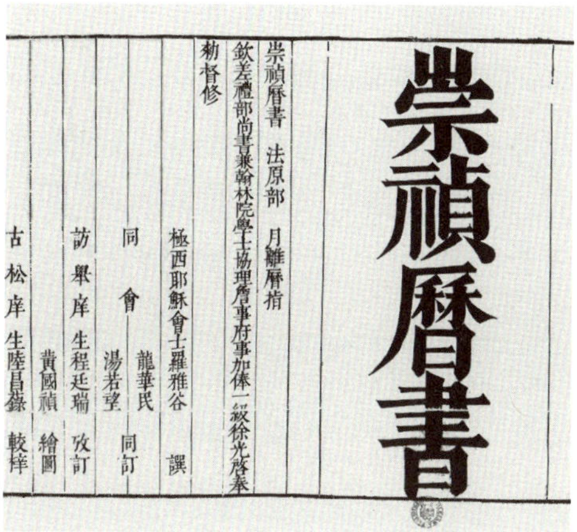
崇禎曆書
崇禎曆書 法原部 月離曆指
欽差禮部尚書兼翰林院學士協理詹事府事加俸一級徐光啓奉
勅督修
極西耶穌會士羅雅谷 譔
同會 龍華民 湯若望 同訂
訪舉庠生程廷瑞 攷訂
黃國禎 繪圖
古松庠生陸昌祿 較梓

그림 3.
「월리역지」 표지

이름으로 진상했고, 1645년 시헌력이라는 새로운 역법이 시행되었다.

서광계에 따르면 『숭정역서』는 일정한 체계를 갖추고 있다. 『숭정역서』는 태양, 항성, 달, 일월식, 오행성, 오행성의 회합 등 순서대로 읽어야 하며, 여기에는 원리를 설명하는 부분法源, 천문표法數, 계산을 위한 수학 지식法算, 천문 기구法器, 서양과 중국 천문학의 연결會通 등 다섯 가지 기본 항목이 있다. 그런데 회통에 해당하는 「통률표」는 진상은 되었지만 간행되지 않았고, 법산 부분은 서광계가 차후의 일로 미루어 두었기에, 현재 전해지는 책들은 모두 법원, 법수, 법기에 해당한다.

달 운행 이론을 제시하는 「월리역지」는 자코모 로羅雅谷(1593-1638)에 의해 저술되어 1632년 서광계에 의해 황제에게 진상되었다. 저자인 로는 이탈리아 예수회 소속으로 로마 콜레기움에서 수학했고, 클라비우스Christopher Clavius의 뒤를 이은 그린베르거Christoph Grienberger로부터 수학과 과학을 배웠다. 그는 스무 살에 예수회에 입회하여 1617년 사제 서품을 받고 극동으로 출발하여 1622년 마카오에 도착해 선교사 훈련과 교육을 받았다. 2년 후에는 중국 본토에 들어와 활동하다가, 1631년 아담 샬의 부름을 받아 『숭정역서』 편찬 작업에 참여했다.[8]

우선 「월리역지」를 다루기 전에 서양 천문학과 중국 천문학의 차이를 이해할 필요가 있다. 중국 천문학은 오랫동안 관측을 통해 축적된 천문 이론과 체계를 지니고 있었고 일부 사항에선 서양보다 더 발전된 면모를 보였지만, 천문학은 지식 자체가 아니라 사회적 목적을 위해 국가 주도적으로 발전했다. 반면 서양에선 국가와 교회의 지원과 감독이 배제되지 않았지만 민간 차원에서 전문가들의 지식과 기술의 진보를 통해 발전되었다. 특히 지리상의 발견과 초기 근대 인쇄술의 발전을 통해 과학 지식이 폭발적으로 증가했고, 코페르니쿠스, 갈릴레오, 튀코 브라헤, 케플러, 뉴턴과 같은 걸출한 천문학자들이 등장하면서 '과학혁명'이 일어났다.

중국 천문학과 서양 천문학의 근본적인 차이는 기하학 모델의 활용에 있었다. 중국 천문학은 관측 데이터의 축적으로 천문 현상을 예측했다면, 서양 천문학은 기하학을 활용하여 천문 모델을 만들고 실제 관측치와 대조하면서 이론을 발전시켰다. 서양에선 케플러의 타원 모델이 나오기까지 천체는 가장 완전하고 균일한 원운동으로 움직인다고 가정했다. 그런데 실제 관측에서 태양과 달과 다섯 행성의 운행이 어떤 때에는 빠르고 어떤 때에는 느리게 보인다는 것을 발견하고, 불규칙적으로 보이는 천문 현상을 이론적으로 설명하기 위해 노력했다.

프톨레마이오스 이래 서양 천문학에선 균일한 원운동을 나타내는 평균 운동(위치), 관측으로 주어진 실제/겉보기 운동(위치), 평균 운동과 실제 운동의 차이를 나타내는 가감차라는 개념을 사용했다. 또한 평균 운동과 실제 운동의 차이를 기하학적으로 설명하기 위해, 이심원 모델the eccentric model과 주전원 모델the epicycle model을 발전시켰다. 전자는 세계와 우주의 중심(지구)이 태양과 다른 행성의 궤도원의 중심과 다르다고 가정한다면, 후자는 행성 궤도의 중심은 지구와 동일하지만, 실제 행성은 또 다른 작은 원 궤도로 운행한다고 가정한다. 이심원 모델이나 주전원 모델이나 태양이나 행성은 원궤도를 따라 균일하게 운행하지만, 지구에서 관측할 때에는 균일하지 않게 움직이는 것처럼 보이는 현상을 규명하고자 했다.

또한 초기 근대 이후에는 정밀한 관측 기구가 만들어졌고, 대기굴절로 인한 고도차를 계산하고, 지면고도와 지심고도의 차이를 나타내는 지반경차parallax를 산정하는 방법이 계발되어 관측의 정확성을 높였다. 『숭정역서』에는 이러한 서양 천문학의 주요 개념이 소개되고 기하학적 원리가 제시되어 있을 뿐만 아니라, 관측 자료를 기하학적 모델과 연관하여 해석하고 계산하고 천문도표를 활용하는 방식이 설명되어 있다.

달 운행을 이론적으로 다루고 있는 「월리역지」는 이러한 특징을 잘 보여 준다. 「월리역지」는 모두 4권 30장으로 구성되어 있는데, 그 내용은 다음과 같다.[9]

달의 운행 도수(I.1)

평균 운행 도수(I.2-3)

교점(승교점과 강교점)의 운행 도수(I.4)

주전원 모델과 이심원 모델(I.5)

가감차(균수)(I.6-7)

옛 평균 운행 수치 평가(I.8)

평균 운행과 자행의 역원 정하기(I.9)

제2균수(II.10)

제2주전원 모델과 이중 이심원 모델(II.11-12)

달의 실제 경도 계산(II.13)

28수宿로부터 떨어진 거리(II.14)

삭망월 산정(II.15)

백도 상의 운행 도수(II.16-17)

황도와 서로 떨어진 도분(II.18)

달의 시차(II.19)

달과 지구 중심 거리(II.20)

달의 대기굴절(II.21)

달의 시직경과 지구 그림자의 시직경(II.22)

달의 거리, 시차, 시직경(II.23-24)

세 천체의 비(III.25)

달이 지구로부터 떨어진 거리(III.26)

월천 상수와 표 작성 원리(III.27)

달에 대한 세부적인 논의(IV.28)

네 어두운 별(四餘)(IV.29)

옛날과 지금의 교식(IV.30)

이렇게 볼 때 「월리역지」는 당시 서양 천문학에서 발전된 달 운행에 대한 모든 내용을 다룬다고 평가할 수 있다. 이 책은 일종의 천문 교과서로, 달 운행을 체계적이고 순차적으로 개관하는 것을 목적으로 삼았다. 이를테면 태양과 비교할 때 달 운동은 매우 복잡하다고 서술하면서 달의 운행을 소개한다. 태양의 운행은 ① 종동천을 따라 서쪽으로 운행(일주·자전운동), ② 스스로의 운행(연주·공전운동), ③ 원지점Apogee(지구에서 달이 가장 멀리 떨어진 지점) 운행, 이렇게 세 가지가 있지만, 달의 운행은 모두 일곱 가지가 있다고 서술한다.

① 수행隨行: 종동천을 따라 서쪽으로 운행, 하루 한 바퀴(일주·자전운동)
② 평행平行: 본천(주전원 중심의 운행 궤도)을 따르는 운행
③ 자행自行: 본륜(제1주전원)을 따르는 운행
④ 차륜次輪: 본륜 테두리의 또 다른 輪(제2주전원)
⑤ 교행交行: 교점(강교점, 승교점)의 운행
⑥ 또 다른 차륜次一輪: 튀코 브라헤 모델(균륜)
⑦ 면륜: 월면이 항상 차륜의 중심을 향함

이렇게 볼 때 「월리역지」에서는 달에 대해서는 주전원 모델을 제시하며, 2개의 주전원을 사용하는 코페르니쿠스 모델을 넘어서서 또 다른 주전원을 두는 튀코 브라헤 모델(균륜)을 근거로 삼는다는 것을 잘 알 수 있다.

이어서 책에는 달의 관측이 어려운 여섯 가지 이유가 제시된다.

첫째, 월천이 가장 작아 지구로부터 떨어진 거리가 매우 가까워 지평고도와 지심고도의 차이가 크다. 둘째, 지구와 월천의 비율을 알아야 지반경차를 계산할 수 있다. 셋째, 달이 지구로부터 떨어진 거리를 알지 못하면 대기굴절을 알기 어렵다. 넷째, 월면은 항상 이지러지고 결함이 있어 완전하지 않으므로 중심을 관측하기 어렵다. 다섯째, 황도 방향의 경도와 위도의 시차 때문에 방위각과 고도를 얻었다고 하더라도 실제 달의 운행과 일치하지 않는다. 여섯째, 달은 이러한 세 가지 시차 때문에 항성으로 측정하고 계산하는 방법도 사용하기 어렵다.

「월리역지」는 이러한 제약 때문에 히파르코스 이래 서양에서는 월식을 이용해 달의 평균 운행 도수를 계산했다고 하고, 그 방법과 수치를 예시한다. 이어서 평균 운행과 실제 운행과의 차이(가감차)를 계산하는 원리와 방법을 자세히 설명하고, 주전원 모델과 이심원 모델이 이름은 다르지만 원리는 같다는 것을 보여 준다.

이렇게 달 운행에 대한 옛 이론을 요약한 다음에는 근세에서 발전된 방법으로 발견된 달 운행 수치들이 프톨레마이오스 이래의 옛 수치들보다 더 정밀하다고 언급하고, 코페르니쿠스, 마지니, 튀코 브라헤의 달 운행 모델을 소개한다. 코페르니쿠스Nicolaus Copernicus는 『천구의 회전』(1543)에서 전통적인 달 운행 모델을 개선하여 하나의 주전원 외에 또 다른 작은 주전원(차륜)을 두는 모델을 발전시켰는데, 「월리역지」에서는 코페르니쿠스 모델을 자세히 설명한다(그림 4).[10]

반면 이탈리아의 수학자 마지니G. A. Magini는 코페르니쿠스의 이론에 기초해서 『새로운 천문궤도 이론』(1589)을 저술했으며, 달 운

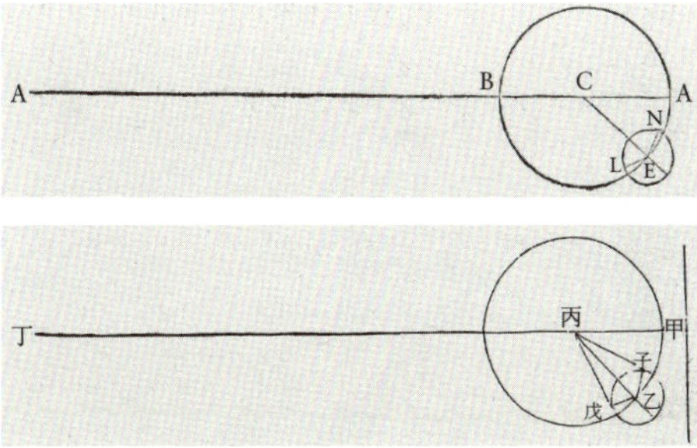

AB: 제1주전원(본륜)
C(丙): 제1주전원의 중심-순행
D(丁): 지구 중심
A(甲): 제1주전원의 원지점
EF(乙子戊): 제2주전원(차륜)-순행
A, E(甲, 乙): 제2주전원의 중심-역행

그림 4. 코페르니쿠스 모델

행에서 코페르니쿠스의 두 주전원 모델 대신 이중 이심원 모델을 제시했다.[11] 마지니는 이 여섯 가지 궤도를 하나하나 자세히 설명하면서 달의 운행을 해설한다면, 「월리역지」는 마지니의 이론을 요약 소개하고, 코페르니쿠스의 두 주전원 모델과 마지니의 이중 이심원 모델이 이름은 다르지만 같은 원리임을 보여 준다(그림 5).

마지막으로 「월리역지」에서는 튀코 브라헤Tycho Brahe의 모델을 제시한다. 튀코 브라헤는 『새로운 천문학 입문』(1602)에서 두 개의 주전원 외에 또 다른 주전원을 지구 근처에 두는 모델을 발전시켰다.[12] 「월리역지」에서는 튀코 브라헤의 모델을 가져와 설명하고 튀코 브라헤의 모델이 천상과 잘 일치되어 모든 천문표는 튀코 브라헤에 의존한다고 알려준다(그림 6).

하지만 튀코 브라헤가 실제 관측 자료를 이론적으로 설명하기 위해 이 도해를 사용했다면, 「월리역지」에서는 이 도해를 사용하여 달 운행의 일반적인 원리를 설명한다. 이는 「월리역리」의 교육적인 특징을 잘 드러낸다.

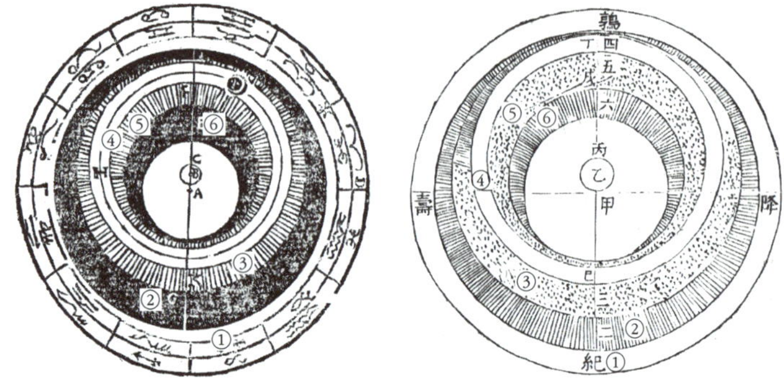

A(甲): 지구 중심 = 월 본천의 중심; ① 황도 12궁/ 그 다음 원: 백도
②, ⑥ 이심원의 평균 원지점을 운반하는 궤도(負太陰中距之天)
③, ⑤ 실제 원지점 혹은 원지점 이각(太陰中距天), 중심 B(乙)
④ 월궤권, 중심 C(丙), B(乙) 선회

그림 5. 마지니의 모델

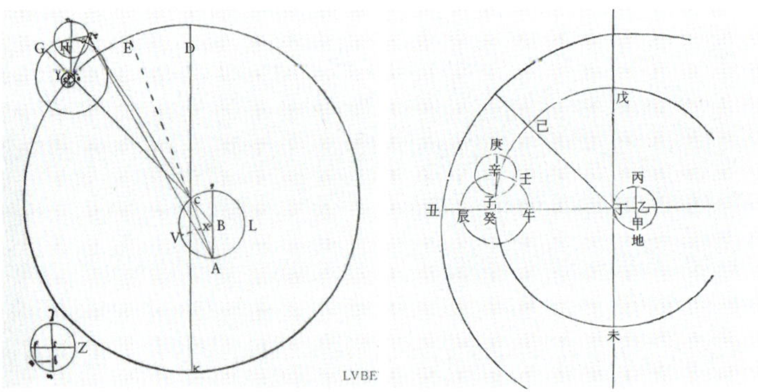

A(甲): 지구 중심; ALIC(甲丁丙) 원, 중심 B(乙): 차륜
DEFK(戊己癸) 원, 중심 C(丁), CD(丁戊)=지구 평균 거리, 지구 반경의 56배
CD(丁戊): AB(甲乙)=10만 : 217(코페르니쿠스 모델에서는 231)
제1주전원(본륜) 吾辛辰, 중심 F(癸), HF(癸辛)=5,800등분
제2주전원(균륜) 庚壬子, 중심 H(辛), HN(辛庚)=2,900등분
두 반지름의 합 FN(癸庚)=8,700등분

그림 6. 튀코 브라헤의 달 운행 모델

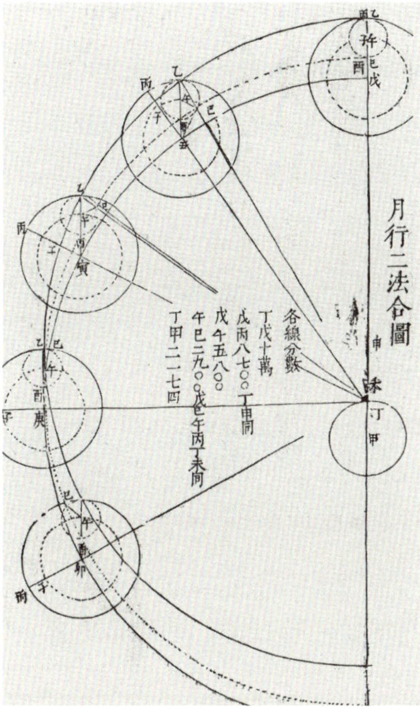

① 실선: 코페르니쿠스 모델(앞 모델)
점선: 튀코 브라헤 모델(새 모델)
丁: 지구 중심, 戊寅庚卯: 원의 중심, 戊丁=반경
앞 모델(본륜) 戊=중심, 戊丙=반경
새 모델(본륜) 戊=중심, 戊丙=戊吾=반경의 3분의 2
(균륜) 吾=중심, 戊丙=吾己=반경의 3분의 1

② 각 선의 비율
丁戊: 10만, 戊丙: 8700, 戊吾: 5800
吾己: 2900, 丁甲: 2174

③ 두 모델의 차이(가감차 계산)
앞 모델 丁丑乙: 삼각형 이용, 丁: 각 구함
새 모델 吾己丑·丑己丁: 두 삼각형 이용,
丑丁己: 각 구함

④ 각도 차
자행 15도(4분 33초), 30도(8분 9초),
45도(9분 56초), 60도(9분 32초),
75도(7분 3초), 90도(3분 6초)

⑤ 가감차 최댓값을 나타내는 지점(大差之限)
앞 모델 90도(4도 56분 19초)
새 모델 91도(4도 58분 27초)

⑥ 두 모델의 차이: 乙丁己 각

그림 7. 코페르니쿠스 모델과 튀코 브라헤 모델의 비교

이와 같이 「월리역지」에서는 코페르니쿠스부터 튀코 브라헤까지 초기 세 군데 서양에서 발전된 주요 달 운행 모델을 도해를 통해 설명한다. 여기서 한 걸음 더 나아가 코페르니쿠스 모델과 튀코 브라헤 모델이 실제적으로 어떤 차이가 있는지를 하나의 그림(합도)으로 나타내 기하학적으로 설명한다는 점이 흥미롭다(그림 7).[13]

그림 7의 합도에서 실선은 코페르니쿠스 모델을 나타내고, 점선은 튀코의 모델을 나타낸다. 여기서는 또 다른 주전원(차륜)은 위에 있느냐(코페르니쿠스 모델), 아래 지구 근처에 있느냐(튀코 브라헤의 모

델)의 차이만 있으므로 나타내지 않았다. 따라서 이 합도에서 코페르니쿠스 모델에선 제1주전원(본륜) 하나만 존재한다면, 튀코 브라헤의 모델에선 제1주전원 이외에 또 하나의 주전원(균륜)이 추가되었다. 튀코 브라헤의 모델에서 제1주전원의 반지름은 코페르니쿠스의 제1주전원의 반지름의 3분의 2이고, 또 다른 주전원의 반지름은 3분의 1에 해당된다. 「월리역지」에서는 두 모델의 실제적 차이는 가감차를 계산하는 방법에 있으며, 실제로 어느 정도 차이가 나는지 그리고 최대 가감차의 지점의 차이에 대해 설명한다.

이 합도는 「월리역지」에서 중국인들에게 코페르니쿠스의 달 이론과 튀코 브라헤의 달 이론의 차이를 어떻게 이해시키려 했는지를 잘 보여 준다. 「월리역지」는 초기 근세에 발전된 코페르니쿠스와 마지니와 튀코 브라헤의 달 운행 이론을 개관하고, 기하학적 도해로 그 차이를 설명하려 했다. 이 합도는 「월리역지」의 교육적 성격을 잘 보여 준다.

「월리역지」는 달 운행에 대한 서술이 체계적이고, 전통적인 프톨레마이오스의 이론뿐만 아니라 초기 근대에 새롭게 발전한 코페르니쿠스, 마지니, 튀코 브라헤의 이론을 핵심적인 도해와 함께 설명하고 서로 비교한다. 이렇게 코페르니쿠스, 마지니, 튀코 브라헤의 도해를 수록하고, 코페르니쿠스 모델과 튀코 브라헤의 모델을 비교하는 합도까지 갖춘 서양 천문서를 발견한다면, 「월리역지」와 『숭정역서』뿐만 아니라 당대의 서양 천문학의 발전을 이해하는 데도 큰 도움이 되리라 생각한다. 튀코 브라헤의 『새로운 천문학 입문』이 출간된 1602년부터 「월리역지」가 진상된 1632년까지 이 기간 동안 이러한 교육이 서양의 대학이나 연구소에서 진행되고, 「월리역지」의 전체적인 내용이나 도해 설명을 포함한 교과서가 출판되었다면, 서양 천문학사에서도 획기적인 일이라고 판단된다.

만약 그러한 교과서를 발견할 수 없다면, 더 나아가 그러한 교과서가 존재하지 않았다면, 「월리역지」는 유럽까지 포함해 당대 최고의 달 운행 이론을 종합하여 간행된 세계 최초의 달 운행 교과서라고 할 수 있을 것이다. 어쩌면 이러한 평가는 『숭정역서』 전체에 적용될 가능성도 있다.

비록 제한적이긴 하지만 「월리역지」는 명청대 과학서 번역의 특징을 보여 준다. 『숭정역서』가 저술된 시기는 서양에서 여러 천문학 이론과 모델이 혼재하여 아직 뚜렷하게 정설이 확립되지 않은 때였다. 당시에는 튀코 브라헤가 거대한 관측 기구를 제작하여 오랫동안 정밀한 관측을 지속적으로 수행하여, 튀코 브라헤의 이론과 천문상수가 최고의 권위로 인정받았다. 『숭정역서』의 태양 이론을 보여 주는 「일전역지」와 「일전표」는 그 핵심 내용에서 튀코 브라헤의 영향을 크게 받았다. 「월리역지」도 이 점에서는 동일하다.

「월리역지」에는 기하학적 모델과 천문상수, 천문학의 원리와 실제가 체계적이고 단계적으로 서술되어 있으며, 여러 가지 도해를 통해 이해를 도왔다. 또한 전문적인 천문 연구자들을 대상으로 한 코페르니쿠스, 마지니와 튀코 브라헤의 저작 중에서 달 운행과 관련된 원리적 내용을 추려 중국에 전해 주었다. 이런 점에서 「월리역지」는 초기 근세에 새롭게 발전된 달 이론을 종합한 교과서적인 성격을 지닌다. 아마도 유럽의 대학교나 연구소에서 달 운행을 가르칠 때 이러한 방식과 내용이 활용되었을 것이라고 추측할 수 있다. 유럽에서도 초기 근세에 천문학 교육이 어떻게 이루어졌는지에 대한 연구는 미진하다. 따라서 「월리역지」는 초기 근세 유럽의 천문학 교육의 내용을 가늠해 볼 수 있는 좋은 자료가 될 수 있다.

마지막으로 「월리역지」는 기하학적 모델을 활용한 서양 천문학을 중국인 관료들에게 알리고, 이를 통해 전통적인 중국 천문학과 서양 천문학을 상호 연계시키는 데에 공들인 책이다. 서양 천문학의 내용을 중국의 전통적인 역법 체제에 맞춰 설명하기도 하고, 중국의 천문상수와 서양의 천문상수를 비교하기도 하고, 서양 개념에 해당하는 중국의 전통적인 용어를 소개하기도 한다. 이런 의미에서 「월리역지」를 비롯한 『숭정역서』는 초기 근세 문화 유통의 성격과 의미를 보여 주는 주요한 자료라고 할 수 있다.

『초성학요』, 명청대의 문화 번역

『초성학요』와 「월리역지」는 명청대 한역 서학서의 특징을 잘 보여주며, 이러한 특징은 문화 번역이란 관점에서 파악될 수 있다고 본다. 번역은 문화를 전달하는 과정이며 이질적인 두 언어 체계의 문화가 소통되는 것이다. 문화 번역의 관점에서는 원문 텍스트보다 수용 텍스트 쪽에 관심을 두고 번역이 이루어지는 특정 시공간적 맥락과 번역 행위자를 총체적으로 이해하는 것이 중요하다. 이렇게 볼 때 명청대 동서 교류의 주체는 서양 선교사들이었고, 그들은 종교 부분에서나 과학 부분에서나 당시 서양의 최고 수준의 문화를 중국인과 소통하려 했다고 말할 수 있다.

『초성학요』는 문화 유통의 주체인 서양 선교사들이 원문 텍스트에 매이지 않고 소통과 교육의 관점에서 자유로이 번역하고 창조할 수 있었다는 것을 잘 보여 준다. 구체적으로 살펴보면, 『신학대전』의 기본적인 서술 구조를 변용했을 뿐만 아니라 중국에서 일어난 호교론적 논의도 본문에 추가되었다. 「월리역지」는 서양의 여러 천문서를 종합하여 달 운행의 원리와 실제를 체계적으로 정리한 교과서의 성격을 지닌다. 특히 코페르니쿠스와 튀코 브라헤의 모델을 비교하는 합도는 중국 현지에서 만들어졌을 가능성도 배제할 수 없다. 따라서 이 책을 통해 서양 선교사들이 어떠한 방식으로 서양 천문학 이론을 중국에 소개하려고 했는지를 엿볼 수 있다.

『신학대전』을 번역하는 일이나 달 운행, 더 나아가서 천문 현상 전체에 대한 최신 이론을 종합한 교과서를 만드는 일은 선교사들의 문화 유통에 대한 지극한 관심을 잘 보여 준다. 서양 선교사들은 적극적으로 자신들의 문화를 유통하려고 했지만, 명청대 중국인은 동서 교류에 대해 소극적인 태도를 지니고 있었다. 그 원인과 이유에 대해서는 또 다른 분석이 필요할 것이다. 또한 한역 서학서가 중국인들에게 미친 영향은 어느 정도인지, 문명 유통의 반대 방향, 즉 중국 문화와 역사를 소개하는 선교사들의 보고서나 저술, 중국 고전의 번역이 반대로 서양 문화를 어떻게 변용시켰는지도 흥미로운 연구 주제가 될 것이다. 이것은 명청대 동서 교류가 얼마나 흥미롭고 의미 있는 분야인지를 잘 보여 준다.

1. Bibioteca Apostolica Vaticana 소장의 Raccolta generale-oriente stragrandi 13이며, 張西平·任大援 主編, 『梵蒂岡圖書館藏明清中西文化交流史文獻叢刊』 1, 5-20쪽에 나온다.

2. 그가 저술한 교리서로는 『초성학요』, 『논천주(論天主)』, 『논삼위일체(論三位一體)』, 『논인영혼(論人靈魂)』 등이 있고, 전례서나 사목서로는 『미살경전(彌撒經典)』, 『사탁과전(司鐸課典)』, 『성사예전(聖事禮典)』, 『성교일과(聖教日課)』(三), 『성모소일과(聖母小日課)』, 『주교요지(主教要旨)』 등을 남겼다.

3. 토마스 아퀴나스, 『신학대전』 1부 2문 서문.

4. 자세한 내용은 손은실, 「토마스 아퀴나스 『신학대전』의 첫 한문 번역 『초성학요』의 특징과 의의: 아리스토텔레스 철학 용어 번역을 중심으로」, 『서양고전학연구』 59-2(2020), 115-146쪽 참조.

5. 『신학대전』 1부 2문 3절, 『초성학요』

6. 『신학대전』 1부 2문 3절 반론해결 1.

7. 마테오 리치, 『천주실의』(송영배 옮김, 서울대학교출판부, 1999), 87-88쪽.

8. 저서로는 「일전역지(日躔曆指)」, 「항성역지(恆星曆指)」, 「고금교식고(古今交食考)」, 「오위역지(伍緯曆指)」, 「월리역지」, 『환우시말(寰宇始末)』, 『주산(籌算)』 등의 과학서와 종교서로 『사말론(四末論)』, 『성모행실(聖母行實)』, 『주제군징(主制群徵)』 등이 있다.

9. 「월리역지」 강독 모임을 이끌어 준 강민정 박사(한국고전번역원)에게 감사를 표한다.

10. Nicolaus Copernicus, *Nicolai Copernici Torinensis De Revoluitionibus Orbium Ceolestium, Libri VI*, 4 (Norimbergae: Apud Ioh. Pertreium, 1543), p. 112; 「월리역지」 2권 11장(Bodleian sinica 897, 4r).

11. Giovanni Antonio Magini, *Novae Coelestium Orbium Theoricae Congruentes cum obervationibus N. Copernici* (Moguntiaci, 1608), p. 188 (www.e-rara.ch); 「월리역지」 2권 12장 (Bodleian sinica 897, 10r).

12. Tychonis Brahe Dani scripta astronomica, *Tomus II: Astronomiae Instauratae Progymnasmata* (Hauniae: In Libraria Gyldendaliana, 1915), p. 119; 「월리역지」 2권 12장 (Bodleian sinica 897, 11v).

13. 「월리역지」 2권 12장(Bodleian sinica 897, 14r).

프레메어의 '유교' 이해

이연승

중국 천주교사에서 빛을 발하는 위대한 인물들 가운데 마테오 리치Matteo Ricci, 利瑪竇(1552-1610)를 첫 번째로 꼽는 데는 대체로 이견이 없다. 따라서 중국 선교에 생애를 바쳤던 예수회 선교사들에 대한 연구는 주로 그에게 집중되었다. 그런데 마테오 리치 이후 17-18세기에도 유럽 선교사들은 선교를 위해 중국으로 향했고, 마테오 리치의 적응주의 선교 노선은 예수회의 중국 선교에서 계승되었으나 시대 상황이 달라졌다. 그중에서도 중요한 점은 첫째, 교황청과 청나라 조정 사이에 전개되었던 전례 논쟁으로 선교 활동 자체가 험난한 상황에 놓이게 되었고, 둘째, 주자학을 통치 이념으로 삼은 청나라에서는 더 이상 마테오 리치처럼 송명이학을 비판하고 원시유학으로 돌아가자는 주장을 지속할 수 없다는 것이다. 이 시기에 활동하던 프랑스의 예수회 선교사들 가운데 부베Joachim Bouvet, 白晉(1656-1730), 푸케Jean François Fouquet, 傅聖澤(1665-1741), 프레메어Joseph Henri Marie de Prémare, 馬若瑟(1666-1736), 골레Jean-Alexis de Gollet, 郭文傳(1664-1741)를 가리켜 '색은주의자索隱主義者, figurists'라고 하는데,[1] 이들은 위와 같은 시대적 상황 속에서 중국 선교 활동으로 중국의 고전 저작들을 진지하게 탐구하고, 그로부터 천주교와 유교의 관계를 모색했다.

예수회 색은주의 선교사들에 대한 연구는 21세기 이전까지는 매우 드물게 이루어졌다. 예컨대, 네 사람 가운데 가장 연장자로 나머지 세 사람을 중국으로 이끌었으며, 강희제康熙帝의 총애를 받아 중국과 유럽 사이의 학술과 문화 교류에서 중요한 역할을 했던 부베에 대해서는 그의 『주역』 연구나 독일 철학자 라이프니츠와의 교류 등을 중심으로 어느 정도 연구가 진행되었지만, 프레메어를 비롯한 나머지 색은주의 선교사들에 대해서는 거의 알려져 있지 않았다.[2] 그러나 21세기에 들어서 중국 천주교 관련 한문 문헌 총서들이 잇달아 출간되면서[3] 중국 기독교에 대한 학계의 관심이 고조되었고, 아울러 색은주의에 대한 연구들도 점차 축적되어 왔다.[4] 색은주의 선교사들의 학문적 업적에 대한 연구가 극히 지엽적이거나 특수해 보일 수도 있지만, 이는 그 자체로 종교 간의 조우 및 그로 인한 다양한 종교적 문화의 변화 양상을 엿볼 수 있다는 점에서 매우 흥미로운 주제다. 또한 현재 중국어권의 학계에서 주목받고 있는 소위 한어신학漢語神學[5]이라는 영역에도 중요한 학문적 토대를 제공해 줄 수 있다고 생각한다. 본문에서는 이들 가운데 가장 풍부한 저작을 남겼을 뿐 아니라 가장 창조적인 사상을 제시했다고 평가되는 프레메어의 학문적 세계를 살펴보고자 한다. 특히 많은 중국의 경전을 연구한 그가 유교라는 종교적 전통을 어떻게 이해했는지에 초점을 맞추어 볼 것이다. 프레메어라는 한 천재적인 종교인의 사상적 성취는 그의 일생을 직조했던 유럽과 중국의 종교적 문화의 일부를 이해하는 데에도 일정한 도움을 줄 것이다.

프레메어의 중국 선교 및 중국 고전 연구[6]

프레메어는 1666년 7월 17일 노르망디 지역의 코탕탱반도 끝에 위치한 셰르부르에서 태어났는데, 그의 유년기와 청년기 및 가족적 배경에 대해서는 알려진 바가 없을 정도로 편지나 다른 저작들에서 자신에 관한 내용을 거의 쓰지 않았다고 한다. 1698년 프레메어는 8명의 다른 예수회원들과 함께 마카오에 도착했는데, 그때 항해를 인도한 이가 바로 부베였다. 강희제는 1687년부터 중국에서 선교활동을 하고 있던 부베를 1693년에 프랑스로 파견하여 수학이나 자연과학에 밝은 사람들을 모집해 오도록 했다. 이에 부베는 예수회원 12명을 선발했는데, 프레메어가 그중 한 사람이었다. 이 가운데 4명은 동인도로 보내졌고 후에 푸케와 당트르콜Frahcois Xavier Dentrecolles이 6개월 후에 중국으로 가서 합류했으니, 부베는 총 10명의 예수회 신부들을 청나라로 데려간 셈이다. 프레메어는 강서江西 지역으로 파견되어 남창, 건창, 구강 등 여기저기에 머물렀는데, 그곳은 표준 한어가 아닌 간幹 방언을 사용했다. 부베는 예수회원들을 배에 태운 후에 비로소 그들에게 중국어를 가르쳤다고 한다. 그가 가르친 말은 아마도 북경 방언이었을 것이고, 이는 강서 지역에서 통하지 않는 말이었으니, 프레메어가 낯선 문화에서 얼마나 어렵게 적응하며 선교활동을 했는지 충분히 짐작된다.

프레메어는 강서에 머물며 선교활동을 하고 중국 문화와 경전들을 배워 나가면서 유응劉凝(c.1620-1715)이라는 한인 지식인에게 많은 영향을 받았다. 그는 유응을 매우 뛰어난 학자로 존경했고, 그의 도움으로 『설문해자說文解字』를 독파할 수 있었다고 한다.[7] 1713년 강희제는 부베의 청을 받아들여 프레메어와 골레를 북경으로 불러들였고, 이들은 1714년 북경에 도착했으나 두 사람 모두 강희제의 통역관으로 선발되지 못해 본래의 전교지로 돌아가게 되었다. 당시 푸케는 북경에 머물면서 부베와 함께 『역경』을 번역하고 있었다. 부베는 프레메어도 참가하도록 하여 1716년까지 함께 『역경』을 연구했으니, 색은주의자를 '역경주의자'라고도 부르는 바탕이 여기에서 시작된다.[8] 그러나 프레메어는 부베와 지속적으로 의기투합하지 못했고, 조용히 중국 고전에 대한 연구와 선교 활동에 매진하고자 강서 지역으로 돌아가 이전과는 다른 새로운 방식으로[9] 중국의 전적들에 대한 색은주의적 독해에 몰두했다.

17세기 후반부터 중국의 선교 활동에서 적응주의적인 예수회원들과 정통주의자들 사이에 점차 커졌던 갈등 양상은, 결국 1704년 교황 클레멘트 11세가 '천주'라는 호칭만 허가하고, 공자와 조상에 대한 제사를 금할 것을 선언함에 따라 청 조정과의 전례 논쟁이 본격화되었다. 게다가 1705년 중국에 도착한 교황의 특사 투르농C. Tournon은 예수회에 대한 강한 반감을 품고 있었을 뿐 아니라, 유럽인의 우월함으로 강희제에게 무례하고 오만한 태도를 드러냄으로써 천주교에 대한 강희제의 우호적 태도에 찬물을 끼얹었다. 강희제가 죽은 후 천주교에 반감을 지닌 옹정제雍正帝가 즉위하자 1724년 천주교는 금지되고 선교사들은 광주로 추방되었다. 이러한 시대적 배경 속에서 프레메어는 선교 활동을 펼쳤다. 『야소회사중국서간집耶蘇會社中國書簡集』에 실린 프레메어의 편지를 보면, 그의 전교 대상은 주로 빈민층이었고, 부녀자와 아이들을 보살피거나 치병이나 구마 등의 종교 의식을 통해 전교했다는 것 등을 알 수 있다.[10] 10여 년에 걸친 노력의 결실인 프레메어의 저서 『중국 고전에서 선택된 그리스도교 교리의 흔적들』의 「서언적 선언」에는 “나는 순수하고 단순하게 중국의 서적들에서 언급된 것들을 진술하며, 이 민족의 구원을 제외하면 다른 어떤 계획도 갖고 있지 않다.”라는 문장이 나온다.[11] 여기에서 알 수 있듯이 그는 천주교를 전교하기 위해 중국에 머물렀고, 중국 인민들과 중국문화를 이해하기 위한 다양한 중국 고전 연구는 전교 활동의 부산물이었다. 그는 선교라는 본래 목적에 충실했으며, 그 과정에서 학문적 탐구가 필요한 까닭에 풍부한 연구 성과를 남길 수 있었던 것이다.

유교 경전—천주교 성경과 같은 천학의 텍스트

프레메어는 『역경』, 『서경』, 『시경』을 비롯한 유교 경서들에 깊은 관심을 가지고 있었고, 그 밖에 『노자』, 『장자』, 『회남자』, 『산해경』, 『여씨춘추』 등의 자서子書와 나필羅泌의 『노사路史』, 정초鄭樵의 『통지通志』 등 사서史書 및 『설문해자』에 대해서도 잘 알고 있었다. 중국어와 중국 고전에 대한 프레메어의 지식은 동시대의 어떤 선교사들보다도 광범위하고 전문적이었으며, 그의 색은주의적 사고의 틀은 바로 여기에 토대를 두고 전개되었다. 프레메어가 왜 이렇게 많은 중국의 경전을 탐구했는지 그 배경을 생각해 보면 먼저 프레메어를 중국 선교로 인도한 부베의 영향력을 가장 결정적인 것으로 꼽아야 할 것이다. 마르티니Martino Martini, 衛匡國(1614-1661)가 『중국상고사』[12]에서 중국사는 기원전 2952년 복희씨의 통치에서 시작된다고 주장한 이래, 중국 문명의 기원이 중국 선교사들뿐 아니라 유럽의 지식인들 사이에서 중요한 문제로 부각된 것도 중요한 배경이 될 수 있다.[13] 프레메어 역시 『서경』과 『역경』 등 경서에 기록된 상고 시대에 관한 내용은 역사적 기록이 아니라 상징적 기록이라고 주장하며, 중국사는 기원전 722년 정도에 기원을 두고 있다고 나름의 견해를 제시했다. 이하에서 프레메어의 유교 경전들에 대한 이해만으로 범위를 좁혀서 간략히 논의해 보고자 한다.

프레메어는 『천학총론天學總論』, 『경전의론經傳議論』, 『경전중설經傳衆說』 등 유교의 '경학사' 혹은 '경전개론'이라고 할 만한 내용의 저서를 저술했는데, 1710년에 완성된 것으로서 선후 관계는 알 수 없으며, 현재 모두 프랑스 국립도서관에 소장되어 있다.[14] 『천학총론』에서 프레메어는 천학의 근원은 하늘天이고, 하늘은 그것을 선왕에게 주었으며, 선왕이 이를 경經에 기록했다고 하면서, 중국의 경서를 '성경聖經'이라고 부른다. 나아가, 공자가 경에 기록된 내용을 믿고 후세에 전하고자 했으나, 성경의 말經之言은 전한다고 해도 성경의 참뜻經之眞意은 받을 자가 없었다고 했다. 프레메어는 "선생님(=공자)께서 인성과 천도에 대해서 말씀하시는 것은 들을 수가 없었다."라고 했던 자공子貢의 말을 인용하면서, 이는 공자 시대에 성경의 참뜻이 전해지지 않았다는 의미라고 보았다.[15] 공자 이후 참된 학문인 천학이 절멸해 가는 과정에 대해서는 ① 전국 시대에 예악이 붕괴되었고, ② 진나라 때에 시詩와 서書가 불탔으며, ③ 한나라 이후 수많은 경전의 주석들이 나왔으나 중설이 분분할 뿐 어그러짐이 끝이 없었다. ④ 그 틈을 타 불법佛法이라는 이단이 들어온 데에다 삼교三敎가 정립鼎立하게 됨으로써 참된 학문은 사라졌다고 했다.[16] 따라서 ⑤ 후세에 송학이 한당의 학문을 밀어내고 흥성했고, 주희의 학문이 북송오자의 학문을 두루 집대성했으나, 이기설理氣說을 가지고 주재로 삼으니, 이는 오히려 천학에 대해서는 큰 환난일 뿐이라는 것이다.[17] 프레메어는 중국의 수많은 유자가 천학을 회복할 수 없고 달리 방법도 없으니, 결국 천학을 유지하고 있는 다른 나라나 다른 민족에게서 배워야 한다는 논리를 전개한다.[18]

『천학총론』에서 프레메어는 '천학天學'이라는 참된 학문이 담긴 텍스트로서 유교의 경서를 성경이라고 천명했다. 비록 그 참된 의미가 공자 이후 중국에서는 전해지지 않았지만, 그것은 없는 것이 아니라 밝혀진 적이 없을 뿐이다. 프레메어의 유교 경전에 대한 연구는 바로 그 숨겨진 참된 의미를 찾는 해석의 작업이며, 이것이 바로 그의 색은주의적 경학 방법인 셈이다. 『경전중설』과 『경전의론』은 구체적인 내용에서 『천학총론』과 차이가 있지만, 근본적인 유교의 경서관이나 경학사에 대한 이해 부분에서 서로 유사하다. 먼저, 프랑스 국립도서관에 소장된 『천학총론』과 합본으로 되어 있는 『경전중설』은 4절로 이루어져 있는데, 제1절 '참된 경서를 믿는다信眞經'에서는 "경을 믿을 뿐 전을 믿지 않는다信經不信傳"라는 주장을 천명하고 있다. 제2절 '경의 참뜻이 밝혀지지 않음經不明'에서 눈에 띄는 프레메어의 주장은 첫째, 이단으로 인하여 도道가 사라지는 것이 아니라 도가 사라진 후에 이단이 일어난다는 것이며, 둘째, 『역경』이 존재하는 한 도는 존재한다는 것이다. 제3절 '한유漢儒'와 제4절 '송유宋儒'는 『천학총론』에서 서술했던 참된 천학이 한나라 이후에 절멸해 가는 과정을 좀 더 상세히 설명하는 내용이며, 역사상 수많은 유학자가 경전을 연구, 해석해 왔으나 그저 수많은 주장들(衆說)에 불과하다는 것이다.

『경전의론』은 프레메어의 「자서」에 이어 제6권 「춘추론」만 남아 있는데, 「자서」의 마지막 부분을 보면 본래 12장으로 구성되었고,

여섯 번째가 「춘추론」임을 확인할 수 있다.[19] 「자서」에는 프레메어 자신이 중국에 발을 디딘 이래 10년에 걸친 학문 여정을 서술하면서, 처음에 말과 글을 배운 후 중국의 경학을 가장 중요시했다고 언급한다.[20] 나아가 옛 경서에 담긴 참뜻에 접근하는 방법도 제시하고 있다.

> 내가 성인의 마음을 (경서의) 주해에서 구했으나 구하면 구할수록 어두워졌다. 『시경』에서 말하기를 "내가 그 소리를 들었으나 그 사람을 보지 못하였다."라고 한 것이 바로 이를 가리킨다. 3년이 넘어서 여러 유학자들의 주해들을 버리고 고경으로 돌아갔다. 선유들의 말을 믿지 말고 오직 선성을 스승으로 삼을 뿐이다. 성인의 말을 가지고 성인의 마음을 구하니 100가지 중에 하나도 미혹됨이 없는데, 이것이 내가 총명해서 그렇다고 하겠는가![21]

"선유先儒를 믿지 말고 오직 선성先聖을 스승으로 삼으라."라는 말은 『경전중설』에서 말한 "경經을 믿을 뿐, 전傳을 믿지 말라."라는 말과 일맥상통하며, 또한 공자 이후에 참된 학문은 절멸되었다는 『천학총론』의 주장과도 부합한다.

프레메어가 모든 경전 중에 『역경』을 가장 중시한다는 것은 새삼 강조하지 않아도 자명한 사실인데, 『경전의론』에는 이러한 그의 신념이 독특한 방식으로 표명되어 있다.

> 『역』이란 무형의 성인이고, 『서』란 성인의 형상이다. 『시』란 성인을 찬미하는 것이고, 『춘추』는 성인의 일을 기록한 것이다. 예악은 성인

이 만든 것이다.[22]

밑줄 친 "『역』이란 무형의 성인"이라는 말은 아마도 『역경』에서 기술하는 성인은 무형이라는 뜻일 텐데, 『서경』에는 성인의 구체적 형상이 있고 『춘추』 역시 가시적 성인의 일을 기록한 것이라는 점에서 『역경』과 여타의 경서들은 질적인 차이가 있다고 주장하는 것이다. 혹자는 프레메어가 『역경』을 마치 무형의 하느님을 묘사하고 있는 구약성서로, 그 나머지 경서들을 육화한 예수의 모습이 드러나는 신약성서로 파악한 것이라고 말한다.[23] 이는 가능한 해석이지만, 이어 프레메어가 자신이 말하는 '성인'이란 『역경』의 '대인大人'이고 『서경』의 '기인其人'이며, 『시경』의 '서방지인西方之人'이고 『중용』의 '성인聖人'이고 『춘추』의 '천왕天王'이라고 이른 것을 보면, 단지 그가 『역경』을 경서 중의 근본이라고 여겼다는 정도로 이해하는 것이 타당할 것이다. 요컨대, 프레메어가 『역경』과 나머지 경서들의 관계를 구약과 신약처럼 보았는지 여부는 단언할 수 없지만, "『역경』은 다른 오경의 본원"이라고 한 진덕수眞德秀의 말은 그의 저작들에서 반복적으로 나타난다.

유교의 본뜻—천주교와 동원이류[24]

프레메어에게는 마테오 리치의 『천주실의』를 연상시키는 『유교실의儒教實義』라는 저작이 있는데, 둘은 문답체로 되어 있다는 공통점이 있긴 하나, 『천주실의』에서는 서로를 이해하지 못하는 중사中士와 서사西士가 문답을 주고받으며 때로 변론을 전개하는 반면, 『유교실의』에서는 멀리서 온 학생이 묻고 순수한 마음을 가진 유자醇儒

가 답하는 것을 온고자溫古子가 기술했다고 되어 있다.[25] 묻는 자는 단지 '묻는' 역할만 하고, 답하는 자 역시 답을 '말하기만' 하기 때문에 묻고 답하는 자의 이름은 이 책에서 별다른 뜻을 지니지 않는다. 그러나 여기에서 주목할 만한 것은 묻는 자와 답하는 자가 천주교와 유교라는 대결 구도를 취하지 않는다는 점으로, 다시 말하면 양자 모두 유교적 문화에 더 이상 낯설지 않은 화자들이다. 프레메어의 필명인 온고자는 '온고이지신溫故而知新'이라는 공자의 말에서 유래한 것이 아닐까 짐작되는데('古'와 '故'는 의미나 발음상 통하므로), 미국의 역사학자 먼젤로David Emil Mungello는 그가 1701년 온주에서 수도자로서 서약했던 것에서 비롯되었으리라고 말한다.[26] 필명의 유래에 대해서는 정확히 알 수 없으나, 프레메어가 설정한 원생遠生은 유교의 경서들이나 중요한 교리, 송명이학에 대해서도 어느 정도 지식이 있는 자로서 아마도 당시의 일반적인 중국의 지식인이었을 것이고, 순유醇儒는 천학의 참된 의미를 알고 있기에 참된 유자라고 할 수 있는 사람이다. 순유는 답하는 과정에서 단 한 번도 천주교의 성경이나 서양의 철인 혹은 서적을 인용한 적이 없으며, 주로 유교의 경서나 대표적인 유자, 문인들의 말에 의하여 답한다. 먼젤로는 『유교실의』에 실린 내용의 일부는 장성요張星曜(1633-1715 이후)와 상호경尙祜卿(c.1619-1698 이후) 등 한인 천주교도의 저작들과 놀라운 유사성을 가지고 있다고 지적했다.[27]

『유교실의』의 첫 번째 질문은 "유교란 무엇인가問儒教?"이며, 그 답은 다음과 같다.

유교란 선성先聖과 후성後聖들이 서로 주고받은 심법心法이다. 옛 성왕

> 은 하늘에서 이것을 얻어서 하늘을 대신하여 서적에 기록하여 커다란 가르침으로 삼고 사방에 널리 펼쳤으며, 지극한 말씀으로 삼고 서민들로 하여금 선을 행하는 데에 일정한 도리가 있음을 분명히 알고 배우도록 하였다.[28]

프레메어는 유교를 '심법'이라고 하면서, 그 심법은 하늘에서 나온 것이고 이것이 경서에 기록되어 있음을 밝히는데, 이는 앞에서 본 유교 경서에 대한 설명과 일치한다. 다만 '천학의 진의眞義'를 '심법'이라고 표현한 것에서 주자학의 도통설의 낌새를 느낄 수 있지만, 사실상 핵심은 성인들의 도통에서 근거가 되는 심법이 아니라 오히려 유교란 백성들을 널리 가르치고, 선을 행하게 한다는 점에 있다고 생각된다. 이렇게 유교를 정의하고 곧바로 유교가 숭경崇敬하는 대상을 둘로 나누어 설명하는데, 첫째, 신비하고 그윽함에 통하는 것으로서 상제上帝와 귀신鬼神, 선인先人과 선사先師를 들었고, 둘째, 밝음에 이르게 하는 것으로서 부모, 스승, 연장자, 벗을 들었다.[29] 그러나 그가 강조하려던 것은 "그 가운데 가장 중요한 것은 상제를 공경함 만한 것이 없다(最重者, 莫如敬上帝)."라는 말이 틀림없다. 프레메어는 전례 논쟁이 진행되는 가운데 『유교실의』를 썼으므로[30] 전례 논쟁에서 문제가 되었던 사항들, 즉 유교에서 하늘과 상제에 대한 이해를 매우 중시했으니, 이는 『유교실의』에 나열된 총 108개의 문답 가운데 제일 앞의 19개 문답은 모두 하늘과 상제의 의미를 설명하는 내용이라는 사실을 보아도 알 수 있다. 그는 색은주의자로서 중국의 문자 자체가 고래로부터의 진리를 그 형상figure에 담고 있다고 믿었는데, 이런 믿음은 프레메어가 '천天'이라는 글자를 설명하는 데에서도 잘 드러난다.

> 天이라는 글자의 본래 의미는 다음과 같다. (天이란) 一과 大로 이루어져 있으며, 一과 大가 합하여 天이 된다. 지극한 일자로서 둘이 아니며, 지극히 커서 상대할 것이 없는 것이 바로 天이다.[31]

프레메어는 상제란 창천蒼天이 아니고 '이理'도 아니며 바로 '황천상제皇天上帝'라는 사실을 천명하는데, '천天'이라고도 칭하는 것은 바로 그 유일무이함과 위대함을 무엇에도 비할 수 없다는 점을 취한 것이라고 밝힌다. 결국 프레메어는 다름 아닌 상제(=天)가 유교의 경전들에 그 흔적을 간직하고 있음을 천주교의 천주에 나열함으로써, 중국에 본래적으로 천주가 존재하고 있었음을 증명하고자 했다. 그러나 그 과정에서 그는 교사郊祀라는 중국 천자의 제사에 대하여 의도적인 왜곡을 하지 않을 수 없었다.

> "『중용』에 '교사에서 상제를 모신다'는 말이 있는데, 정현이 주해에서 말하기를, '후토를 말하지 않은 것은 다만 글자를 생략한 것이다'라고 하였습니다. 이것이 믿을 만합니까?"라고 묻자, "아니다. 이는 한나라 유자의 억설일 뿐이다."라고 답하였다.[32]

직접 서술하지 않고 물음에 답하는 형식을 취했다는 것은 프레메어에게도 이는 문제였다는 뜻이다. 유일무이하고 위대한 황천상제인 '천'은 결코 후토后土(=地)와 같을 수 없기에, 그는 전통적이고 중국인들에게는 상식적이기도 했던 교사의 예설을 왜곡할 수밖에 없었다. 아마도 프레메어는 유교적 신학의 체계를 분명하게 함으로써 유교가 애초에 천주교와 본질적으로 다르지 않았고, 지금도 다르지 않다는 주장을 하고자 한 것 같다.

『유교실의』의 이어지는 문답에서는 유교에서 행하는 제사의 이치(20-37번 문답)와 사군事君, 사친事親, 사장事長 등의 유교적 일상 윤리(38-48번 문답), 가장 많은 항목을 할애한 유교의 상장제사喪葬祭祀(49-91번 문답), 공자와 문묘에 대한 내용(92-100번 문답), 마지막으로 그가 유교를 이해할 때 가장 중시했던 유교 경전에 대한 내용(101-108번 문답)을 다루고 있다. 조상 제사와 공자 숭배 역시 전례논쟁의 중요한 문제였기 때문에 상세하게 해명하지 않을 수 없었을 것이다. 간단히 말하자면, 프레메어는 상제와 귀신에 대한 제사는 천주교의 의례와 같은 종교적 성격의 제사이고, 조상 제사와 공자 제사는 공경의 마음을 표현하는 일상적 성격의 제사임을 다양한 문답을 통해 설명하고 있다.

여기에서 다시 한번 상기할 것은 유교의 윤리적 교리와 의례에 관한 체계를 분명히 제시함으로써 유교와 천주교가 본질적으로 다르지 않음을 보여 주려는 프레메어의 의도다. 『유교실의』의 마지막 문답에서 프레메어가 불교와 도교는 허황되고 망령되다고 하면서 참된 가르침이 아니라고 배척하지만, 그의 의도는 삼교 가운데 유교만이 참된 가르침이라고 주장하는 데에 있다기보다는, 유교의 경서와 경학의 전통, 나아가 유교를 근본으로 하는 중국의 문명이 천주교와 본질적으로 동일하다고 주장하는 데에 있다고 생각된다. 그러나 그렇게 해 나가는 과정은 정치와 문화, 학술, 관습 등 중국인들의 삶 전반에 두루 침투되어 있는 유교적 교리, 유교적 윤리,

유교적 의례 등을 선명하게 체계화하기 어려우니, 그가 익숙했던 천주교의 교리, 윤리, 의례 등과 유사한 형태로 재단한 것과 다름없다. 다만 그러한 유교는 중국인들이 현실적으로는 물론 관념적으로조차 쉽게 납득할 수 있는 것이 아니었고, 더욱이 교황청이나 유럽의 지식인들이 수용할 수 있는 것도 아니었다. 바로 이런 점을 가리켜 샤오칭허肖清和는 프레메어가 유교를 하나의 종교적 전통으로 만든 결과물은 유교라고도 혹은 천주교라고도 할 수 없고, 단지 '천학'이라 할 뿐이라고 말했다.[33]

맺음말

프레메어는 중국학의 여러 분야에 걸쳐 40여 종의 저작을 남긴 뛰어난 중국학자였다. 그러나 당대에는 익명으로라도 자신의 저서가 출간되기를 바라면서 다방면으로 노력했지만, 끝내 이루어지지 않았기에 제대로 된 평가조차 받을 기회가 없었다. 그가 희망을 걸고 접촉했던 푸르몽Étienne Fourmont(1683-1745)[34]의 학문적인 시기심과 불성실함, 색은주의에 대한 당시의 편견이 작동했을 수도 있었지만, 어쩌면 '미출간'이라는 사실 자체가 당시 그에 대한 평가였을 수도 있다. 그래서 오랫동안 중국 천주교와 유럽의 문명 교류에 대해 연구해 왔던 먼젤로는 프레메어에 대한 최근 단행본 연구서의 제목에 "침묵하게 하였다(silencing)"라는 표현을 썼을 것이다. 그러나 이제 프레메어는 침묵을 강요당하지도 않고, 침묵하지도 않는 것 같다. 앞에서도 말했듯이 그의 저작들이 세상에 나오면서 그에 관한 연구 또한 활발해지고 있기 때문이다.

중국에서 천주교와 유교적 전통이 조우한 지 한 세기가 지나면서 중국 문화에 자부심을 가진 강희제를 비롯한 중국의 지식인들은 서학중원설西學中源說에 경도되었고, 중국에서 활동하던 선교사들의 입장에서는 일반적으로 유럽중심주의 혹은 천주교를 정점으로 하는 종교진화론적 사고를 전제하면서 중국을 개종하고자 했다. 그러나 색은주의 예수회 선교사들은 각자 조금씩 차이는 있지만, 매우 진지하게 중국 문명 자체를 고민하고 탐구해 나갔다는 점에서 일치한다. 그중에서도 프레메어는 자기가 속한 유럽의 문화와 종교의 우월성에 대한 선입견을 걷어내고 인생의 반 이상을 중국이라는 선교지에서 보내면서 중국의 문화와 학술, 종교를 탐구하였다. 옹정제의 금교령으로 마카오로 축출되어 1736년 그곳에서 생을 마감하기 전 그는 지극히 빈곤한 가운데에서도 중국의 전적들을 구매하여 유럽으로 보냈고, 자신과 이웃들을 위한 구호품을 자국에 요청하기도 했다. 그러나 그는 정확히 언제 사망했는지도 모르게 세상을 떠났다.[35] 프레메어라는 한 색은주의 예수회 선교사의 내면에서 깊이 있게 진행된, 조용하지만 활력 넘쳤던 서학과 중학의 교류, 유교와 천주교의 교류는 한동안 교황청 도서관과 프랑스 국립도서관의 서고에 갇혀 침묵을 강요당했다. 그러나 이제 점차 그 모습을 드러내고 있다.

1. '색은주의'에 대하여 간단히 설명하자면, 『주역』, 『서경』, 『도덕경』 등 중국의 고전적 텍스트들 안에서 신(God)의 계시와 관련된 표징들(signs, figurae)을 발견할 수 있으며, 이런 믿음을 바탕으로 텍스트 해석을 전개하는 흐름을 말한다. 이 용어에 대한 더 자세한 설명은 이연승, 「예수회 색은주의 선교사들의 유교 이해」, 『종교와 문화』 17 (2009), 34-36쪽 참조.

2. 덴마크의 중국학자 크누드 룬드백(Knud Lundbæk)의 *Joseph de Premare: Chinese Philology and Figurism* (Aarhus University Press, 1991)은 21세기 이전에 나온 프레메어의 생애와 학문에 대한 유일한 단행본 연구서다.

3. 이 가운데 몇 종류만 들어 보자면, 鐘鳴旦[等] 編, 『耶穌會羅馬檔案館明清天主教文獻』 12冊(臺北利氏學社, 2002); 鍾鳴旦[等] 編, 『法國國家圖書館明清天主教文獻』 26冊(臺北利氏學社, 2009); 張西平[等] 編, 『梵蒂岡圖書館藏明清中西文化交流史文獻叢刊』(第1-2輯 총 66冊(大象出版社, 2014, 2019) 등이 대표적이다.

4. 색은주의에 대한 연구가 포함된 중국의 중요한 단행본 연구서로는 嗚莉葦, 『當諾亞方舟遭遇伏羲神農』(中國人民大學出版社, 2004); 劉耘華, 『詮釋的圓環』(北京大學出版社, 2005); 張西平, 『歐洲早期漢學史』(中華書局, 2009) 등이 있고, 이 외에 다수의 논문들이 발표되었다.

5. 한어신학(漢語神學)이라는 개념은 1990년대 초에 제기되었던 것으로서 영어의 언어 환경에서 기독교 신학이 발전할 수 있는 방향과 가능성을 모색하고자 하는 학문적 연구를 가리키는데, 아직 그 범위나 형성 시기에 대한 학계의 공통된 인식은 마련되지 않았다. 홍콩과 타이완에서는 한어신학이 상당히 활발히 연구되고 있으며, 대륙 중국에서도 차츰 전문적인 연구가 진행되고 있다.

6. 이 절은 대체로 주 2에서 소개했던 크누드 룬드백의 *Joseph de Premare: Chinese Philology and Figurism*을 참고하여 기술했으며, 일일이 인용처를 표시하지 않고 인용한 것에 대하여 미리 양해를 구한다.

7. 천주교 신자였던 유응은 마테오 리치의 미출간 저서인 『교유론』의 서문을 썼고, 『覺斯錄』이라는 호교적인 수필 5편을 쓰기도 했다. 그는 은퇴하고 1702년부터 1710년경 사망하기 전까지 고향인 강서 북쪽의 남풍(南豊)에서 살았는데, 바로 이 기간에 프레메어와 교류하며 지냈다.

8. 『역경』은 효와 괘 등의 기호나 형상(figure)이 중요한 경서이므로, 색은주의자들에게 중시된 것은 자연스러운 현상이라고 할 수 있다.

9. 프레메어는 유응으로부터 흡수한 고증학적 지식을 바탕으로 오경 연구에 집중했었으나, 북경에서 돌아간 이후에는 도가의 문헌들과 『산해경』에까지 관심을 점차 확장시켰다.

10. 肖清和, 「索隱天學: 馬若瑟的索隱神學體系研究」, 『學術月刊』 第48卷 第1期 (2016), pp.157-158.

11. 프레메어 지음, 『중국 고전에서 그리스도를 찾다』(보네티 & 페르니 불역, 이종화 옮김, 루하서원, 2018), 93쪽. 수고본으로 남겨진 이 책의 제목은 *Selecta quædam Vestigia praecipuorum Christianae relligionis dogmatum, ex antiquis Sinarum libris eruta*인데, *Augustine Bonnetty*(1798-1879)가 외방선교회 신부였던 Paul Perny(1818-1907)와 40년에 걸쳐 협업한 끝에 1878년에 프랑스어 번역본을 출간했다. 『중국 고전에서 그리스도를 찾다』는 프랑스어 번역본을 바탕으로 라틴어본과 대조하여 한국어로 번역한 것이다.

12. 원서명은 *Sinicae historiae decas prima, res a gentis origine ad Christum natum in extrema Asia, sive Magno Sinarum Imperio gestas complexa*(중국상고사 혹은 극동에서, 인민의 시초에서 예수의 탄생까지 혹은 중국인들의 대제국 건설에 관한 중국사 첫 10부기, 『중국상고사』는 약칭임)로, 라틴어로 된 두 판본과 프랑스어 번역본이 있다고 한다. 데이비드 E. 먼젤로, 『진기한 나라, 중국: 예수회 적응주의와 중국학의 기원』(이향만 옮김, 나남출판, 2009), 513쪽.

13. 그 이유는 최초의 중국 왕조의 시작을 기원전 2952년이라고 할 경우, 노아의 홍수보다 600년 앞서게 된다. 그러면 홍수에 의하여 세계가 붕괴되었다는 『성서』의 기사가 오류가 되므로, 많은 연구자가 이에 대하여 다양한 해결책을 모색했다.

14. 프랑스 국가도서관의 홈페이지에서 원문을 확인할 수 있다(https://gallica.bnf.fr).

15. 『天學總論』, 4a-4b.

16. 『天學總論』, 4b-5a.

17. 『天學總論』, 5b.

18. 肖清和는 『天學總論』의 후반부에 서구에서의 천주교 역사를 서술하고 강희제로 하여금 중국의 콘스탄틴 황제가 되기를 바라는 희망을 담고 있는 것으로 미루어, 강희제에게 천주교 교리를 소개하기 위한 저작일 것이라고 보았다. 肖清和, 「索隱天學: 馬若瑟的索隱神學體系研究」, p. 162; 그러나 프레메어의 이 같은 주장은 서학중원설(西學中原說)에 기울어져 있던 강희제에게 그다지 설득력이 없었을

것이다.

19. 『經傳議論』, 6a-6b.

20. 프레메어는 "理學은 經學을 통해서, 經學은 字學을 통해서"라고 하여 '字學 → 經學 → 理學'이라는 사고방식을 제시하고 있지만, 이어서 "經을 버리면 理가 사리에 맞지 않게 되고, 字를 버리면 經이 뒤엉킨다."고 하여 경학에 중심이 있음을 분명히 하고 있다. 『經傳議論』, 4a.

21. "愚求聖人之心於箋疏, 然愈求之而愈溟之. 『詩』曰, '我聞其聲, 不見其人', 此之謂也. 越三載, 乃屏衆說, 而復古經. 不信先儒, 惟師先聖而已. 以聖人之言, 求聖人之心, 而百不惑一者, 此豈謂吳聰明也哉." 『經傳議論』, 4b.

22. "易者, 無形之聖人, 書者, 聖人之象. 詩者, 聖人之贊, 春秋者, 聖人之事, 禮樂者, 聖人之作." 『經傳議論』, 9b.

23. 肖清和, 「索隱天學: 馬若瑟的索隱神學體系研究」, p. 165.

24. '同源異流'란 肖清和가 위의 글에서 "인류는 동원이류이므로 상제가 사람들에게 부여한 본성은 서로 같다"거나, "동방과 서방은 동원이류"라고 한 구절에서 빌린 표현이다. 이 절은 필자의 「예수회 색은주의 선교자들의 유교 이해」에서 프레메어를 다룬 내용과 동일하지는 않지만 다소 중첩되는 부분이 있는데, 미리 양해를 구한다.

25. 『儒教實義』(『天主教東傳文獻續編』 諸3冊, 1966), p. 1335. 앞으로도 쪽수는 이 책에 의거한다.

26. D. E. Mungello, *The silencing of Jesuit Figurist Joseph de Prémare in Eighteenth-Century China*(Lanham: Lexington Books, 2019), p. 80

27. Mungello, *The silencing of Jesuit Figurist Joseph de Prémare in Eighteenth-Century China*, pp.79-80. 한인 천주교도들의 저작들과의 유사성에 대하여 구체적인 내용을 명시하지는 않았다.

28. "問儒教. 曰, 儒教者, 先聖後聖相受授之心法者也. 古之聖王得之於天, 代天筆之於書, 以爲大訓, 敷之四方, 以爲極言, 使厥庶民明知爲善有道而學焉." 『儒教實義』, p. 1335.

29. "問儒教必有所敬. 曰, 儒教之所敬有二端焉. 其一, 通於幽者, 上帝也, 鬼神也, 先人也, 先師也, 其一, 致於明者, 親也, 師也, 長也, 友也." 『儒教實義』, pp. 1335-1336.

30. 『儒教實義』의 저작 연대는 알 수 없지만 선교 활동을 위협하던 전례 논쟁이

진행되던 시기였음은 분명하다. 李眞은 이 책의 저작 연대를 1715-1718년 정도라고 하였지만, 근거를 분명히 밝히지 않았다. 李眞, 「來華耶穌會士馬若瑟(Joseph de Premare, S.J.)生平及學術成就鉤沉」, 『東アジア文化交渉研究』 5(2012), p. 158.

31. 『儒教實義』, p. 1336.

32. "問中庸郊祀事上帝. 鄭玄解云, '不言后土, 省文也.' 信乎? 曰, 非也. 此漢儒臆說而已." 『儒教實義』, p. 1345.

33. 肖清和, 「索隱天學: 馬若瑟的索隱神學體系研究」, p. 168.

34. Etienne Fourmont(23 June 1683 – 8 December 1745) was a French scholar and Orientalist who served as professor of Arabic at the Collège de France and published grammars on the Arabic, Hebrew, and Chinese languages.

35. 이에 대하여 먼젤로는 "고통스러울 정도의 정확성을 실천하고자 했던 한 사람으로서, 프레메어의 정확한 사망 날짜가 불분명하다니 참으로 아이러니"라고 했다. D. E. Mungello, *The silencing of Jesuit Figurist Joseph de Prémare in Eighteenth-Century China*, p. 102.

접촉과 접속
— 서학서 『칠극』과 조선 지식인*

정민

문화는 접촉에서 시작해 접속으로 넘어간다. 호기심으로 접촉하다가 접속이 이루어지면 일종의 화학반응 같은 변화가 일어난다. 이 글은 서학서 『칠극七克』이 조선 사회와 접속한 정황을 살펴, 조선 후기 사회에서 서학서의 포괄적인 영향력을 살펴보는 데 목적을 둔다. 이를 위해 『칠극』에 나오는 저자와 7죄종의 개념 연원, 『칠극』의 체재와 구성, 『칠극』이 조선에 미친 영향 등에 대해 차례로 살펴보겠다.

『칠극』[1]은 명말 예수회 선교사로 중국에 건너온 스페인 출신 판토하Diego de Pantoja, 龐迪我(1571-1618)가 한문으로 지은 천주교 수양서다. 같은 시기 함께 활동한 마테오 리치의 『천주실의』와 함께 중국뿐 아니라 조선과 일본 등 동아시아 지식인들에게도 광범위한 영향을 미친 대표적인 서학서다. 원제 *De Septem Victoriis*는 인간의 삶을 에워싼 일곱 가지 죄종罪宗에 맞서 최종적인 승리를 거두는 처방을 담았다는 뜻이다. 이 책은 1614년 북경에서 처음 총 7권으로 간행되었다. 15년 뒤인 1629년에 『천학초함天學初函』[2]에 수록되면서 더욱 폭넓은 독자층을 확보할 수 있었다.

『천주실의天主實義』나 『성세추요盛世芻蕘』 등 다른 천주교 교리 서적들이 제목을 놓고 설명을 더하는 논설문 형식을 취하는데 반해, 판토하의 『칠극』은 『논어』나 『맹자』 등 유가 경전의 어록체 저작의 형식을 빌려 왔다. 이 책은 간행 이후 중국 사대부들의 격찬을 받았다. 『논어』나 『맹자』 같은 책이 순서 없이 어록을 나열했지만 『칠극』은 인간이 범하기 쉬운 일곱 가지 죄종을 극복하는 단계를 갈래지어 체계적으로 정리했다. 이런 편집의 탁월성이 특별히 중국인들의 이목을 끌었다. 서양인의 연역적 사유에 바탕을 둔 체계적 지식 전달 방식이 참신함을 안겨주었다.

『칠극』의 저자와 7죄종 개념의 연원

판토하의 중국 이름이 방적아이고 자는 순양順陽이다. 선교사로서는 드물게 스페인 국적의 예수회 선교사였던 그는 1571년 4월 24일, 스페인 마드리드 인근의 발데모로에서 태어났다. 18세였던 1589년 톨레도에 와서 예수회에 가입했고, 빌라레지오Villaregio 수도원에서 엄격한 훈련 과정을 시작했다. 판토하는 27세인 1596년 4월 10일, 동방 선교의 꿈을 안고 18명의 신부와 함께 리스본을 떠나 7개월에 걸친 긴 항해 끝에 1596년 10월 25일에 인도의 고아Goa에 도착했다.

판토하는 1599년 10월 말에 포르투갈 상인 틈에 섞여 중국에 잠입했고, 중국인 복장으로 변장해 1600년 3월에야 간신히 남경에 도착할 수 있었다. 이후 마테오 리치의 조수로 그를 보좌하다가 1601년 1월 24일, 마침내 마테오 리치를 따라 북경으로 가서 명나라 신종 황제를 알현했다.

1616년에 중국에서 천주교에 대한 첫 번째 공식적 박해로 기록되는 남경 교난이 발생했다. 이때 판토하는 동료 우르시스와 함께 박해의 부당함을 호소하는 상소문인 「변게辨揭」를 올렸다. 하지만 1617년 3월 그는 우르시스와 함께 북경에서 광주를 거쳐 마카오로 추방되었다. 판토하는 마카오에서 재입국을 기다리던 중 1618년 7월 9일, 47세라는 비교적 젊은 나이에 병사했다.

판토하가 중국에 체류한 기간은 고작 19년이었지만, 언어 습득력을 타고난 덕분에 중국어 구사력이 탁월했다. 마테오 리치의 후광과 탁월한 중국어 문장 능력 및 식견을 바탕으로 『칠극』을 저술해 높은 평가를 받았다. 중국의 사대부들은 최고의 존경을 담아 '방공龐公' 또는 '방자龐子'라는 호칭으로 불렀다. 판토하는 또한 『칠극』의 저술로 스페인 출신의 가장 위대한 한학가漢學家라는 평가를 받았다.

『칠극』은 1614년 북경에서 처음 간행되었다가 14년 뒤인 1628년에 이지조李之藻가 엮은 『천학초함天學初函』에 수록됨으로써 대표적인 한역 서학서라는 명성을 지니게 되었다. 첫 출간 이후 근 350년이 넘는 기간 동안 이 책은 판을 바꿔가며 지속적으로 출간되었다. 중국에서 꾸준한 독자를 가질 수 있었던 것은 이 책이 주는 보편적 공감력 때문이었다.

책은 전 7권에 면수로 433면에 달하는 거질이다. 전체 본문은 한자로 무려 82,590자에 달한다. 『논어』의 7배, 『맹자』의 2.7배에 가까운 방대한 분량이다.

권1부터 권7까지 각 권은 권1 복오伏午, 권2 평투平妬, 권3 해탐解貪, 권4 식분熄忿, 권5 색도塞饕, 권6 방음坊淫, 권7 책태策怠라는 제목을 붙였다. 교만pride과 질투envy, 탐욕greed, avarice과 분노wrath, 식탐gluttony과 음란lust, 나태sloth, laziness 등 인간의 일곱 가지 죄종, 즉 으뜸가는 죄악을 막아내는 처방을 권별로 담았다. 책 제목인 '칠극'은 이 일곱 가지 죄종을 극복하는 방법을 제시한다는 뜻이다.[3]

7죄종seven cardinal sins에는 그에 맞서는 7추덕七樞德, seven cardinal virtues, 즉 중추가 되는 덕성이 있다. 교만에 맞서는 겸손humility, 질투를 이기는 인애仁愛, kindness, 탐욕을 없애는 관용generosity, 분노를 가라앉히는 인내patience, 식탐을 누르는 절제abstinence, 음란의 불길을 식히는 정결chastity, 나태를 깨우는 근면diligence 등이다.

『칠극』이 제시하는 7죄종과 7추덕은 성경에 직접 등장하는 개념은 아니다. 인간이 본능적 욕망을 제어해서 도덕적·윤리적 선을 지향하는 과정을 정신과 육체 사이에 내적 투쟁으로 이해하는 사유는 그리스철학의 영향 아래 형성되었다. 이후 동방의 점성술이나 신비주의자 또는 이집트 사막 은수자들의 수양론과 스토아철학 개념 속에 배태되어 오다가, 중세 기독교 수도원의 고행과 극기의 규율로 적용되기 시작했다. 6세기 후반 그레고리오 교황 재위(590-604) 당시, 이 개념들은 중세 수도원의 수도자들에게 요구되던 수덕修德 생활의 실천을 위한 지침으로 적용되기 시작했다. 이것이 점차 일반 교인들에게까지 확장된 것이다.

이 개념에 앞서 중세 알렉산드리아의 클레멘트Clement가 제출한 수죄首罪, capital sin와 사죄死罪, deadly sin 개념과, 요한 클리마쿠스John Climacus(525-610)가 『천국으로 오르는 사다리』에서 제시한 8죄종 개념이 있었다. 이후 스콜라학파 토마스 아퀴나스(1224-1274)가 저술한 『신학대전』에서 명시적으로 7죄종과 7추덕의 개념을 제시한 뒤 비로소 체계화되었다.

판토하는 이 개념들을 유가적 술어를 빌려 서술해, 신유학의 사단칠정론 같은 윤리학의 기본 범주와 연결 지었다. 그 결과 천주교의 수양 및 윤리서가 중국의 유교적 지식인에게 거부감 없이 접속될 수 있었다. 이런 전략은 당시 유교적 지식인들에게 호의적 반응을 이끌어 냈고, 천주교를 보유론적補儒論的 관점에서 이해할 수 있는 가능성을 열어 주었다.

중국어로 된 판토하의 책은 『신학대전』 같은 딱딱한 설명에서 벗어나 수많은 예화와 인용을 끌어와서 중국인들에게 마치 제자백가서를 읽는 듯한 느낌을 주었다. 판토하는 그리스, 로마의 철학자부터 성경과 현자들의 잠언, 『이솝 우화』 여러 편까지 인용했다. 독자들이 매 단락의 이야기가 주는 흥미와 화법에 빠져드는 동안 자기도 모르게 천주교 신앙이 내재화되도록 만드는 힘이 있었다.

『칠극』의 체제와 구성

판토하가 「칠극자서」에서 설명한 이 책의 집필 의도와 구성에 대해 살펴보자. 인생의 방향은 '소구적신消舊積新'이라는 네 글자에 담겨 있다. 묵은 악업을 없애고 새로 덕업을 쌓는다는 의미다. 악은 욕심으로 인해 생긴다. 욕심이 죄와 허물을 만들어 마음에 악의 뿌리를 내린다. 악의 뿌리에서 부富과 귀貴, 일락逸樂의 세 큰 줄기가 움튼다. 줄기 끝에서 다시 가지가 돋아나는데, 부의 줄기에서는 탐욕이, 귀에서는 교만이, 그리고 일락에서는 식탐과 음란과 나태의 가지가 각각 돋아난다. 여기에 다시 기본 세 줄기와 나의 관계 설정에 따라 질투와 분노의 죄악이 추가된다. 정리하면, 악의 뿌리에서 부와 귀와 일락의 세 줄기가 돋고, 교만·질투·탐욕·분노·식탐·음란·게으름의 7죄종이 가지 친다. 그리고 그 가지 끝에 온갖 죄와 허물과 불의한 언행이 열매와 잎새로 달린다는 것이다.

지옥의 불길은 이 죄악의 나무를 땔감으로 쓴다. 그러므로 7죄종을 끊어 버리면 지옥불은 저절로 꺼진다. 세상의 질병과 근심과 환란은 이 나무의 열매를 먹어서 생긴다. 이 죄악의 나무를 뿌리째 뽑아 버리지 않고는 결코 하늘나라의 백성이 될 수 없다.

하지만 이를 방해하는 세 가지 폐단이 있다. 첫 번째는 본원을 생각지 않음이고, 두 번째는 지향이 맑지 않음이며, 세 번째는 절차를 따르지 않기 때문이다. 모든 것이 천주로부터 나오는데, 인간은 이를 모르고 자신의 능력으로 얻었다고 여겨 교만에 빠진다. 뜻이 천주에게로 향하지 않고 부귀영화 같은 세상 복락에만 놓여서 덕을 닦지 못하고 욕망만 닦게 된다. 낡은 집을 허물 때는 지붕부터 기둥에 이르는 차례를 지켜야 손쉬운데, 한꺼번에 하려고 욕심을 부리다가 자칫 무너지는 집에 깔리고 만다.

판토하는 악의 세 줄기에서 나온 7죄종을 하나하나 차례로 단계를 밟아 격파해 나가는 일곱 가지 승리의 도정을 제시했다. 마치 증세에 따라 약을 처방하듯이, 단계별로 죄악의 성격을 이해하고 극복해 나가는 과정을 친절하게 설명한 것이다.

사람이 병을 알아도 처방을 모르면 병이 낫지 않고, 처방을 알아도 병을 모르면 처방이 쓸데없다. 그래서 병에 맞추어 각각의 처방을 내린 것이 바로 이 책이니, 병든 사람은 병의 성질을 알아 처방에 따라 치료할 수 있고 아직 병들지 않은 사람은 건강한 상태를 더 강화시켜 장차의 해로움을 면할 수 있다고 보았다.

그는 다음과 같이 각 권의 제목마다 한 줄로 해당 권의 핵심 내용을 밝혔다.

- 권1 「복오伏午」: 교만은 사자의 사나움과 같아 겸손으로 복종시켜야 한다(午如獅猛, 以謙伏之).
- 권2 「평투平妬」: 질투는 파도가 일어남과 같아 용서로 가라앉혀야 한다(妬如濤起, 以恕平之).
- 권3 「해탐解貪」: 탐욕은 손에 단단히 쥔 것과 같아서 은혜로 이를 푼다(貪如握固, 以惠解之).
- 권4 「식분熄忿」: 성냄은 불이 타오르는 것과 같아 인내로 이를 끈다(忿如火熾, 以忍熄之).
- 권5 「색도塞饕」: 식탐은 골짜기가 받아들임과 같은지라, 절제로 이를 막는다(饕如壑受, 以節塞之).
- 권6 「방음坊淫」: 음란함은 물이 넘치는 것과 같으니, 정결함으로 이를 막는다(淫如水溢, 以貞坊之).
- 권7 「책태策怠」: 나태는 둔마가 지친 것과 같으니, 부지런함으로 채찍질해야 한다(怠如駑疲, 以勤策之).

사자처럼 사납게 날뛰는 교만은 겸손으로 복종시키고 파도같이 일어나는 질투는 용서로 가라앉혀라. 손에 꽉 쥐고 놓지 않는 탐욕은 은혜로만 풀 수 있고 치솟는 분노의 불길은 인내라야 끌 수가 있다. 골짜기처럼 끝없이 받아들이는 식탐은 절제 없이는 막을 수가 없다. 또 홍수처럼 휩쓰는 음란의 물결은 정결함의 방패로 막고 지친 둔마 같은 게으름에 대해서는 부지런함이란 채찍질이 꼭 필요하다는 것이다.

이렇게 『칠극』은 7죄종의 병든 상태를 치유하는 7추덕의 처방을 대증으로 제시한 책이다. 처음엔 각 죄종의 성질과 속성에 대해 자세히 설명하고, 이어서 이를 복종시키고, 가라앉히고, 풀고, 끄고, 틀어막고, 가로막고, 채찍질하는 방법을 다양한 일화와 예시로 친절하게 설명을 더했다.

판토하는 설득력을 높이기 위해 아우구스티노, 그레고리오, 베르나르도 등 서양 중세의 교부철학자를 비롯해, 세네카와 아리스토텔레스, 디오게네스 같은 수많은 그리스 철학자와 중세 성인들의 숱한 잠언과 일화를 잇달아 소개하는 한편, 중간중간 중국 경전에서 예시를 끌어와 친밀도를 높였다. 그리고 성경의 인용을 계속 곁들여 은연중에 천주교의 교리에 거부감을 줄이는 장치를 마련했다. 그냥 읽으면 교리 전파를 위한 서적이기보다 서양인의 수양론 같은 느낌을 주면서 천주교 세계로 끌어들이는 강력한 흡인력이 있었다.

특히 빈번하게 인용한 것은 성경(156회)이다. 성경 중에서도 지혜 문학의 성격을 띤 「잠언」, 「전도서」와 「마태」, 「누가」, 「로마서」의 인용이 두드러진다. 그 밖에 성 아우구스티노(34회), 세네카(28회), 성 그레고리오(25회), 성 베르나르도(22회), 성 프란치스코(15회)를 자주 인용했다. 인용 빈도로 볼 때 성경과 세네카를 제외하면 중세 교부철학의 핵심 인물들이어서 판토하가 『칠극』을 저술하는 과정에 무엇을 염두에 두고 있었는지를 짐작하게 한다.

중간에 주제에서 잠깐 벗어나 불교의 윤회설과 인과응보설에 대한 집중적인 비판과 천당지옥설에 대한 중점적인 소개를 의도적으로 끼워 넣은 점도 천주교의 교리를 대놓고 드러나지 않게 전달하려는 전략적 배치를 보여 준다. 앞쪽 권1에서 권4까지는 대부분 수양론에 가까운 격언풍의 소개로 일관하다가, 권5에서는 식탐에 대한 경계라는 주제에서 이탈해 불교의 윤회설과 인과응보설에 대한 비판적 논의를 장황하게 끌고 간다. 마지막 권7에서는 초반에 게으름에 대한 경계 이후로는 천당지옥설에 대한 본격적인 설명을 통해 종교적인 색채를 강렬하게 드러냈다. 특히 천당지옥설의 경우는 당시 중국에서 천주교를 불교의 아류로 보는 배척의 근거였으므로, 이 부분의 차이를 명확히 설명함으로써 불교와의 차별성을 강화하고 나아가 천주교가 유학을 보완하는 상보적 관계에 있음을 확인하고자 했다.

책의 내용은 현대인이 일반적인 수양서로 읽더라도 큰 일깨움을 주는 보배로운 내용이 가득하다. 인간은 어떻게 살아야 하는가? 죄악은 우리의 삶을 어떻게 해치는가? 바른 삶의 길은 어디에 있는가? 삶은 왜 고통스럽고 이 고통에서 우리는 어떻게 벗어날 수 있는가? 우매를 버리고 지혜의 삶을 살려면 어찌해야 하는가? 종교의 아우라를 떠나서도 충분히 설득력 있고, 공감 가는 내용이 가득하다.

『칠극』과 조선 지식인의 접속

해마다 조선 사절단이 북경을 찾았다. 선무문宣武門 밖 쇼핑가인 유리창琉璃廠 거리로 나서면 없는 물건이 없었다. 서점만 수십 곳에다 서점마다 몇만 권의 책들이 천장까지 쌓여 있었다. 태엽만 감으면 희한한 음악이 흘러나오는 오르골뿐 아니라 자명종이나 철현금鐵

絃琴 같은 신기한 서양 물건들이 즐비했다. 거리를 빠져나와 조금만 더 가면 고딕식으로 높이 솟은 성당이 나왔다. 그곳에서 처음 들어본 파이프오르간에서는 천상의 소리가 났다.

서양화도 여기에서 처음 봤다. 멀리서 보면 그림 속 인물에 정령이 담겨 혼을 빨아들일 듯 쏘아보았다. 무서워서 저만치 반대편으로 몰래 가서 흘깃 보면 그림 속 눈동자가 어느새 나를 따라왔다. 가까이 가서 보자 거칠게 물감을 덧칠한 것뿐인데 몇 발짝만 물러서면 '요놈' 하고 그림이 살아났다. 천장 벽화를 올려다보던 사람들은 오색구름 사이로 살이 포동포동한 아기 천사들이 날고 있는 모습을 보다가 금세 바닥으로 떨어질 것만 같아 당황해서 손을 뻗어 받으려 들었다. 박지원의 『열하일기』에 나오는 광경이다.

성당 인근 관상감觀象監 옥상에는 상상도 할 수 없던 천문 의기儀器들이 늘어서 있었다. 그 신통한 서양의 역법이 다 저기서 나왔을 것이었다. 진작에 조선에서 이미 『기하원본幾何原本』이나 『기기도설奇器圖說』 같은 서양 책을 읽었던 터라 작동 원리에 호기심이 더 쏠렸다. 금단의 구역인 이곳에 한 번이라도 들어가 보려고 조선에서 가져간 청심환을 문지기에게 찔러주기도 했다.

성당은 조선 사행의 필수 관광 코스였다. 성당에서는 코가 높고 눈이 깊은 서양 신부들이 멀리 조선에서 찾아온 손님을 맞이했다. 신부는 조선 사행에게 서양 그림도 주고 『천주실의』나 『칠극』 등의 신앙서와 함께 『기하원본』이나 『기기도설』 같은 과학책뿐 아니라 망원경까지 선물했다. 그렇게 받아온 서양의 책을 읽어 보았는데 한문이라 낯설지 않고 재미있었다. 북경을 다녀온 젊은이들은 부쩍 말수가 줄거나, 아니면 말이 많아졌다. 처음엔 서양의 놀라운 문물에 압도되다가 차츰 그 너머의 생각이 궁금해졌다. 무엇이 저들을 저토록 놀라운 지경에 이르게 만들었을까?

이런 과학적 진보를 가능하게 한 이유가 궁금해서 수학이나 기하학, 역법서를 구해 읽으면, 앞쪽 서문에 늘 우주를 주재하는 천주의 이야기가 나왔다. 천주교의 교리를 문답체로 설명한 『천주실의』도 흥미로웠지만 『칠극』 같은 책은 어록체 산문으로 구성되어 『논어』를 읽는 느낌에 더 가까웠다. 유가의 수양서로 읽더라도 손색이 없었다. 책 속에 수없이 등장하는 서양 현자들의 독특한 비유와 생기 넘치는 화법은 조목조목 가슴에 와닿아 새로운 사유의 문을 열었다. 그때그때의 어록을 체계 없이 모은 『논어』나 『맹자』와 달리, 『칠극』은 인간이 저지르는 일곱 가지 죄악을 극복하는 방법을 단계별로 체계를 세워 연역적으로 제시했다. 일목요연한 데다 하나로 꿰어지는 맥락 체계가 놀라움을 안겨 주었다.

『칠극』은 유몽인柳夢寅(1559-1623)의 『어우야담』에 허균許筠(1569-1618)이 처음으로 조선에 들여왔다는 주장이 실려 있다고 알려졌으나 실제로 해당 기록은 나오지 않는다. 이후 여러 학자들이 『칠극』을 읽었겠지만 구체적인 언급을 남긴 사람은 성호星湖 이익李瀷(1681-1763)이 처음이다. 그는 『성호사설星湖僿說』의 「칠극」 항목에서 판토하가 쓴 「칠극자서」의 한 단락을 비교적 길게 인용한 뒤, 이렇게 썼다.

> 『칠극』은 서양 사람 판토하가 지은 것이니, 바로 우리 유가의 극기克己의 주장이다. 일곱 개의 가지 중에는 절목이 더욱 많고, 조리와 차례가 있는 데다 비유가 절실하다. 사이 사이에 우리 유가에서 미처 펴지

> 못한 것이 있어, 예禮로 돌아가는 공부에 크게 도움이 된다. 다만 천주와 귀신에 대한 주장을 섞은 것은 해괴하다. 만약 모래와 자갈을 체질하고 고명한 논의만 가려 뽑는다면 바로 유가의 부류일 뿐이다.[4]

남인 학맥의 큰 스승이었던 성호가 『칠극』을 이렇게 높게 평가하자, 그 문하의 제자들 또한 이 책을 거부감 없이 접하게 되었고, 이후 이 책의 매력에 깊이 빠져든 사람이 속출했다.

『칠극』을 통해 천주교를 신앙으로 받아들인 인물은 조선 최초의 수덕자修德者로 일컬어지는 홍유한洪儒漢(1726-1785)을 꼽을 수 있다. 그는 성호 이익의 제자로 30대 초반이던 1757년 천주교 교리서를 처음 접했고, 『칠극』을 읽고 크게 감동해 이후 이 가르침을 평생 실천하는 삶을 살았다. 그는 『천학초함』에 『칠극』과 함께 수록된 『천주실의』와 『이십오언』 같은 마테오 리치의 책도 구해 읽었다.

1785년 그가 세상을 떠났을 때 마찬가지로 성호의 제자였던 권철신權哲身(1736-1801)과 이기양李基讓(1744-1802)이 제문을 지었는데, 두 사람 모두 홍유한의 일생 행적을 『칠극』의 가르침을 실행한 것으로 묘사하여 주목을 끈다. 겉으로 드러나게 쓰지는 않았지만, 홍유한이 '칠극'을 실천하는 삶으로 평생을 일관했음을 역설했다. 글을 읽어 보면 이기양의 『칠극』에 대한 이해가 7죄종의 상호 관계성에 대한 인식에까지 닿아 있음을 알 수 있다.

한편 1762년에 사도세자는 자신이 읽은 중국 소설의 삽화 중에 교훈이 될 만한 것을 화원을 시켜 베껴 그리게 해서 『중국소설회모본中國小說繪模本』이란 책으로 묶은 일이 있다. 이 책의 서문에 사도세자는 자신이 읽고 답답한 마음을 풀었던 93종 서책의 목록을 나열했는데, 놀랍게도 이 목록 중에 『성경직해』와 『칠극』이 등장한다. 1760년대 이전부터 『칠극』은 이익, 홍유한, 심지어 사도세자까지 가까이에 두고 아껴 읽던 책이었던 셈이다.

이후 1779년 권철신이 주어사 겨울 강학에서 이벽李檗(1754-1786)과 함께 공부한 종교 서적에 대한 설명 중에, "7죄종을 그와 반대되는 덕행으로 극복함으로써 행실을 닦는 방법을 다룬 책", 즉 『칠극』이 포함되어 있음을 본다. 성호학파 내부에서 신서파信西派로 분류되며 조선 교회 창설 주역들이었던 이들이 처음 천주학을 접하게 된 유력한 경로가 바로 『칠극』이었다.

안정복은 권철신에게 보낸 편지에서 이기양이 『칠극』을 빌려가 읽은 사실을 적고 나서 "『칠극』은 「사물잠四勿箴」의 주석일 뿐이다. 비록 간혹 뼈를 찌르는 이야기가 있긴 하나, 어찌 여기에서 취한단 말인가?"라고 하여 한편으로는 인정하고, 한편으로는 비판했다. 「천학문답天學問答」에서도 "천주학이 동정童貞을 귀하게 여겨 『칠극』이란 책에도 혼인을 금한다는 말이 있으니 그렇다면 부분의 윤리가 끊어지고 만다."라고도 했다. 안정복은 권철신 등과는 반대로 천주학을 공박하기 위해 『칠극』을 열심히 읽었던 것이다.

이가환李家煥(1742-1801)은 다산이 쓴 「정헌묘지명貞軒墓誌銘」에서 이벽과의 토론에 앞서 "『천주실의』와 『칠극』은 나도 예전에 보았다. 비록 고명한 비유가 있긴 해도 끝내 정학은 아니다."라는 말을 남겼다. 정약용丁若鏞(1762-1836)도 「선중씨묘지명先仲氏墓誌銘」에서 1784년 이벽에게서 『천주실의』와 『칠극』 등 몇 권의 서학서를 빌려 탐독한 일을 고백했다.

박해 시기에 『칠극』은 「십계」와 함께 천주교 교리를 대표하는 가르침으로 인식되었다. 1791년 윤지충尹持忠(1759-1791)은 진산사건으로 체포되어 전주에서 신문을 당했다. 그 과정에서 천주교도로서 실행할 일이 「십계」와 『칠극』 속에 다 포함되어 있다면서 10계명과 7극의 일곱 항목을 제시한 후, “이 모든 것이 덕을 닦는 데 도움이 됨이 명백하고, 정확하고 용이하다.”라고 진술해 이 책의 가치를 밝혔다. 1801년 12월 22일에 임금이 발표한 「토사반교討邪頒敎」 중에 “십계명과 『칠극』 조목의 허망함이 마치 부적과 유사하다.”라고 특정해서 말한 것에서도 당시 『칠극』을 조정에서 어떤 시선으로 보았는지 짐작하게 한다.

또 1801년 신유박해 때 경상도 홍해로 유배 간 최해두崔海斗(1668-1740)의 『자책』에도 「십계」와 『칠극』을 언급한 것이 보이고, 그는 「자책」에서 『칠극』에 실린 [6.7]과 [6.24], [6.25]의 세 가지 예화를 친절하게 번역해 소개하기까지 했다. 「십계」의 제6계인 ‘사음을 말라’는 항목을 설명하면서도 『칠극』의 예화를 적극적으로 활용한 것을 보면 당시 이 두 책을 연계해 신자 교리 교육의 구체적 지침으로 삼았음을 확인할 수 있다.[5]

이는 1835년 12월 20일 자 『충청감영계록忠淸監營啓錄』에 실린 김윤오의 공초 내용에서도 확인된다. 그는 아버지 김청금이 살아 있을 때, “내가 배운 것이 좋은 글이니 사람들이 만약 이것을 익힌다면 반드시 좋은 일이 있을 것이다. 너는 꼭 보고 익히도록 하라.”라면서 「십계」와 『칠극』을 베껴 써 주며 가르쳤으므로 열심히 배우고 익혔노라고 진술했다.

한편 명도회장을 지낸 김기호金起浩(1824-1903) 요한은 『소원신종溯源愼終』, 『봉교자술奉敎自述』, 『구령요의救靈要義』 등의 저술을 남겼는데, 이 가운데 『구령요의』에서는 상당한 부분을 할애하여 『칠극』의 7죄종과 7추덕의 내용을 일반 신자들이 이해하기 쉽도록 친절하게 설명을 덧붙이고 있다. 『칠극』에 대한 해설로는 이 글이 가장 자세하다.

실제로 『천주실의』나 『영언여작』과 같은 책은 천주교의 교리를 딱딱한 논리로 설명하고 있는 데 반해, 『칠극』은 짧은 단락 속에 옛사람의 격언과 이에 대한 설명을 예화를 곁들여 풀이해, 귀에 쏙쏙 들어왔다. 천주교 모임에서 예화로 활용하기도 알맞았다. 그리하여 『칠극』은 교회 창립 초기 신자들의 필독서로, 신자들의 신심과 윤리 생활을 견인해준 기본교리서의 역할을 톡톡히 했다. 이것이 초기 교회 당시부터 『칠극』이 한글로 번역되어 널리 읽히게 된 이유이기도 하다.

일반 신자들은 『칠극』의 가르침이 가장 쉽고 구체적이어서 책 속의 가르침에 영향과 자극을 크게 받았다. 권6에 집중적으로 나오는 동정을 지키는 공덕과 특히 [6.8]에 보이는 동정 부부의 이야기 같은 것은 초기 신자 집단에서 동정을 지키는 남녀와 여러 쌍의 동정 부부 탄생을 이끌기도 했다.

옛글 속에 녹아든 『칠극』

조선 후기의 저작 속에서 『칠극』의 내용과 비유는 천주교 신앙과 관계없이 폭넓게 활용되고 있다. 일견 알기 어렵지만, 찬찬히 보면 분명하다. 천주교를 믿지 않았던 박지원이나 노긍 외에 여러 사람의 글에서도 『칠극』의 사유와 접속한 흔적은 지속적으로 관찰된다. 여기에 『이십오언』과 『구우편逑友編』 같은 책에서 끌어온 비유까지 포함하면, 천주교 신앙과의 관련을 넘어서 다양한 서학서들이 조선 후기 문인층의 저작 속에 폭넓게 침투되어 있다.

다산뿐 아니라 천주교와 무관한 연암 박지원이나 조선 후기 다른 문장가의 글에서도 『칠극』에서 끌어온 비유나 표현이 심심찮게 등장한다. 그만큼 이 책이 신앙 차원을 떠나 일종의 수양서나 인문학의 일종으로 넓은 독자층을 확보하고 있었음을 입증한다.

특별히 다산 정약용의 경우 그의 여러 글 속에 『칠극』에서 끌어온 것이 분명한 비유나 논설들이 자주 나온다. 몇 가지 예를 든다.

1805년 무렵, 강진에 유배 와 있던 다산은 강진 사람 황인태黃仁泰와 가깝게 지냈다. 어느 날 황인태가 당호를 취몽재로 지었다면서 다산에게 글을 청했고, 다산은 그를 위해 「취몽재기醉夢齋記」를 써주었다. 글의 앞 대목을 간추리면 이렇다.

> 그 얼굴이 벌게져서 그 머리를 적신 채 구토하고 욕을 해대며 비틀비틀 골목길을 지나는 자가 있다면 이는 술 취한 사람이다. 이를 가리켜 취했다고 하면, 성을 내어 크게 원통해하며 스스로 자기가 취하지 않았다고 변명하지 않는 이가 없다. 눈을 감고 코를 골며 때때로 깔깔 웃다가 잠꼬대를 하는 사람이 있다면, 이는 꿈에 좋은 벼슬자리를 얻었거나, 주옥이나 금전 등 갖고 싶은 물건을 받은 자일 것이다. 하지만 아직 깨기 전에는 스스로 꿈이라고는 생각지 않는다. 어찌 술 취하고 꿈꾸는 것에만 이러함이 있겠는가? 병이 위독한 사람은 스스로 병인 줄을 알지 못하고, 스스로 자기 병에 대해 말하는 사람은 그 병이 그다지 심하지 않다. 미쳐 버린 사람은 스스로 미친 줄을 알지 못하고, 능히 스스로 미쳤다고 말하는 자는 그 미친 것이 혹 거짓이다. 사특하

고 음란하며 빈둥거리는 사람은 스스로 그것이 나쁜 줄 알지 못하고, 그것이 능히 나쁘다고 말하는 사람은 그 악을 혹 고칠 수 있다.[6]

그런데 위의 글은 『칠극』의 권1 「복오」와 권3 「해탐」의 두 단락을 조합해서 만든 글이다. [1.10]에서 "꿈에 대해 말하는 사람은 반드시 이미 꿈에서 깬 것이다. 악에 대해 인식하는 사람은 틀림없이 선으로 옮겨 가기 시작한 상태이다. 병을 처음 치료할 때는 모름지기 병이 있음을 알아야 한다. 만약 병을 병으로 인지하지 못해 치료하지 못하면 낫기가 어려워진다."고 했다.[7] 또 [3.15]에서는 이렇게 썼다.

세상의 부富는 꿈과 한가지다. 부라는 것이 진짜가 아니라 그저 꿈일 뿐이라는 말이다. 배고프고 목마른 사람은 잠잘 때 귀한 음식을 먹고 맛난 술을 마시는 꿈을 꾼다. 그러다가 잠을 깨면 배고픔과 목마름은 처음과 똑같다. 부자가 재물을 얻으면 마구 베풀며 혼자 즐거워한다. 그러다가 잠깐만에 그 재화는 처음처럼 배고프고 목마르게 되고 만다. 배불리 먹는 꿈을 꾸는 사람은 그 꿈을 꾸고 있을 때는 능히 그것이 진짜 배부른 것이 아닌 줄을 깨닫게 할 수가 없다. 재물을 좋아하는 자 또한 능히 지금 얻은 재물이 결국 헛된 물건인 줄을 알도록 깨닫게 할 수가 없다. 죽을 때가 이르거나 꿈을 깨고서야 깨닫는다.[8]

위 두 단락을 다산의 「취몽재기」와 비교해서 살펴보면 다산이 어떤 방식으로 『칠극』의 논리를 자신의 글 속에 내재화했는지 알 수 있다.

다산 자신도 「취몽재기」 끝에다 "나는 취하고 꿈꾸는 것에 대해 들은 주장이 있으므로, 마침내 써서 준다."라고 했는데,[9] 그가 들은 주장이란 바로 『칠극』에 나오는 위 두 단락의 글을 두고 한 말이었다.

그뿐 아니라 다산은 「두 아들에게 써 준 가계示二子家誡」에서 "재화를 비밀스럽게 감춰 두는 것은 남에게 베푸는 것만함이 없다. 단단히 잡으려 하면 할수록 더욱 미끄럽게 빠져나가니 재화란 것은 메기와 같은 것이다."라 했는데,[10] 『칠극』 권1[1.67]에는 "너무 쉽게 흘러가 옮기는 것으로는 귀한 지위만 한 것이 없다. 굳게 붙잡으려 해도 진흙탕의 미꾸라지를 잡는 것과 같아 단단히 잡으면 잡을수록 빨리 놓치고 만다."라고 했다.[11] 내용은 재물과 지위, 메기와 미꾸라지의 차이가 있지만 같은 취지와 맥락에서 나온 글임이 분명하다.

같은 글의 구문을 살짝 비틀어서 자기 말로 바꾸기도 했다. 권6, 「방음」[6.3]의 한 단락은 이렇다.

> 한 사람이 여러 해 동안 음란한 유혹을 굳게 막아 가며 동정의 몸을 간직했다. 갑자기 음란함의 쾌락을 떠올리며 틀림없이 대단히 훌륭할 것이라고 말했다. 직접 맛보고 나더니 탄식해 마지않으며 말했다. "잠깐 동안의 더러운 쾌락을 가지고, 죽을 때까지의 근심과 후회를 끼치고 말았다. 동정의 몸이라는 더할 나위 없는 지극한 보배와 맞바꾸다니, 아![12]

이 글이 다산이 대둔사 승려 기어騎魚 자홍慈弘에게 준 증언에서는 불교적 윤색을 거쳐 이렇게 바뀐다.

> 늙은 스님이 면벽하고 염불하다가 갑자기 세간의 부부가 마주 앉아 밥 먹고 한 이불 덮고 잠자는 것을 생각하니 즐거움이 비할 데가 없을 듯하였다. 석장을 짚고 산을 내려오다가 홀연 우물가에서 누런 머리에 검은 얼굴을 한, 구자마모九子魔母 같은 여자가 산발하고 통곡하는 것을 보았다. 연유를 물으니, 남편과 싸웠다는 것이다. 스님은 깜짝 놀라서 도로 산으로 올라왔다.[13]

비유가 바뀌고 맥락이 변했지만 핵심 의미는 같다. 우연의 일치라 보기에는 다산의 글 속에 이 같은 대목이 너무 많이 나온다.

짧은 지면에 다 소개할 수는 없지만 다산뿐 아니라 성호 이익도 그렇고, 천주교를 믿지 않았던 연암 박지원이나 이용휴, 노긍, 홍길주 등의 글에도 『칠극』의 자취가 느껴지는 대목이 적지 않다. 이용휴의 「환아잠還我箴」과 박지원의 유명한 '눈 뜬 장님'의 비유, 그리고 박지원이 「답모答某」에서 영변 약산藥山에 올라가 사람을 개미와 이의 비유에 얹어 설명한 대목 같은 것도 모두 『칠극』에서 가져온 비유다. 이렇듯 『칠극』은 18-19세기 조선에서 천주교 신앙 여부를 떠나 생각 이상으로 폭넓은 독자층을 확보했던 책이었다.[14]

*이 글은 필자의 역서 『칠극』(김영사, 2021)에 수록한 해제를 간추려 새롭게 정리·보완한 것이다.

1. 龐迪我, 『七克』(上海土山灣印書館, 1931).

2. 龐迪我, 『七克眞訓』(上海土山灣印書館, 1922).

3. 정민, 『칠극』(김영사, 2021).

4. "七克者, 西洋龐迪我所著, 即吳儒克己之說也. 七枝之中, 更多節目, 條貫有序, 比喩切已, 間有吳儒所未發者, 其有助於復禮之功大矣. 但其雜之以天主鬼神之說, 則駭焉. 若刋汰沙礫, 抄採名論, 便是儒家者流耳."

5. 최해두, 『자책』(김영수 옮김, 흐름출판사, 2016).

6. 정민, 『파란』 2책(천년의상상, 2019).

7. "言其夢者, 必已醒, 識其惡者, 必始遷善矣. 治病之始, 須識有病, 若病不認病, 而不求治, 則難愈焉."

8. "世富如夢焉. 謂富者非眞, 惟夢耳. 饑渴者, 寐則夢食飮珍味旨酒, 醒焉, 饑渴如初. 富者得財, 殷賑自樂. 頃焉貨財之饑渴如初. 夢飽食者, 當其夢也, 莫能使覺知其非眞飽也. 樂財者亦莫能使覺知今所得財之果虛物也. 死期旣至, 夢訖乃覺矣."

9. "余於醉夢也有說, 遂書以贈之."

10. "凡藏貨祕密, 莫如施舍. 握之彌固, 脫之彌滑, 貨也者鮎魚也."

11. "至易遷流, 莫如貴位. 欲固得之, 如握泥鰍, 握愈固, 失之愈速."

12. "一人多年堅坊淫感, 以保童身. 忽憶淫樂, 謂必大美. 旣試, 嘆息不已, 曰: '以瞬息之穢樂, 貽終身之憂悔, 易童身不可補之至寶, 嗟乎.'" 판토하, 『칠극』(박유리 옮김, 일조각, 1998).

13. "老頭陀面壁念佛, 忽思世間夫婦, 對飯同被, 歡樂無比. 錫杖下山, 忽見井上有黃頭黑面, 如九子魔母者, 散髮痛哭. 詢之, 與夫鬪也. 頭陀色然駭, 回上山來."

14. 샤를르 달레, 『한국천주교회사』 3책(안응열·최석우 옮김, 한국교회사연구소, 1979).

찾아보기

발간사

21세기에 들어와서 디지털과 인터넷 기반이 확대되고 스마트폰이 널리 보급되면서 인간 삶의 양상이 크게 달라졌다. 또 유전자 공학과 인공지능 기술이 비약적으로 성장하면서 이른바 4차 산업혁명 또는 포스트휴먼 시대로 진입했다. 세계가 환경적·기술적 변화에 직면하면서 인간이 무엇인가, 어떻게 살아가야 할 것인가 하는 인간의 존엄과 가치를 근본부터 되묻게 되었다. 이러한 시대적 물음에 우리 인문대학은 대답할 책무가 있다.

서울대학교 인문대학에는 학부생, 대학원생, 연구원, 강사, 교수를 합쳐서 근 3천 명에 이르는 대식구가 있다. 연구 인력의 수나 수준, 그 밖의 여러 지표를 보더라도 한국의 인문학을 대표한다고 말할 수 있다. 우리 구성원 개개인은 문학, 언어, 역사, 철학의 여러 분야를 깊이 탐색하고 있고 또 분야를 넘어 소통하고 융합하기도 하지만, 인문대학은 아직 이들 전체를 포괄하는 대형 프로젝트를 기획하지 못했다. 누구나 필요성은 인정하지만 감히 시도할 엄두를 내지 못했던 것이다. 환경의 변화는 더 이상 우리를 현재의 위치에 머물러 두게 하지 않는다. 이에 혁명적 변화에 맞추어, 거대한 응전을 위해, 과감히 인문대학 차원의 인문학 주제 탐구 프로젝트를 시작한다.

인간, 대학, 폭력, 재난, 인공지능, 유전학, 전염병, 법질서 등등 21세기 세계의 주요 관심사가 우리의 주제가 될 것이다. 인간의 삶과 관련된 가장 중요한 문제를 인문학적으로 접근하는 세계 최고 수준의 콘퍼런스를 개최하고 그 결과물을 다듬어서 책으로 펴낼 것이다. 문사철은 하나하나 다루어도 얻을 것이 적지 않겠지만, 영역을 가로질러 경계를 넘어 소통하고, 나아가 사회과학, 자연과학, 경영학, 법학 그리고 심지어 공학과 의학까지 아우르는 넓은 시각을 지니면, 우리 인간과 사회를 이해하고 개조하는 강력한 수단이 될 수 있을 것이다. 이 기획의 진행을 위해 노고를 아끼지 않으신 우리 인문대학 교수님과 교직원, 그리고 출판을 위해 애쓰신 서울대학교출판문화원에 거듭 감사를 표한다.

2020. 6

서울대학교 인문대학 학장

저자 소개(가나다순)

강정원

서울대학교 인류학과 교수. 민속학을 담당하고 있으며, 종교민속, 공동체민속, 민속문화이론에 관심을 가지고 있다. 주요 저서에 『현대화와 민속문화』(공저) 등이 있다.

구도영

동북아역사재단 연구위원. 주요 연구 분야는 조선시대 한중 외교와 무역이며, 물질문화 교류로도 연구 영역을 확장하고 있다. 저서로 『16세기 한중무역 연구』, 『동유라시아 물품 교류와 지역』(공저) 등이 있다.

권오영

서울대학교 국사학과 교수. 한국 고대사와 유라시아 고고학을 전공으로 하며, 저서에 『미래를 여는 한국 고대사』, 『해상 실크로드와 동아시아 고대국가』, 『삼국시대, 진실과 반전의 역사』 등이 있다.

김성엽

서울대학교 서양사학과 조교수. 영국계 북미 식민지의 미시적 법-사회사, 정착민 식민주의와 미국의 건국 과정, 미국 헌정 체제 형성의 사회사적 맥락 등에 대한 논문을 집필했다. 18-19세기 영국제국과 미연방의 법문화, 국가체제, 민주주의, 식민질서, 인종관계를 총체적으로 비교 분석하는 데 주력하고 있다.

박흥식

서울대학교 서양사학과 교수. 중세 유럽의 도시, 사회경제사, 일상생활사, 교회사, 흑사병의 영향 등을 연구하고 있다. 『역사 속의 질병, 사회 속의 질병』, 『서양사강좌』, 『사랑, 중세에서 종교개혁기까지』, 『미완의 개혁가, 마르틴 루터』 등 다수의 책을 단독 혹은 공동으로 저술하였다. 현재 흑사병과 종교개혁에 대한 저서를 준비하고 있다.

서원모

장로회신학대학교 신학과 교수. 고대 교회와 교부학과 아시아교회사를 주요 연구 분야로 삼고 있으며, 현재 초기 근대 종교와 과학 분야의 한문 서학서와 서양 저본의 관계를 연구하고 있다.

안성두

서울대학교 철학과 교수. 고전 인도불교철학, 특히 유식사상을 주요 연구 분야로 하고 있으며, 유식과 여래장 사상의 교섭 문제에 관심을 가지고 있다. 인도불교 고전 번역에 몰두하고 있으며, 현재 '불교의 심리철학'이란 주제로 저서를 준비하고 있다.

양일모

서울대학교 자유전공학부 교수. 동아시아 근대 철학을 연구하고 있으며, 동아시아의 전통사상과 서양철학이 만나는 과정을 통해 동아시아의 근대성을 밝히는 작업을 수행하고 있다. 저서에 『옌푸: 중국의 근대성과 서양 사상』 등이 있다.

이승재

서울대학교 언어학과 명예교수. 한국어사가 주전공 분야이고 이두 구결 등의 차자표기가 주요 연구 대상이며 150여 편의 논저를 발표한 바 있다.

이연승

서울대학교 종교학과 교수. 주요 연구 분야는 중국 고대 사상사, 한대(漢代) 경학적 사유의 형성 과정에 관한 것이며, 중국 고대의 의례 문제, 유교적 전통을 가진 지역에서 전개된 기독교 등 동아시아의 유교 전통과 관련된 문제에 두루 관심을 가지고 있다. 「서구에서의 유교종교론」, 「격물탐원(格物探原)에 나타난 인간의 몸과 본성에 대한 연구」 등의 논문이 있다.

정민

한양대학교 국어국문학과 교수. 한국 한문학 전공으로 18세기 동아시아 지식인의 문화 접촉에 관한 연구를 진행해 왔고, 유학과 서학의 접촉과 접속에 관심을 집중하고 있다. 대표 저서로는 『18세기 한중 지식인의 문예공화국』, 『18세기 조선 지식인의 발견』 등이 있다.

조현설

서울대학교 국어국문학과 교수. 한국 구비문학, 동아시아 신화학을 연구하고 있다. 대표 저서로는 『동아시아 건국 신화의 역사와 논리』, 『마고할미 신화연구』, 『우리 신화의 수수께끼』, 『신화의 언어』 등이 있다.